职场人
——职业生命周期进阶笔记

陈金兴　编著

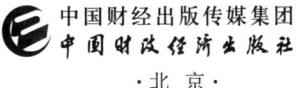

中国财政经济出版社

·北京·

图书在版编目（CIP）数据

职场人：职业生命周期进阶笔记 / 陈金兴编著. — 北京：中国财政经济出版社，2025.3. -- ISBN 978-7-5223-3793-7

Ⅰ. C913.2-49

中国国家版本馆CIP数据核字第2025QQ8135号

责任编辑：李肇晗	责任校对：张　凡
封面设计：陈宇琰	责任印制：史大鹏

职场人——职业生命周期进阶笔记
ZHICHANGREN——ZHIYE SHENGMING ZHOUQI JINJIE BIJI

中国财政经济出版社 出版

URL：http://www.cfeph.cn

E-mail：cfeph@cfemg.com

（版权所有　翻印必究）

社址：北京市海淀区阜成路甲28号　邮政编码：100142
营销中心电话：010-88191522
天猫网店：中国财政经济出版社旗舰店
网址：https://zgczjjcbs.tmall.com
中煤（北京）印务有限公司印刷　各地新华书店经销
成品尺寸：147mm×210mm　32开　12.5印张　217 000字
2025年3月第1版　2025年3月北京第1次印刷
定价：78.00元
ISBN 978-7-5223-3793-7
（图书出现印装问题，本社负责调换，电话：010-88190548）
本社图书质量投诉电话：010-88190744
打击盗版举报热线：010-88191661　QQ：2242791300

前　言

　　这是一本什么样的书？这是一本关于人的发展的书，是职业生命周期进阶笔记和职业成长启示录。《职场人——职业生命周期进阶笔记》聚焦人的发展问题，关注从职业规划、职业成长到作为组织发展的重要参与者、贡献者乃至管理者和组织者的职业生命周期全过程，力求从特殊性中揭示普遍性的规律，解释升职加薪的底层逻辑。

　　人的发展是世界上最核心、最根本的问题。习近平总书记近日在《求是》杂志发表了重要文章《以人口的高质量发展支撑中国式现代化》。人的发展需要职业规划，人的发展要求终身成长，人的发展离不开组织赋能。职业的初级阶段是职业规划和职场适应，职业的中级阶段是职业成长，职业的高级阶段是作为组织发展的重要参与者、贡献者乃至管理者和组织者。编写《职场人——职业生命周期进阶笔记》这本书的主要目的是把自己三十多年的职场积淀以及从事组织和人力资源十多年的感悟系统整理出来，分享给更多的职场人，尤其是刚参加工作和将要参加工作的年轻人。帮助启发有需要的人，给他（她）们一些思路和工具，让他（她）们在就业路上、踏入职场后，以及跳槽换工作时，少走一些弯路，少一些困惑和遗憾。由于从事人力资源工作的原因，这些年我经常接到关于职业规划、工作选择、职场困惑和职业进阶以及跳槽换工作的问题的咨询电话，有的只是个案，但更多的具有普遍性。此外，我还经常外出参加学习培训，也承担内部讲师授课等任务，对职业全生命周期各个阶段进阶提升进行了一些思考总结。因此，希望通过把工作笔记系统整理成书，对遇到同样问题的职场中人，尤其是即将毕业找工作和刚踏入职场的年轻朋友有所启发、有所帮助。笔者从职场人士和HR双重视角，从直接经验和间接经验两个方面，从理论和实践的两个维度去聚焦和分析职业成长和人的发展与职业规划、个人成长和组织发展的关系及其相关内容。旨在与职场人士分享交流职场中直接及间接经验和体会，与经营管理者分享交流组织赋能的问题和策略，帮助年轻的朋友们更好地规划自己的职业、不断提升职业能力，尽快成为职场行家里手，进而成长为职场精锐，创造富足而有意义的人生。

马克思说："劳动创造世界。"乌申斯基认为："劳动是人类存在的基础和手段，是一个人在体格、智慧和道德上臻于完善的源泉。"根据世界银行统计，2021年全球240个国家和地区人口总数达到78.36亿。其中劳动力总数为34.5亿。中国劳动人口达7.92亿，位居全球第一。在上学的青少年也是未来的劳动力和生力军。近年来，中国高校在校学生有3000多万，每年应届毕业生达1000万人左右。据央视网报道，2025届全国普通高校毕业生规模预计达1222万人，同比增加43万人。国家高度重视就业和促进劳动报酬合理增长，2024年9月25日出台发布了《关于实施就业优先战略 促进高质量充分就业的意见》。可以说几乎所有人一生的大部分时间都参与了劳动和工作，创造了价值，为自己和家人的生存、成长，为组织发展、社会进步乃至人类的发展和文明进步做出了应有的贡献。

"天人合一"是中国哲学思想的精华，儒、释、道诸家各有阐述，多指"天地与我共生，万物与我为一"。"天人合一"思想认为人和自然遵循同样的宇宙运行规律，提倡人和世界是一个统一体，人和自然和谐共生。"天地大宇宙，人身小宇宙"。《职场人——职业生命周期进阶笔记》写的是职场中的人、职场以及人和职场、人和组织的关系。这也是天地人在职场这个社会环境中的具体体现。关于场有个场论。物理学中把某个物理量在空间区域内的分布称为场，如温度场、密场、引力场、电场、磁场等。职场，我理解是职业的场所，是工作场景、工作氛围，也是员工成长的物理环境、人际环境和精神家园。人和职场、人和组织不是硬币的两面，而是一个生命体，是对立统一的生态系统。人类是地球的主人。是人的劳动创造了当今的世界。人类的发展进步，是由众多个体及组织的价值创造和成长进步汇聚而成。组织的发展离不开员工的劳动付出和智慧贡献，员工履职尽责、爱岗敬业、努力进取推动了企业持续、健康发展。人的发展离不开自身的努力，包括职业选择和个人成长等，也离不开组织发展和社会进步带来的加持、赋能和红利。组织为员工提供薪酬福利的同时也为员工提供了岗位实践和锻炼成长的机会以及情绪价值等。而社会系统犹如巨人的肩膀，为个体提供更高的台阶和起点。人是组织的基本细胞。组织因目标而存在，因人而发展。把人组织好才是好组织。组织的管理方式、工作环境对员工个体人格完善、能力提升都有重要影响。人本身也是场景、是"小宇宙"，组织应当给员工成长和发展的机会，并激励员工多承担责任，发挥潜能，贡献智慧，创造价值。

关于职业规划、生涯管理以及人力资源开发和个人成长及组织发展等方面，伴随工业革命兴起，国外一些早期发展的欧美国家职业规划教育、职业指导实践等都比较丰富，形成了比较完善的理论体系，值得我们学习借鉴。当今世界风云变幻，百年未有之大变局加速演进。新技术革命来临，深刻地改变世界。随着新时代的到来，我国成为全球工业门类最齐全的国家，劳动人口和在职职场人的数量也名列前茅。随着中国快速发展和中华民族伟大复兴进程加快,中国速度、中国力量、中华文明重新走到世界舞台中央。国内关于职业规划、员工成长和组织发展的研究和论著开始崭露头角,近年来开始逐渐形成了一些具有中国特色的职业规划、职业成长的理论,为个体在不断变化的社会环境中实现职业发展提供了理论支持和实践指导。

《职场人——职业生命周期进阶笔记》分为上篇、中篇、下篇三篇共十一章。上篇阐述了什么是职业规划,为什么要进行职业规划,如何进行职业规划等方面的内容,提出职业规划心念+导航理论。职业规划是立足当下,着眼未来,选择职业和工作,发展自己的计划安排,是我们不断思考想做什么、能做什么、适合做什么、应该做什么和怎样实现自己职业目标的过程。笔者认为,职业规划=职业目标+实现路径,往往表现为心念+导航。倡导要做自己的北斗。无论是职业规划还是人生的选择,我们都要走自己的路,做自己的北斗。自己为自己定位,自己给自己导航。做自己的北斗,用爱、智慧和善行,照亮更多的生命,也照亮自己前行的路。中篇是关于个人终身学习、终身成长的篇章。内容涉及初入职场与进阶、自我管理、向上管理、终身学习等章节,指出个人成长的核心关键:提升认知,走出迷茫;自驱自燃,专注持续;积累优势,终身学习;科技赋能,守正创新;进阶增值,终身成长。下篇写组织对个体赋能等方面的内容，思考组织赋能的内在逻辑及外在表现，分为文化引领，思想赋能；以人为本，培养赋能；目标激励，考核赋能；对抗熵增，管理赋能；创新升级，科技赋能等五章。组织或企业存在的理由是能够创造价值（经济价值和社会价值）、绩效和利润。不拒众流，方为江海。组织中最重要的是人，最核心的是员工。组织具有开放、共创、赋能、包容、增长和共享等特性。组织也好，职场也罢，不仅是一个有边界的独立单位，也是一个开放的无边界系统，为客户创造价值，为组织和员工创造未来，与时代同频，和世界共振，开放、创新、不断迭代进化，是组织生存发展的必由之路。

当今世界风云变幻，我们正处在百年未有之大变局中。从现在开始到2035年，未来十年是世界大变局加速演进的十年，是中国国运大爆发的十年，是祖国实现统一不断迈向伟大复兴的十年，是中国综合国力全面提升的十年，是中国科技自主公司如雨后春笋般的十年，是中国自主品牌走向世界的十年，是中华文化圈不断扩大的十年。作为中国这个大组织的一员，我们将有幸亲身经历和见证中华民族伟大复兴的历史进程，迎来中华民族的高光时刻。我们大家都将是时代红利的受益者和复兴历史的见证者，也应当为这个大组织的繁荣昌盛踔厉奋发、添砖加瓦。

本书编写的过程是一个学习思考、交流分享和总结沉淀的过程。感谢兴业银行总行领导吕家进、陈信健、张霆和北京分行行长郝超等领导对我的培养和鼓励。感谢兴业银行党校（高级研修院）和总、分行人力资源部的领导、同事的支持和帮助。本书编写过程中得到马海清等许多朋友的帮助，参考和引用了一些名家、名人和同行及朋友的观点，标明了出处。还通过人工智能（AI）、百度百科、微信视频号、抖音等看到学到一些观点，受益良多。在此一并表示感谢。

最后，我要特别感谢中国财政经济出版社领导和编辑精心策划、修改润色和悉心编辑。由于本人水平有限，编写过程难免出现错、漏等问题，欢迎各位批评指正（读者反馈邮箱958335196@qq.com）。

陈金兴

2025年1月

目 录

上篇 职业规划

第一章 建好职业航标灯 005
一、什么是职业规划 005
二、为什么要进行职业规划 020
三、如何进行职业规划 031

第二章 迈好职业台阶 042
一、从内看,求职的过程是一个认识自己的过程 042
二、向外看,找到适合自己的工作 045
三、简历投递(网申)及笔面试 049
四、心理契约与心理预期 056

五、关于"跳槽" 060
案例1　从白手起家到中国首富——张一鸣的职业人生 063
案例2　从少校到大学教授——翁清雄的职业人生 075

中篇　个人成长

第三章　初入职场与进阶 089

一、从混沌开始 089
二、提升认知、思维和格局 098
三、热爱自己所从事的工作 109
四、积累职场资本 116

第四章　自我管理 123

一、时间管理 123
二、印象管理 129
三、压力管理 132
四、情商管理 135
五、逆商管理 139
六、悟商管理 153

第五章　向上管理 158

一、什么是向上管理？ 158
二、如何进行向上管理？ 159
三、对正职领导如何向上管理？ 164

四、向上管理的平衡与灰度　　167

第六章　终身学习　　173

一、一万小时定律　　173

二、深度学习　　177

三、精进增值　　184

案例3　任正非的职业人生传奇　　195

下篇　组织赋能

第七章　文化引领　思想赋能　　213

一、使命、愿景、价值观　　213

二、企业战略　　216

三、企业文化　　221

第八章　以人为本　培养赋能　　228

一、把人组织好才是好组织　　228

二、人力资本与价值管理　　243

三、团队负责人的胜任能力与绩效提升　　266

第九章　目标激励　考核赋能　　296

一、强化考核，优胜劣汰　　296

二、优配资源，激发活力　　310

三、理顺环境，比学赶超　　318

第十章　对抗熵增　管理赋能　　325

一、组织变革与优化　　327

二、制度完善与优化　　335

三、流程再造与优化　　343

第十一章　创新升级　科技赋能　　346

一、强化创新升级理念　　346

二、抓好科技赋能实操　　349

三、探索企业数字化转型实践　　351

案例4　华为的《基本法》　　365

案例5　科技驱动、价值创造——工银科技积极推动

　　　　人力资源数字化　持续提升组织管理效能　　370

附录：北京市落户政策要点及几种办理渠道汇总　　375

上篇　职业规划

第一章　建好职业航标灯

第二章　迈好职业台阶

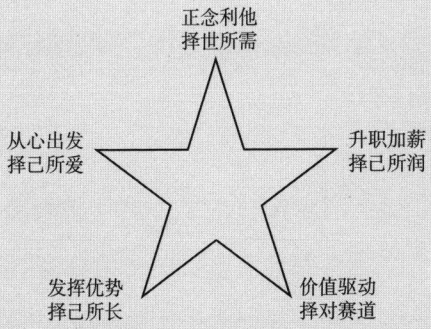

职业规划的核心关键：

1. 正念利他，择世所需。

2. 从心出发，择己所爱。

3. 发挥优势，择己所长。

4. 价值驱动，择对赛道。

5. 升职加薪，择己所润。

职业规划，顾名思义就是一个人对所从事的职业进行系统持续筹划、设计和选择的过程，是对个人和所处时代以及内外部环境因素进行分析和评测的基础上，确定个人职业发展目标并努力实现这一目标的过程。本篇主要涉及什么是职业规划，为什么要进行职业规划，如何进行职业规划等方面的思考体会和实操内容，提出职业规划心念+导航理论。职业规划是立足当下，着眼未来，选择职业和工作，发展自己的计划安排,是我们不断思考想做什么、能做什么、适合做什么、应该做什么和怎样实现自己职业目标的过程。笔者认为,职业规划=职业目标+实现路径,往往表现为心念+导航。倡导要做自己的北斗。无论是职业规划还是人生的选择,我们都要走自己的路,做自己的北斗。自己为自己定位,自己给自己导航。做自己的北斗,用爱、智慧和善行,照亮更多的生命,也照亮自己前行的路。

第一章
建好职业航标灯

一、什么是职业规划

1.职业规划的定义

职业规划就是职业生涯规划（Career planning），伴随工业革命而兴起，概念的提出最早可追溯到1908年的美国。有"职业指导之父"之称的弗兰克·帕森斯针对大量年轻人失业的情况，成立了世界上第一个职业咨询机构——波士顿地方职业局。帕森斯在著作《选择职业》中首次提出了"职业咨询"的概念。从此，职业指导开始逐步系统化。目前全球职业分类已列有三万多种的职业。

通俗地讲，职业规划就是一个人根据自身的学历、年龄、性别、工作经历、兴趣、爱好、特长、动机、价值观和家庭背景、籍贯、外貌体型以及内外部环境的客观现实因素，选择适合自己的职业方向和工作岗位的过程。通过时间规划、路径选择、资源支持等方面做出合理前瞻性的安排。

根据中国职业规划师协会的定义，职业生涯规划就是对职业生涯乃至人生进行持续的系统计划的过程。一个完整的职业生涯规划由职业定位、目标设定和通道设计三个要素构成。

按照规划的时间跨度，职业规划可分为短期规划（1—2年）、中期规划（3—5年）、长期规划（5年以上）和人生规划四种类型。无论短期规划、中期规划还是长期规划，都具有个体性、目标性、时间性、开放性、动态性五大特征。进行职业规划的主体因成长环境、文化背景、个性、职业目标、自我概念、职业认知、社会认知等不同，职业规划的内容和方向必不相同，具有强烈的个性特征。个人职业规划都有一个时间跨度，一般都是在人生规划的前提下，进行长期、中期和短期规划。高质高效的职业规划应该切合实际、可持续发展、具有开放性和弹性，必须是在对主客观条件进行充分分析的基础上，广泛听取他人（家人）意见或进行职业规划测评和咨询后制定出来的，且在执行过程中不断进行修正优化和动态调整。

从以上表述可以看到，职业规划是指导个人结合自身情况及职业环境制约因素，为自己确立职业目标和职业定位,选择职业道路,确定教育、培训和职业发展计划等,并为自己实现职业目标而确定行动方向、行动时间和行动方案及实现路径的过程。职业规划虽然不一定都体现在书面上,但几乎每个人都有,一般表现为朴素的职业想法、职业目标、内心的期许和不断的权衡与职业选择或实现路径及方法步骤。而职业规划的意义就在于引导从业人员对职业的选择从不知不觉、后知后觉到应知应觉、当知当觉。

2.职业锚

职业锚就是职业定位,指当一个人面临职业选择的时候,他无论如何都不会放弃的至关重要的东西或价值观。正如"职业锚"这一词中"锚"的含义一样,职业锚实际上就是人们选择和发展自己职业生涯所围绕的中心,是企业和个人进行职业决策时的核心要素,是判断人们是否达到职业成功的标准。职业锚理论产生于麻省理工学院斯隆管理学院施恩教授领导的专门研究小组。施恩在1978年时提出职业锚,随后大量的学者对职业锚进行了广泛研究,并在20世纪90年代将职业锚确定为八种类型:技术/职能型、管理型、自主/独立型、安全/稳定型、创业型、服务型、挑战型、生活型。职业锚作为一个人的才干、动机与价值观的模式,在个人的职业生涯和工作生命周期中,在个人与组织的事业发展过程中,职业锚都发挥着重要的作用。

职业规划一般在中学阶段就应该开始，此后在大学和大学毕业参加工作生命周期内都可以不断进行调整。考大学填写报考志愿其实是职业规划的一部分。前不久有一位记者采访清华大学2023年秋季入学的一名临床医学本硕博连读培养计划录取的新生："为什么选择临床医学这个专业？"她爽快地回答道："我是从福建省厦门一中考上的，我们高中阶段就组织职业规划测评。职业规划测评显示，我适合医生等职业，所以我就选择报考了临床医学专业，立志当一名救死扶伤的医生。"可见职业规划成了许多莘莘学子高考选报志愿的重要依据。中等和高等教育阶段，尤其是技校、中职中专、职业高中和大学毕业找工作都离不开职业规划。职场中人跳槽换工作也应当重新思考审视自己的职业方向和职业定位，并进行职业规划。正确合理的职业定位和职业规划能让人做到有的放矢，少走弯路。前不久，笔者福建莆田老家的一个亲戚大专毕业找不到合适的工作，找我咨询。我和他一起分析规划。我说现在所谓的工作和职业定义很宽泛，职种的门类也在不断扩展。过去有句话："三百六十行，行行出状元。"现在千行万业都需要工匠精神。朝九晚五的公司白领是工作，快递小哥和网约车司机等灵活就业从业人员也是工作；官媒记者是工作，自媒体博主也是工作。保安业余读本科甚至考研究生，餐馆服务员白天端盘子晚上学外语完成职业和人生逆袭等案例比比皆是。还有大学本科毕业做保洁家政、硕士研究生毕业送快递也现实存在，主要是从先就业后择业、先尝试后定位、先生存后发展考虑。最后分析发现，他对电子商务感兴趣，而莆田市有许多做鞋的企业，于是规划鼓励他在某互联网平台开网店卖鞋。由于规划定位准确，现在他开了三家网店，生意做得风生水起。同时，我还鼓励他边工作边提升学历，读自考或在职本科。人的生存和发展是最根本、最核心的问题。人在低谷，生存才是王道；身处逆境，务实才是根本。正如莫言所言："钱，是一个人最大的底气。唯有经济独立，你才看不到那么多苟且，你才不用低三下四，你有底气挺直腰板，去接受爱与被爱。"工作的目的首先是挣钱养活自己，然后才是高大上、才是发展自己。福建、广东民间有一句俗话："要想当老板先要睡地板。"话糙理不糙。按雷军的话说，没有秘书，没有司机，甚至连办公室都没有，然而这并没有影响他创业的成功。

现实中许多工作的思路、方法的底层逻辑具有一致性。比如学习金融专业的毕业生大多进金融机构工作，但当你学金融专业且文字写作是强项，去报刊媒体当财经记者或编辑也可以发展得很好。而学理工科的毕业生到金融机构从事金融科技工作同样有发展前景，这里面有职业锚的因素，也有所学专业或所掌握技能正好契合了用人单位岗位多样化需求而发挥重要作用的缘故。再比如有的人跨界从业也发展得不错,而有的人因从事专业不对口的工作难有作为。无论是专业技能还是非专业技能,能够让自己所从事的工作价值得到较好发挥的就是正确的职业选择。

3.职业规划的创新理论与实践

随着社会分工越来越细,欧美等早期工业化国家在职业发展和职业规划方面逐渐形成了人格特质理论、职业发展理论、职业选择理论、管理学理论、5W2H分析法、SWOT分析法等众多比较完善的职业生涯规划理论,值得我们学习和借鉴。随着时代的发展,我国成为全球工业门类最齐全的国家,劳动人口和在职职场人的数量也名列前茅。近年来开始逐渐形成了一些具有中国特色的职业规划的理论。仁能达教育发表的《职业生涯规划与发展五大理论分析与本土化角度》一文指出:"虽然中国的职业生涯理论相对较少,但近年来已经取得了一定的发展。研究发现,中国个体的职业生涯发展受到家庭、学校和社会等多重因素的影响,尤其是父母和亲友的期望和支持在决定个体职业发展方向和目标方面具有重要作用。中国一些学者研究了职业生涯锚理论在中国背景下的适用性,并提出了本土化的职业生涯锚类型,如家庭责任、社会地位和权力控制等。这些研究表明,中国个体的职业价值观和生涯目标受到传统文化和家庭观念的深刻影响,因此需要在职业生涯规划和辅导过程中予以充分考虑。

此外，职业规划考虑工作—家庭平衡：在中国背景下，工作与家庭平衡问题在职业生涯发展中具有重要意义。许多研究关注了如何帮助个体在面临工作与家庭角色冲突时做出合适的职业决策，以及如何实现工作与家庭的和谐统一。这些研究强调了在职业生涯规划和辅导过程中，需要充分考虑个体的家庭责任和家庭背景。职业生涯适应：在快速变化的社会和经济环境下，个体职业适应能力显得尤为重要。中国学者研究了职业生涯适应的心理机制和影响因素，如职业自我效能、职业决策风格和人际关系等，并提出了一系列培养个体职业适应能力的方法和策略。职业生涯教育与政策：随着中国经济和社会的发展，越来越多的学者和政策制定者关注职业生涯教育和政策的实施。研究关注了如何将职业生涯教育纳入教育体系，以及如何通过政策和制度创新来促进个体职业生涯发展。这些研究为政府和学校提供了有关职业生涯教育和政策实施的理论依据和实践指导。跨文化研究：在全球化背景下，越来越多的中国个体选择海外发展或从事跨国公司工作。这些个体面临着跨文化适应和职业发展的挑战。一些研究关注了中国个体在海外职业生涯发展过程中的特点和问题，以及如何在跨文化背景下提供有效的职业生涯辅导和支持。虽然中国职业生涯理论的发展相对较晚，但近年来已经取得了一点成果。未来，随着中国经济和社会的不断发展，职业生涯理论将继续与时俱进，为个体在不断变化的社会环境中实现职业生涯发展提供更好的理论支持和实践指导。"

现代职业发展和职业规划理论和实践越来越重视个体的主动性、适应性、非线性和创新能力，以及在多元化和不确定性环境下个体与环境的互动和匹配。此外，跨文化、跨学科、人工智能（AI）和综合性的研究越来越受到重视，有助于深化对职业发展过程的理解和支持。笔者从不同渠道获得信息摘出一二，并提出自己的一些想法，旨在抛砖引玉。

①夏季春职业规划的水论理论。

江苏方洋水务有限公司董事、副总经理夏季春博士在《职业规划创新与实践》一书中提出了职业规划的水论理论。夏季春在书中写道："水乃万物之源，功勋卓著，资本雄厚。不张扬，和其光，同其尘。哪里低，流哪；哪里洼，聚哪；越深邃越安静。宁静达观，难以企及。从职业规划的角度来说，我们应该学习水的精神，水的品格，水的涵养柔软的心性，水的修炼谦卑的美德。效法水的无私善行，让自己的身心达到至善至美的境界。从而，在职场上，对职业生涯能科学规划，顺其自然，游刃有余。水在自然界以三种形态存在：固态、液态、气态。具体表现形式：固态包括冰、雪、霜、冰雹；液态包括云、雨、雾、露；气态主要是水蒸气。水有三态，这三态也正是其技能凝聚的结晶。有此三态技能，则变化多端，做事能成。人的思想，千变万化，人在面对变化无穷的环境时,要学会变通,才能取得成功。水在任何容器中皆可依容器之形状,而呈现出不同形状的风貌,不管我们如何摆弄它,永远能展现出其最好的一面。人亦同,逆境要加倍努力,顺境要更加谦虚。像水,适应环境、克服困难,成就事业。"

夏季春认为:"个体的人如同水分子,其职业兴趣、定位、决策、发展、管理、成就等,有诸多异曲同工之处。比如,一个水分子,从孕育'长江之源'处的高山冰川融化,顺势而下,左曲右拐,汇成涓涓细流,到达浩浩长江,经得住鄱阳湖的诱惑,婉谢奇花异草的吸引,挥别云彩的邀请,冲破三峡大坝的阻拦,坚定信念,奔向大海,实现生命的升华。那么,人亦如是。一个人,把所从事的职业当成一份事业时,就会积极主动,勇于做事,敢于担责,职业就会与人血脉相融,凝成一体。一个人,以高中毕业为界,毕业之前,各人的学习区域,分布于大江南北,尚未成年。高中毕业以后,有的进入大学,选择相关专业,继续学习深造;有的参军,进入部队锻炼;还有的则进入社会,艰辛谋生活。针对第一种上大学的情况,人要像水分子,吸收山川的灵气和养分,汇成小溪,个人则要利用大学时代的资源、氛围,学习一切有用的知识,提高能力。大学毕业后,选择继续深造或就业。如果深造,则是蓄势势能,增加未来动能;如果就业,就要合理谋划。一如水分子,树立流向大海这一目标，培养职业兴趣，遇到障碍或十字路口，科学决策，艺术性地管理，融入团队，一路上，马不停蹄，成就梦想。针对第二种参军入伍的情况，在部队大学校，要学习军人的优良作风：遵守纪律，听从指挥；有机会还要学一些专业技能。这样，经过部队大熔炉的锤炼，以后无论是在社会上就业，还是继续做职业军人，都能做得更棒。针对高中毕业后开始在社会上谋生活的情况，职业生涯相对更加艰难、辛苦，但是，只要不怕吃苦，边干边学，肯努力，在自己所从事的职业中，也一定能取得成功。"

②杨萃先职业规划的红点黑点。

途正文化创始人杨萃先，曾任长江商学院与上海交大特聘教师，并在多家知名公司担任过销售、市场、培训等相关职位。她在新东方集团主讲雅思口语、面试口语，并多次接受媒体专访，被誉为"求职参谋长"。杨萃先的著作包括《这些道理没有人告诉过你》《进阶》等求职类和职业规划类畅销书。她多次接受智联招聘网、滴答留学网、十点读书等媒体的专访，分享她的职业见解和经验，多次作为特邀嘉宾出席各种论坛和讲座，为求职者和职场新人提供实用的建议和指导，成为他们职业生涯中的指路明灯。

杨萃先大学毕业后，做过国企技术翻译、耐克公司销售，结果以辞职告终。她研究分析了自己经历的国企员工、耐克销售总监+经理+主管以及新东方一些名师的真实案例，还跟踪分析了几百个职场案例。分析过别人攀上的山峰，掉进的大坑，总结提炼出职业规划的实用方法——"红点黑点"职业定位技巧。她说："无论你在外企、民企还是国企，想挣钱，必须用自己的红点工作，避开不擅长的黑点。"杨萃先在《进阶》书中写道："红点黑点实操起来有四步：①找'红点'、找'黑点'。回顾往昔，列出你过去十年的全部经历，圈出'红点'与'黑点'。'红点'是你已经被市场认同的事情，因为你比其他人在这方面强一些。红点包括你的大学专业、个人技能、工作经验和你个人被周围所有人认可的鲜明特征等。'黑点'就是你跟同龄人、同背景的人相比，被证明做得比较失败的事，或者大家都觉得你比别人差的特征。②用'红点'对应自己适合的工作。'红点'代表你具备的适合你的工作的特质，如果你有三个'红点'，你最适合的岗位，就是让这三个'红点'交集在一起的岗位。③用'黑点'排除自己不适合的工作岗位。④坚持。一旦按照'红点黑点'选择了工作，就要专注地走下去。遇到诱惑不动摇，遇到困难不退缩，才会比别人更快升值，在职场中崭露头角。"

③职业规划的心念+导航理论。

职业规划是立足当下，着眼未来，选择职业和工作，发展自己的计划安排，是我们不断思考想做什么、能做什么、适合做什么、应该做什么和怎样实现自己职业目标的过程。我认为，职业规划＝职业目标＋实现路径，往往表现为心念＋导航。人最大的贵人是自己，最大的敌人也是自己。这主要与自己的心念有关。职业规划与选择也是如此，最初的表现往往是心中的那个清晰而专注的念头。这个心念是潜意识中一直存在的东西，是内心的召唤，是心心念念想着做某件事（工作）或得到某种东西、实现某个目标等。这个心念与小时候的成长环境和受教育情况息息相关，而且与社会阅历和工作生活经历也会产生互动并随之发生变化，但在每个人的某个阶段一直存在，清晰而专注。这个心念是对未来的思考和期许，是内心对人生和职业的未来图景，是心中明确的目标和理想的彼岸，是自己对价值和意义的诠释，是一份来自自己的责任和承诺。

导航利用航行标志、雷达、卫星、无线电装置等引导飞机、轮船和车辆及行人等航行、行驶或步行。我们比较常用的车上和手机上的高德、百度等导航系统，用于指示车辆或行人当前的位置、目的地的位置和行驶方向细节，帮助驾驶员或行人找到目的地。以高德导航系统为例，驾驶路线规划一般会给出三条路线选择：大众常选的路线；备选二（走高速或灯少时间快，或需缴费）；备选三（灯多时间长，或无收费）。路线选择还可设置躲避拥堵等。有时驾驶员没按导航指示走错了，导航还可以重新规划。由此联想到职业规划的路径选择与导航的路线规划原理是相同的，都是涉及位置和方向的定位和选择。驾驶员与导航提示人机结合是快速准确到达的关键，职业规划也一样。因此，可以简单理解：职业规划＝心念（职业目标）＋导航（实现路径）。有时我们还需要不断调整，让职业定位和选择始终在正确的道路上。

人生和职业之路，曲折坎坷，却步步风景。要想在人生和职场成为赢家，就要及早为自己的人生和职业作出规划，心中有梦想，眼里有风景，脚踏实地，积跬步至千里。

笔者出生在福建莆田南日岛云万村，从出生到上初中一直在岛上生活。云万村村边的万湖山驻守着解放军的一个叫二连的连队。20世纪70年代，岛上文化生活比较匮乏。因此，去二连看露天电影成为少年时期最深刻最愉快的记忆。二连每个月会放一两场露天电影，连队纪律严明、军民一家亲，每次放电影都留出一半场地和座位给村民免费观看。每次去看电影，场地另一边整齐划一、坐姿端正、爱民助民的解放军战士给我们留下深刻印象。因此，我少年时期心中就萌生了长大去当兵的心念。高中出岛求学，后来又顺利考上了大学。大学毕业时有特招入伍到武警部队的机会，我毫不犹豫报了名，终于我携笔从戎，实现了心心念念的军人梦想。2008年汶川大地震发生时，出生于四川什邡的12岁的程强正读小学。程强所在的村子变成了一片废墟，他和家人陷入了恐慌和无助。就在这时空降兵官兵打着"黄继光生前所在部队"的红旗前来救灾。空降兵救了程强，也给他心里埋下了一颗想当空降兵的种子。空降兵官兵完成救灾撤走时，和群众一起欢送的程强手举"长大我当空降兵"的横幅，立下誓言。被媒体报道后，程强也被网友称为"地震男孩想当空降兵"。2013年8月程强如愿来到了空降兵部队，当上心心念念的空降兵。2019年10月1日，程强还作为空军方队队员参加国庆阅兵活动。现如今程强已成长为空降兵某旅"模范空降兵连"排长。程强和我的亲身经历说明了，人生和职业的规划和选择不一定体现在纸面上，但每个人心中都有心念和期许，而且会给自己人生和职业进行定位和导航。陈世群在散文《给自己导航》中写道："世上处处在导航。头雁破风，给了振翅南飞的行阵导航，口吐吱啸，给了夜飞觅食的蝙蝠导航；北斗星烁，给了沙漠夜行的跋涉者导航，灯塔破雾，给了远洋归来的舰船导航；母亲喊唤，给了林野迷路的孩子导航；乡土牵魂，给了漂泊寻根的游子导航；温暖回忆，给了夕阳晚红的老人导航；史书墨香，给了警示后人的每一段重现岁月导航。人啊，要学会给自己导航。人生有了航向，就有了理想，有了信念，才能行稳致远，才能冲破风雨之夜见晓霞；如果没有航向，人生之路就会跑偏，会走弯路、岔路，甚至会走入歧途；没有航向的人生是盲目的，就像蒙眼拉磨的驴子一样，虽然一辈子忙忙碌碌，却总是在原地打转转，毫无进展。给自己导航，人生通达无悔。"

4.做自己的北斗

自远古起人们就用北斗星来辨识方位。现如今浩瀚无垠的宇宙苍穹中，有一群闪耀的"中国之星"，它就是我国自主建设运行的北斗全球卫星导航系统。"北斗"不仅是一项科技成就，是事关国计民生的大国重器，核心器部件国产化率100%，给我们的生产、生活和军事等方面带来极大的便利，是中国科技自立自强的典范，更是中华民族智慧和精神的象征。

由此我联想到我们职场人的职业人生。正如边明伟在《职业规划与人生管理》一书中写道："我们要策划自己的人生，正确地对待自我、成功地发现自我、客观地分析自我、圆满地超越自我。其实，每个人心中都有一座山峰，雕刻着理想、信念、追求、抱负。每个人心中都有一片森林，承载着收获、芬芳、失意、磨砺。"工作和职业发展是人生非常重要的组成部分。乌申斯基说："劳动是人类存在的基础和手段，是一个人在体格、智慧和道德上臻于完善的源泉。"罗丹认为："工作就是人生的价值，人生的快乐，也是幸福之所在。"名人智言何尝不是我们职场人的人生指引和迈开双脚的动力。

"我最大的心愿是匍匐在地，擦干祖国身上的耻辱。"这是我国女科学家黄令仪发自内心的呐喊。她以八旬高龄带队研制出"龙芯3号"，不仅打破了西方的技术封锁，让歼—20战斗机、北斗卫星都装上了中国芯,让复兴号高铁实现百分百国产化,如今每年还能为国家省下万亿元的芯片支出。这位耄耋老人用瘦弱身躯撑起民族的脊梁,用一颗最纯粹的中国心打造出最硬核的"中国芯",只为祖国不再受制于人。

工作和职业发展离不开职业规划,而做好职业规划首先要立好志。任弼时说:"世界无难事,只畏有心人。有心之人,即立志之坚者也,志坚则不畏事之不成。"无论是职业规划还是人生的选择,我们都要走自己的路,做自己的北斗。这是一种自信、智慧和努力的姿态,不依赖别人的施舍、肯定和赞赏,不去管他人的非议甚至诋毁,而是自己对自己的认可、接纳和规划。能教育你的往往不是别人而是生活,能点醒你的也一般不是警言而是历事。读万卷书不如行万里路,行万里路不如阅人无数,阅人无数不如名师指路,名师指路不如自身感悟。心有所向,勇敢开始,砥砺前行。做自己的北斗,自己为自己定位,自己给自己导航。做自己的北斗,用爱、智慧和善行,照亮更多的生命,也照亮自己前行的路。

二、为什么要进行职业规划

现如今社会分工越来越细,职业分类众多,就业的压力越来越大，职业选择和规划显得愈发重要。职业生涯规划有五个重要的基础。

一是哲学基础。哲学是研究和回答关于三观（世界观、人生观、价值观）和三论（认识论、方法论、实践论）问题的理论。哲学是对人生系统反思的思想，是打开智慧之门的钥匙。人类与生俱来的全面发展、自由发展、适应环境的需求，赋予了个体自由选择的权利，赋予了个体把握自身命运、选择人生道路的权利。马克思说："劳动创造世界。"网络上很火的一句话："我命由我不由天。"人的自由选择正是职业生涯规划最坚实的哲学基础。

二是生理学基础。著名心理学家马斯洛把人的需求分为五个层次，由低到高分别为：①生理需求；②安全需求；③社交需求；④尊重需求；⑤自我实现需求。生理需求首先是生存需求。"生存是第一尊严"。战国时期的思想家告子说："食色，性也。"一般解释意思是一个人从出生开始就具备"吃饭和性（繁衍）"两种天性本能，大部分人终其一生围绕这两点忙碌不已。人们选择职业从事工作首先是挣钱养活自己。养家糊口是职业生规划首先必须考虑的，之后才是发展问题。父母再有钱也首先希望自己的孩子能够自食其力，然后才是成龙成凤。

三是心理学基础。人作为自然之子，每个人在其诞生的那一刻就已经包含了其不同于其他同类的鲜明的个体特征，这就是个人的天赋。同时，作为一个具有强大功能的生命体，其生命中蕴含着无限的潜能。后天的成长，是一个不断自我塑造、自我实现的过程，其塑造的方向、自我实现的程度与其需求动机、主观努力息息相关。这是心理学上所论证的职业生涯规划的可行性，是从纯粹个人的需要、发展的角度出发。

四是管理学基础。职业规划和城市规划等涉及的规划都属于管理学范畴。所谓的规划，简而言之，是一种预先计划设定的行动蓝图或指南。它明确了目标、策略、步骤、资源分配以及时间表的关键要素，并根据执行情况、形势和外部条件的改变而进行改进和优化调整，旨在指导个人、组织或社会在未来一段时间内达成既定目标。规划不仅仅是对未来的设想或愿景，更是一种系统化、动态化的思考和决策的过程，它要求我们在充分了解现状的基础上，运用科学的方法论，对未来可能遇到的情况进行预测和分析，从而制订出切实可行的行动计划。

五是社会学基础。包括人与人的关系，人与组织和社会的关系等。除个体社交需求、尊重需求、自我实现需求和企业（单位）也是一个小社会等社会性外，作为高度社会化的人类这个大组织中的一员，每个个体一切行动的根据还得由其所处的社会条件所决定。从人类社会的角度讲，一方面社会允许、鼓励个人实现其自身的价值，追求个人利益的最大化；另一方面社会也要求在尽可能的范围内合理地配置全社会的人力资源，做到人尽其才，追求社会效益最大化。这样才可能实现全社会的和谐安定，实现人类的共同的价值目标。

"锐始者必图其终，成功者先计于始。"纵观职场成功人士，往往都是以终为始的高手。他们目标明确、思维缜密、谋定后动、坚韧不拔。王成在《战略罗盘》书中写道："战略思维就是对未来有坚韧的期许和远见洞察。每个人也需要用战略来规划自己的职业和人生，做自己职业和人生的战略家。对内心没有方向的人，去哪里都是逃离，对于有方向的人而言，走到哪里都是追寻。"

1.规划职业就是规划人生，是个人发展的谋划

康德说："没有目标而生活，恰如没有罗盘而航行。"高效的人生需要规划。人生最重要的不是现在在哪里，而是朝哪里走。职业规划对每个人都非常重要，人生苦短，如何利用有限的人生时间创造最大化的人生价值是我们必须面对和回答的问题。搜狐创始人、首席执行官张朝阳曾说："年轻人要一开始就确立正确的人生价值观，最好在中学或大学时就知道规划这辈子要干什么。"笔者观察了许多前10%—20%优秀员工的品质和工作习惯，发现他们中绝大多数人目标明确、职业规划定位准确、工作思路清晰、执行力强。分析成大事的人有两个成功密码：一是清晰的未来方向，规划

职业、规划人生，目标明确。二是对自己足够狠。超强的自律性，控制自己欲望的超强能力，不断修正和改变自己的超强能力。人最大的贵人是自己，最大的敌人也是自己。一个人如果没方向、偷懒、懈怠、三天打鱼两天晒网，工作一般难有成就；而一个人有梦想、有目标、能自律、有毅力，就能够把握住机会和时机，主宰自己的职业发展，最终走向成功。参加过北京马拉松的陕西师范大学何昊阳曾说："自律是很多人希望自己拥有的优良品质。生活中有很多声音告诉我们要自律，自律给你自由。曾经我也被无数的鸡汤和别人'自律'所激励和振奋，勉励自己在生活中要努力做到自律，但往往却事与愿违。后来当我因为坚持健身、早起跑步被人称赞'自律'时我才明白，其实并不存在'自律'与否这一说法。当一个人希望自己拥有一种向往的工作生活状态时，他们可能会觉得这样的工作生活状态是自律，比如健康饮食、坚持阅读、努力工作、锻炼身体。这是因为现阶段对于他们来说这样的工作生活并不是他们真正习惯且享受的，只是他们向往的。当你真正享受某种工作生活状态时，你就会慢慢养成一种习惯。这种习惯会让你十分自然地做到之前原本认为是自律才能做到的事，所以尽可能地让自己去享受每一种好的工作状态和学习生活方式，而非只是简单鞭策自己去做一个自律的人。"

夏季春在《职业规划创新与实践》书中写道："作为一

个在职场上打拼的人士,要想获得更大的成功就应该树立长远目标,激励自己不断前进,寻求以最小的时间、经济、精力等成本,获得最大化的收益。那么,职业规划是任何一个想要获得成功的人在职场上不可或缺的工具之一。在竞争十分激烈的职场,为了提高自己的竞争力,实现目标,应该给自己一个切合实际的职业规划。只有这样,才能更好适应社会,为社会做出更大贡献,实现自己的人生价值。"

经济学上有个名词叫帕累托最优,也称为帕累托效率,是指资源分配的一种理想状态,假定有一群人和可分配的资源,不存在从一种分配状态到另一种状态的变化,在没有使任何人境况变坏的前提下,使得至少一个人变得更好。帕累托最优由意大利经济学家维弗雷多·帕累托提出,在经济学、工程学等学科中有着广泛的应用。笔者认为,帕累托最优在我们的职场和职业人生中同样有用。我们职业选择和职业发展从刚起步时的跌跌撞撞到稳步向前再到健步如飞,就是不断改善和向好的帕累托改进过程。我们不断改变、变好,直至接近或到达理想的彼岸。

2.有规划的职业更容易成功

思路决定出路,脑袋决定口袋。有规划的职业不一定成功,没规划的职业不一定不成功,但有规划的职业成功的概率更高。现如今每年应届毕业生有1000万左右,BOSS直聘网站月活量超过5000万。有的毕业即失业，有的"海归"成"海待"。在竞争十分激烈的就业市场，有规划的职业会少试错、少走一些弯路。职业规划是整理自己职业发展思路和职业定位的过程。职业规划有三个主要目的：一是找到适合自己的工作。找工作最重要的是适合自己，做到人岗匹配、人事相宜。每个人都有自己的长处和短处，都有自己的优势和劣势。分析、定位是职业规划的首要环节，它决定着个人职业的方向。个人的职业规划可以尝试用SWOT模型进行分析，找出四个方面的要素内容：优势（S）、劣势（W）、威胁（T）或挑战、机会（O）或是机遇。通过SWOT分析进行准确定位，自己想干什么，能干什么，爱干什么，自己的兴趣、才能、专业、学识适合干什么。根据矛盾论的转化原理，优势、劣势以及威胁和挑战在一定的条件下是可以互相转换的，因此以时间换空间，或以空间换时间有时是可行的。我们还可以借助职业规划咨询机构，通过测评工具来评测自己的职业倾向、能力倾向和职业动机及价值观等。职业规划可以根据测评结果各项指标，以及自身的学历、经历、能力等了解一个人内在和外在优势，作为职业定位、职业规划、职业发展的重要依据和核心竞争力。二是找到适合自己的平台。除了工作岗位，平台也很重要。一个好公司、好组织、好团队对个人成长和职业发展至关重要，它们往往可以带你一起飞。职业规划时分析行业市场前景、公司当前处境、加入门槛条件、薪酬福利待遇、未来晋升通道、组织文化氛围等,从而找到一个比较理想的单位,并与该用人单位同舟共济、相伴成长。三是找到适合发展的机会。好的平台和适合自己的工作岗位固然重要,也是大多数职业规划的首选。但另辟蹊径找到适合自己的发展的机会也是职业规划和职业选择目的之一。比如大学生村官、支援西部选调生、援藏、援疆干部等等。

3.职业规划避免困惑、迷茫和慌乱

当前,就业压力越来越大,无论是象牙塔里的莘莘学子,还是拼命工作的白领,抑或是忙碌的灵活就业者,大家或多或少都会遇到这样那样的职业困惑和问题。俗话说:"男怕入错行,女怕嫁错郎。"求职和找对象一样,都不能太草率。现在一两个岗位干一辈子很少见了,跳槽换工作是正常的职业发展选择。但职业的忌讳是择业不慎,内心慌乱,逃避现实,频繁跳槽。因为职业没有规划和工作定力,缺乏深耕一个领域的毅力,自乱阵脚,脚踩西瓜皮滑到哪里算哪里,陷入屡挫屡跳、屡跳屡挫的恶性循环。我从事人力资源工作十多年,每年参与面试数百人,职业规划思路不清晰、频繁跳槽的应聘者,一般在简历筛选阶段就出局了。职场和工作多数情况都不易,可以说是困难重重,如果遇到困难挫折就想逃避,是成不了事的。人浮躁、心不定、沉不

住、干不久,事难成。当然也有例外,对于每跳一次都有更好发展的应聘者则要具体情况具体分析,尤其对不断体验尝试和比较选择进行定位的职场人应该给予鼓励和肯定。有清晰职业定位和职业规划的人,往往方向和目标明确,策略得当,路径正确,知道自己想要什么,如何去奋斗、去实现,从而乱云飞渡仍从容,避免了困惑、迷茫和慌乱。人生不同的阶段要面对不同的事情,在进行职业选择时有时进退维谷、左右为难,有时还要面对生活的烦恼和困境,需要我们用正确的思维认知、明确的职业目标和良好的职业规划去克服迷茫、焦虑和慌乱。职业定位准确、职业规划清晰的人能够不断把握各种职业机遇,不断积累职业经验和人脉资源,打造职场硬技能和软实力,增强从业核心竞争力,用不了几年就成为岗位能手、业内精英,成为优秀的职场人。

强者从不抱怨环境和命运,即使跌落谷底也有重新出发的勇气和力量。据腾讯新闻报道,Lois Kim曾是谷歌的女高管。2023年,54岁的Lois Kim遭遇公司裁员。失业后她人生陷入低谷,但她没有被命运击倒。在经历了愤怒、失望和沮丧后,她决定给自己一年时间体验一下不同的人生,她同时找了好几份兼职,在当地一家连锁超市当收银员、当司机开网约车、在星巴克当兼职咖啡师,每周工作达70小时,从谷歌总监一下成了店小二。她也曾害怕被熟人看见,但后来她发现,新的工作让她更了解自己,也让她认识了很多通常在大厂接触不到的人。最终她辞去星巴克的工作,在超市获得晋升当了经理。她还把自己打工经历写成了书。无论我们靠什么手段谋生,工作都不能代表我们。这也应验了那段话:"一只站在树上的鸟,从来不会害怕树枝断裂,因为它相信的不是树枝,而是自己的翅膀。"人生不长,趁有勇气,大胆去过自己想要的人生。

我们要选择与光同行。光带来光明/也产生光怪陆离/影塑造影像/亦表达丰富的内心/彩色、素白与黛黑/天堂和地狱隔着一条地平线/生活的底蕴和纷繁/组成一个又一个瞬间/生命的生动与宁静/变幻中定格/依稀的星光/引领我们穿过迷惘/日出而作/自由飞翔……

4.职业规划体现了选择与努力

关于选择大于努力还是努力大于选择的话题经常成为人们谈论和争论的焦点。稻盛和夫曾说过这样一段话:"渔夫出海前,并不知道鱼在哪里,可是他们还是选择出发;因为他们相信,一定会满载而归。人生很多时候,是选择了才有机会,是相信了才有可能。"我认为,选择与努力都非常重要。在人生和职业的十字路口,选择大于努力,方向选择必须正确。只有在正确选择的基础上努力,才能达到成功的彼岸。柳青在《创业史》中说:"人生的路很漫长,但关键处就那几步。"而走上轨道后则努力大于选择。越努力越幸运。努力会有更多的选择。有时不努力连选择的机会都没有。即使刚开始有正确的选择，但不努力同样难以善终。努力不一定成功，但成功一定离不开努力。人生是一场长跑，职业是一场马拉松，努力是拼搏与智慧的结合，是勤奋与毅力的和音，是不断探索和追寻的耦合，是一步一个脚印的坚持。Facebook创始人兼首席执行官马克·扎克伯格说："不能靠一时的灵感或才华，而是需要一年又一年的实践和努力。凡是了不起的事情都需要用心与努力。"跑步之家视频号上有一段话非常励志："只有坚持别人无法坚持的坚持，才能拥有别人无法拥有的拥有。天赋能让人闪闪发光，但努力能让一个人持续发光。"新东方创始人俞敏洪说："有的人努力一生一无所有，有的人坚持努力成就非凡。所以问题不是要不要努力，努力是必需的。努力有几个层次，首先你一定要成为一个努力的人。努力是否会成功这是一个概率问题。人生尽可能追求大概率的事情。通过努力走向成功的概率远远大于天上掉下的馅饼。第二，我们要知道如何努力，要往自己的爱好和特长方向努力，因为自己感兴趣的事情更容易取得成就。要往有发展前景的方向努力。这就是所谓找到风口猪都会飞起来。第三，一旦确定了方向，一定要专注，并且给予足够的时间。""与辉同行"董宇辉说："努力不是为了证明自己有多优秀，而是在意外和不可控的因素来临时，那些平常所努力积淀的涵养和能力，可以成为抗衡一切风雨的底气。"中国五矿集团五矿期货有限公司北京营业部总经理呙微微说:"人之所以要努力,就是为了把命运掌握在自己手里。用一个个能把握的现在,去创造自己想要的美好未来。要做一个眼里有风景、心中有梦想的人。生活的底色,本来是人间烟火,有脚踏实地的努力,也要有仰望星空的诗意,一步一步脚踏实地,一天一天用心生活,一点一点积攒幸运,一切美好都会如期而至。"这些都应验了那句话:职业规划的起点是目标明确地发展自己,职业规划的落脚点是扬长避短地发展自己。努力和坚持是一道光,照亮我们前行的道路,让你的每一步都熠熠生辉。人生在一次次选择和努力中变得不同。

三、如何进行职业规划

人生不过百年,工作时间几乎占了一半。工作是人生的价值所在和幸福快乐的源泉。而职业规划是职场人获得成功的目标、路径和重要工具。那么,究竟应该如何进行正确的职业规划?

1.选择好职业支点

现代职场人需要始终瞄准靶心——绩效或晋升和成长。要想在有限的时间、资源、精力成本内,获得较大的收益,提升工作效率和效能，必然以胜任能力为支撑。而人的胜任能力，是指在特定岗位中能够造就优异绩效的个人特征，包括知识、技能、特质和价值观和动机等。因此，我们在对自己进行职业规划时，要选准着眼点和立足点。这也是找工作的核心要素。找工作可以选择以专业为重点考量，可以以选择工作单位为重点，也可以选择以兴趣爱好为重点，还可以工作和收入稳定为重点等等。

一般而言，职业规划有四个支点。一是生存支点。"生存是第一尊严"。工作是为了获得报酬和收入。挣钱养家糊口是许多职场人的朴素想法和直接动机。以生存为支点往往会把薪酬作为主要导向，可选择营利能力较好的行业和企业以及销售岗位等。当前国央企、互联网头部企业、券商、股份制商业银行和独角兽企业等单位的薪酬福利一般较好。

二是兴趣支点。兴趣是最好的老师。能够把兴趣和工作结合更能够自觉投入工作热情并获得职业成功。兴趣因人而异，选择从心出发。如果以兴趣为支点来规划职业，一般会以快乐为导向。也许工作薪酬目前不高，但找到喜欢的职业，享受工作的过程，自驱、自燃，更容易成为职业迷、工作狂。通过时间累积，不知不觉中可能成为工作的行家里手。如科研工作者，自主创业、合伙创业以及文化传媒和文旅等行业从业人员等等。刘总是北京一家五星级酒店的总经理，他高中时就对酒店经营管理感兴趣，认为在大酒店工作环境好，工作做好了还可以让客人有宾至如归的感觉。于是他考大学时报考了酒店管理专业，大学毕业后从房务经理助理和大堂经理做起，经过多岗位锻炼，一步步晋升到大酒店总经理岗位。

三是发展支点。以个人在职场的历练和成长进步以及社会地位和发展前景作为导向。即使所从事的工作不是特别喜欢，薪酬也不高，但为了社会地位和长远发展，会努力工作，不断成长。适合有野心、想出人头地和不甘平庸的人。如公务员、事业编，研究单位、科技企业、科创企业职员以及医生、教师等岗位。再比如，在很多企业包括商业银行，销售岗位都被定为关键岗位序列，也是企业重点培养和提拔的对象，职业发展的空间也比较大，如客户经理—业务科经理—团队总监—市场部负责人—公司总裁助理、副总裁等等，职业发展路径比较清晰。这也应验了一句名言："宰相必起于州部，猛将必发于卒伍。"

四是稳定支点。以工作稳定为导向。选择稳定一些的工作，追求稳稳的幸福和快乐。也许不是兴趣所在，薪酬也不高，但工作稳定和"五险一金"（基本养老保险、基本医疗保险、失业保险、工伤保险和生育保险以及住房公积金）有保障的预期能让人心里踏实。少数福利好的单位在"五险一金"的基础上还增加"一险（补充医疗保险）一金（企业年金或职业年金）"。一些适配性程度好的还能兼顾工作和生活的平衡。如教师、公务员、事业单位、央国企、国有银行职员、社区工作人员、军队文职人员等等。

进行职业规划时可以侧重于某个支点，也可以采取多支点策略，况且有的工作体现多支点的特性。总之，要结合求职者内在的条件（知识、技能、兴趣、特长、性格特质、动机和价值观等）和外部因素（就业环境、家庭条件、入职门槛、行业前景等）来进行综合考量，并根据过往从业情况不断修正校差。不管怎么选择，做一名贴在地上生存的奋斗者才是职场人正确的选择；也不管起初如何选择，不断学习提升自己的综合素质和工作能力才是一以贯之的正确选择。

找工作最重要的就是人岗匹配、人事相宜、适合自己。每个工作都有好的一面，也有不好的一面，比如销售岗位可能收入高、比较自由，但需要应酬和出差。性格外向、喜欢与人打交道的求职者更适合。而有的人性格内向，喜欢思考和做研究，比较适合做具体工作，如走技术和专业路线等。除此之外，家庭条件、某项职业的就业门槛和行业前景都是职业规划考虑的核心要素。比如有咨询机构建议普通家庭的大学毕业生职业规划时优先考虑选择以下9种职业：①公务员；②选调生；③事业编；④央国企；⑤军队文职；⑥三支一扶（支教、支农、支医和帮扶乡村振兴）；⑦西部计划；⑧特岗教师；⑨大学生村官。另外，一些新成立不久的央国企也可加以关注，如中国卫星网络集团（2021年4月成立)、南水北调集团(2020年9月成立)、中国矿产资源集团(2022年7月成立)、国家石油天然气管网集团有限公司(2019年12月)等。

2. 目标牵引与路径规划

明确的目标和合理的路径规划,可以帮助我们更好地把握职业发展方向,实现个人价值和职业成长。无数实证证明有坚定目标的人职业更容易获得成功。职业规划不仅仅是关于工作选择、职业晋升和薪资增长的计划,更是关于如何在职场中实现自我成长、提升技能、挖掘潜力的过程。如何明确职业目标?主要工具是职业SWOT分析:我的职业优势是什么?劣势是什么?挑战有哪些?机会在哪里?首先,我们需要进行自我评估或职业倾向测评,了解自己的兴趣、优势、性格特征、价值观等。认清自己的职业倾向和发展潜力,从而设定合理的职业目标。其次,我们要关注社会发展的趋势、行业动态和市场需求情况。行业和社会发展的痛点是我们选工作的起点和重点。选趋势就是选赛道、选未来。只要把握社会需求和未来需要,我们就找对了赛道、找准了努力的方向。准确把握职业发展的机遇与挑战,制定符合市场需求和个人意愿的职业规划。最后,分析自身的资源禀赋和家庭条件以及就业门槛、团队氛围和人际关系等实际情况。既仰望星空又脚踏实地,乘势而为,顺心用长,找到适合自己的工作。

在明确职业目标的基础上，我们还需要进行路径规划。首先，我们需要制定短期（1—2年）规划、中期（3—5年）规划和长期（5年以上）规划。短期计划提升某项技能，考取某项岗位资格证书、完成某个大的工作项目或年度员工考评取得好成绩等，而中期或长期目标可以达成某种绩效、晋升到某个职位，实现职业转型（含数字化转型）或跨界发展等。其次，我们要制定规划这些目标的具体步骤和大致时间表。包括学习新知识、积累工作经验、提升沟通和协调协作能力、拓展人脉关系、团队合作和改善人际关系等以及向上管理等方面的计划。最后，要关注自己的职业倦怠、职业发展瓶颈和面临的各种挑战困难和机遇，制定相应策略，不断反思、复盘职业发展和工作得失经验，适时调整、修正校差和优化自己的职业规划。

3.职业规划设计的具体方法

现在我国高校在校学生有3000多万人。国家高度重视就业和促进劳动报酬合理增长，2024年9月25日中共中央、国务院出台发布了《关于实施就业优先战略促进高质量充分就业的意见》。教育主管部门和高校自身都非常重视大学生的职业生涯规划教育工作，教育部提倡高校将大学生职业生涯规划教育作为就业指导课程的核心教学内容列为必修课程。各高校的就业指导中心、辅导员和团委承担了学生一些就业指导和职业规划工作。社会上职业咨询机构也在为求职者做职业规划测评和咨询工作。一些职业咨询机构对职业咨询和规划时常采用"五个W"的提问和思考模式，对我们自己做职业规划具有参考和借鉴意义。

第一个"W"：你是谁？把自己的优点、优势、缺点、劣势一一列出。找工作尽量从2—3个最主要的优点和优势项里找，避免从明显缺点和短板里找，做到扬长避短。

第二个"W"：你想干什么？小学阶段写作文大多会写到长大想干什么，也算是职业启蒙教育。尽管每个人在不同的阶段的兴趣、目标和理想会有变化和不同，但随着年龄和经历的增长而逐渐固定，尤其当一个人想明白自己想干什么时，面临职业选择的时候一般不会放弃至关重要的东西或价值观。

第三个"W"：你能干什么？一个人职业定位最根本的要归结于能力，而职业发展空间大小取决于自己的潜力和毅力。能力、潜力和毅力构成了职业发展的核心竞争力。

第四个"W"：环境支持或允许你干什么？综合考虑经济发展、社会进步、人事政策、企业制度、行业前景、职业空间、人际关系、职业门槛、家庭条件和资源支持等主客观因素，找到自己职业的"切入点"和"敲门砖"。

第五个"W"：你最终的职业目标是什么？选什么行业、

选什么单位、选什么岗位，近期职业目标、中长期职业目标和最终的职业目标以及人生的目标是什么，如何分阶段分步骤去实现各个阶段的职业目标。

职业规划要从知己和知彼两个维度考量。知己方面要知道自己兴趣、特长、所学专业、工作经验、性格、工作动机、资源禀赋等，知彼方面内容是人性、环境（宏观、社会、职业、生活）。职业认知内容包括人性、宏观环境、社会环境、职业环境、生活环境以及自身情况等。职业规划要在对自己的优势、差距和职业环境（行业、企业、职业、专业）深入分析的基础上进行系统思考、规划设计和路径选择。从上述5个"W"分析之后，我们可以对职业规划设计出若干步骤。一般情况下职业规划可设计以下五个步骤：一是自我盘点；二是职业认知；三是环境分析；四是确立职业目标和职业定位；五是制订具体行动计划及实现路径。

4.要坚持"7条原则"，走出"6个误区"

职业规划近年来越来越受到职场人的欢迎和使用。但并不是被所有求职者接受，有的还存在一些模糊认识和误区。主要有6个：①对职业规划不以为然，认为职业成功不是规划出来的。找工作用一些老经验，凭感觉、靠运气，听天由命，随波逐流。对职业测评和职业定位规划等也抱着无所谓的心态。②从事职业没有使用自己的专业特长和自身强项等优势方面。要么好高骛远，要么慌不择路、饥不择食，"挖到筐里就是菜"，没有脚踏实地和综合权衡考量进行准确定位。比如有的找工作高不成低不就，眼高手低；有的职业定位偏低工作低就，而浪费和失去了与学历专业等自身条件匹配的一些好机会，有的盲目跨界和丢弃本专业而另起炉灶。笔者不反对跨界、跨专业就业。但找工作尽量与所学专业或自身特长具有相关性，后天根据工作岗位需要再补缺补课能快速适应和融入。③没有充分了解就业信息。输在信息差，多少有点冤。人在职场身不由己，知彼知己，方能提高胜率。④对想去的用人单位（目标公司）了解不多。好行业也有差公司。公司的企业文化、价值观和工作模式是否匹配也要了解。⑤没有准确职业定位和预先做好相应的职业技能及经验等准备，出于逃避、逃离，盲目跳槽换工作，甚至频繁跳槽。⑥对职业发展没有做知识和技能上的增值准备。没有养成终身学习的习惯，不懂得投资自己，无所适从，得过且过，没有尽早掌握一门独特本领。不居安思危，安于现状，不学习新知识，不跨行业学习，技能单一，知识老化，职场竞争力弱化。

为了防止走入误区，职业规划应当坚持以下7条规则：①守正创新原则。职业规划首先要选择对人类和社会发展进步有益的工作，对他人有用、市场有需求的工作。正念利他，向善向上，与光同行。同时要有适度超前的前瞻意识和创新精神，预见社会和行业的发展趋势。讲通俗点尽量选朝阳行业。②可得性原则。可得性也可理解为适配性。职业规划和找工作要找适合的，要量力而行、量体裁衣。既不低估自己，也不好高骛远。要从内外因素和职业门槛等实际情况出发，跳一跳够得着，可实现、可落地。比如，现在中学教师要求硕士及以上学历，本科新毕业的就够不着了。在一份工作不饱和的情况下再做个兼职或打第二份工也是可以的。即使目前不满意也可以先干着，先就业后择业、先尝试后定位、先生存后发展，骑驴找马，边干边提升自己，等到够得着的好职业机会出现时再另谋高就、远走高飞。③激励性原则。工作能满足自己的核心需求，符合自己的性格特征、特长能力和兴趣爱好，对自己具有激励效应和驱策效应。④共生性原则。职业规划时考虑与用人公司文化价值观匹配性、与团队的共生性。树立全局观念和团队精神，个体与组织、与他人具有相互配合、合作共赢、相伴成长的整体性要求。⑤可持续性原则。职业选择走可持续发展之路，选对赛道。尽量选择朝阳而非夕阳的行业和工作。选择不容易简单复制和机器不能替代的行业和工作。如孟晚舟给读中学的儿子建议，将来考大学选专业和参加工作选职业，不要选择与机器竞争的职业。未来十年、二十年人工智能和机器能承担的工作，我们所学专业和职业规划应当尽量避免考虑。⑥适变性原则。职业规划要有一定的弹性和适变性。职业规划一般可根据自身情况和外部环境制定一份自己的职业规划书。但还有很多情况是心中有、纸上无。要根据不同阶段和现实情况不断调整、校差和优化。多听、多看、多想、多比较、多复盘，改变、变好。⑦成长性原则。职业规划和找工作起点要高、落点要实，尤其要找对自己成长有帮助的职业。该类工作要具有一定的挑战性，而不是简单重复和在低层次徘徊。人只有不断挑战自己，带着问题出发，自我加压，砥砺前行，才能不断进步、不断成长。

第二章
迈好职业台阶

职业规划要从事物内外关系考量。职业认知内容主要包括知己和知彼两个维度。职业规划要对自己的优势、差距和职业环境进行深入分析,选择适合自己的工作并为之努力和奋斗。

一、从内看,求职的过程是一个认识自己的过程

求职的过程是一个不断对自己进行自我盘点和职业定位的过程,是接触社会、爱岗敬业、积累工作经验、建立人脉关系的过程,是迈好职业各级台阶的铺路石。无论是刚踏入职场的"小白",还是在职场历练多年的"老江湖",都要对职业规划和工作进行不断验证、动态调整和深化、优化。职业规划得好,职业定位准确,就能够少走弯路,成为职场快速升职加薪的佼佼者。否则,兜兜转转,工作多年依然是一个绩效平平、职位层级较低、收入一般的职员,时不时还

为公司裁员、自己跳槽换工作而担忧、焦虑。通过跟踪分析职场人成长的一些案例，我们不难发现，人与人之所以不断拉开差距，主要因为以下7种能力：①认知与思维能力；②信息能力；③判断能力；④规划能力；⑤执行能力；⑥专注能力；⑦总结复盘能力。

1.性格与工作

性格是指人的较稳定的态度与习惯化了的行为方式结合成的人格特征。包括态度特征、意志特征、情绪特征和理智特征。古希腊医生希波克拉底把人的气质类型分为四类：多血质、粘液质、抑郁质、胆汁质。俄国心理学家、高级神经活动学说创始人巴甫洛夫从神经学的角度认为，个体神经类型不同，有些人比较敏感，有些人比较迟钝，有些比较内向，有些比较外向。他认为，人的气质由人的高级神经活动类型决定。个体神经活动类型可分四种：①兴奋型；②活泼型；③安静型；④抑制型。气质与性格密切关联，但也有明显的不同，气质受生理影响大，性格受社会影响大。一个人在不同的环境中长大，会有不同的性格。比如一个人在家庭中出生的顺序对性格都会有影响。有的人认为"性格决定命运"，虽然不一定准确，但性格对职业选择和工作适配性的影响是显而易见的。比如迈尔斯—布里格斯性格类型指标（MBTI）是一种被广泛认可的性格分类工具，为我们提供了洞察个体差异和优化职业路径的方法。MBTI通过四个维度的两极对人格进行分类：①外倾（E）与内倾（I）；②感觉（S）与直觉（N）；③思考（T）与情感（F）；④判断（J）与感知（P）。MBTI可以在一定程度上帮助个体更好地了解自己的职业倾向，从而做出更符合自己性格特征和优势的职业选择和参考。

2.专业与工作

专业与职业之间有着密切的关系。专业是指一种知识领域或者技能方向，而职业则是指在特定领域或行业从事的具体工作。一个人所学专业，往往是从事职业的基础和选择职业的重要考虑因素。如果说买房子最重要的是看地段，那么上学和找工作最重要的是看专业。国内高校目前设置的专业达816个，未来还会更多。找工作专业对口是求职者和用人单位首先考虑的基本前提和重要因素。良好的专业背景可以为一个人在职业发展中提供更多机会和竞争力。但随着社会的发展，越来越多的人选择跨界、跨专业或转行。用人单位也从多元化角度考虑跨专业招聘不同专业背景的求职者。比如，2024年某股份制商业银行校园招聘除了招金融专业背景的应届毕业生，还把50%的招聘名额用于招聘理工科专业背景的应届毕业生，以适应数字化转型、区域行业深耕以及绿色金融发展的需要。早些年学理工科专业的毕业生因专业不对口想到金融机构工作比较难，但现如今却成了各金融机构争相招聘的"香饽饽"。

3.兴趣爱好与工作

孔子说:"知之者不如好之者,好之者不如乐之者。"兴趣是人们活动的巨大动力,人们凡是对有兴趣的职业,都可以提高积极性,积极、愉快地从事该职业,并更可能在该职业上取得成功。霍兰德职业倾向测评(SCS)作为职业兴趣测评工具具有一定的参考价值。霍兰德认为,人的职业可分为现实型、研究型、艺术型、社会型、企业型和传统型六种类型。六种类型对应相应的职业较优选择,即职业倾向。通过职业兴趣测试,了解自己的兴趣、能力和人格特质,找到与个人兴趣相符或接近的工作,促进职业满足感和提升工作效率。

求职的过程是一个认识自己的过程。要从自身的知识技能、所学专业、性格特征、兴趣爱好、求职动机和价值观等综合分析自己的优势(优点)、劣势(弱点),扬长避短去进行职业定位和选择。

二、向外看,找到适合自己的工作

马克思主义哲学内外因辩证关系原理指出:一切事物变化同时受内部因素(内在驱动)和外界环境(外部影响)影响。内外因素既互为影响,又具有各自的特殊性。为促进事物进步，必须同时调动内外因素的积极作用。职业规划离不开自我评估和外部环境分析，寻找最佳契合点。一方面要从内看，从自身的知识、技能、所学专业、性格特征、兴趣爱好、求职动机和价值观以及家庭条件的内在因素出发，另一方面要向外看，从内外宏观形势、区域特点、行业前景、用人单位情况、职业门槛、岗位特征、工作内容等外部因素着眼，规划合理可行的职业发展方向，找到更合适自己的工作。随着社会的不断发展，社会分工越来越细，行业越来越多，个人职业发展的选择机会越来越多，但竞争也越来越激烈。因此，要对纷繁复杂的外部环境进行分析，综合考量，找到更适合自己的工作。

1.国内外形势和区域发展分析

职场如棋局，不谋全局不足谋一域。要看清方向，看清趋势，既要致广大而尽精微，又要抬头看路不断思考。职业规划要从宏观形势、社会发展趋势大方向去分析定位，还要从区域发展政策导向和行业前景及市场需求等去分析规划。借势而为，乘势发展。党的二十大报告提到，促进区域协调发展。推动西部大开发形成新格局，推动东北全面振兴取得新突破，促进中部地区加快崛起，鼓励东部地区加快推进现代化。当前国家重点支持的行业和领域，包括新型工业化、数字经济、人工智能、生物制造、商业航天、低空经济、量子、生命科学、数智技术、绿色技术等领域。国家还正在超前布局、梯次培育量子科技、核聚变、6G和载人登月及星球开发等等。这些都是我们报考专业和职业选择的方向。此外，西降东升、"一带一路"、新质生产力，京津冀一体化发展（含雄安新区）、长江经济带、大湾区、成渝双城经济圈、海峡西岸、西安桥头堡、海南自贸港建设、东北振兴、中部崛起，西部大开发、中南半岛对接带等区域发展前景和政策红利等都是我们选择的重要参考依据。2024年8月23日，中共中央政治局召开会议，审议《进一步推动西部大开发形成新格局的若干政策措施》，西部大开发已成为国家战略和重要工业备份以及区域协调发展的政策措施。根据国家"十四五"规划，有分析认为五年后85%的GDP和75%的人口可能将汇聚到京津冀、长三角、大湾区和成渝等"四大都市圈"。以雄安新区为例，雄安20年后可能将是继北京之后的又一国际化大都市，是京津冀最大的增量和新变量。大量央国企总部、教育和医疗机构、科技公司、跨国公司和外国驻华机构将云集于此。未来北京、雄安两城将重现"万国来朝、八方来敬"的盛况。因此，职业规划上可把"四大都市圈"等区域（城市）作为优先选择的区域和目标定位。

2.行业调研分析

选择职业也是一重要的投资，是选择行业趋势后对自己工作下注,投的是自己的热情、智慧、资源和宝贵时光。职业规划对行业的调研分析有点类似券商对股票标的物的行业调研分析。一是了解不同行业的发展趋势。了解行业整体情况,包括市场规模、增长速度、竞争格局等。判断哪些行业具有较大发展潜力,哪些行业可能面临挑战和衰退。二是分析就业需求。可以通过关注招聘网站、社交媒体和公司公众号等渠道发布的招聘信息,了解不同行业对人才的需求情况。还可以通过行业报告中的就业数据,了解各岗位的供需状况,从而判断哪些职业具有较高的就业前景。三是研究职业前景。了解一个职业的发展前景,需要考虑多个因素,如行业的整体发展趋势、岗位晋升的通道路径、薪资待遇等。可以通过与行业从业人员深度交流等方式,获取更多关于职业前景的信息。

3.企业考察与岗位分析

目标用人单位了解分析是职业选择和简历投递的前置动作。一是了解用人单位的性质。了解用人单位是公务员单位还是参公单位或是事业编制单位,是央国企及其子公司还是私营企业,是外资企业还是合资企业,是上市公司还是拟上市公司,等等。二是企业成立时间。知晓企业的成立时间可以帮助我们更好地了解企业发展历程和发展方向。三是发展阶段及市场份额。处于初创期的企业具有较大发展潜力和创新机会。在快速发展期的企业,个人职业发展通道更广阔。而成立较长的企业可能经历一系列发展阶段，具有更为稳定的市场地位和运营经验，但同时也面临衰退的风险。四是主营产品及服务。了解企业的核心业务和赢利模式，帮助我们评估企业的市场需求。五是业务模式及业务大致框架。了解运营方式和商业逻辑，评估企业的赢利模式和可持续发展能力。六是行业竞争。通过研究行业排名、市场占有率，主要竞争对手和竞争优势等方面的信息了解企业在行业中的地位和竞争力。七是消费者。了解企业的目标客群和消费者的需求。八是新进入者进入行业的困难程度。九是企业目标岗位具体情况。了解职位（岗位）名称、部门名称、岗位职等、薪酬福利和入职门槛、任职资格及晋升通道。综上所述，通过资料收集、业内人士访谈和自己实习体验等途径去了解分析，要去企业和岗位了解企业的性质和背景，可以帮助我们更好进行职业规划和选择，让我们发挥优势和潜力，更好与企业发展目标和价值观契合。

三、简历投递（网申）及笔面试

职业规划在从内看和向外看的基础上，开始做出自己的职业的判断和选择，进入简历投递及面试等实操阶段。

1.简历投递（网申）

简历一般分为自制简历和目标用人单位规范的《应聘登

记表》。自制简历一般要体现16个要素：①姓名；②性别；③籍贯；④出生年月；⑤联系方式（手机、邮箱）；⑥免冠照片；⑦求职意向：期望的工作岗位；⑧工作地点；⑨家庭成员、社会关系；⑩教育经历（起止年月，毕业/拟毕业学校，学历专业、是否全日制等）；⑪在校经历，包括是否入党、担任学生干部，参加社团和实习经历等；⑫工作经历；包括每段从事岗位企业年月，参加重要项目的经历及自身承担角色；⑬职业技能（岗位资格证书）；⑭获奖证书；⑮兴趣爱好及专长；⑯自我评价。如果目标单位有规范的《应聘登记表》，应按要求认真据实规范填写。网申和简历投递时要注意三点：一是关注目标用人单位的招聘信息和门槛，防止无效投递。二是简历投递到用人单位后，过些天可邮件、电话跟踪确认，或可以二次投递或网申，防止简历邮件丢失或HR没收到而错失良机。三是简历投递和网申要有针对性地多做，确保有更多的面试和收到入职通知书的机会。在不同行业、同一个行业的多个单位广撒网，即使拿到多份的入职通知书，还可以比较选择，选自己心仪和最适合的。

2.笔试和面试

笔试是面试前所进行的理论测试和心理测评。校园招聘（应届毕业生）一般都要进行笔试和面试。笔试考试内容因报考岗位有所不同，比如有的单位校招笔试包含行政能力测验（常识判断、言语理解与表达、数量关系、判断推理、资料分析）以及英语能力测试（大学四级水平）。股份制商业银行校园招聘一般分为四类：一是管理培训生；二是Fintech（金融科技）；三是销售类（客户经理助理、理财经理助理、客群专员和信用卡营销人员等）；四是运营支持类（柜员）。金融科技等不同岗位笔试的内容会有所不同。具体网申后可以咨询相关单位的校园招聘HR专员。而社会招聘对管理岗位人员进行笔试，对于社会招聘的营销人员一般不做笔试安排，但面试都需要且会进行2—3轮。

　　面试是招聘最重要的环节。面试核心的内容是"见"和"谈"。主要通过现场、视频等方式进行。面试的主要工作包括：①面试准备。首先，参加面试人员应了解知晓面试的时间、地点、场地；其次，对面试官可能会问到的问题进行准备。面试问题一是考察员工现在的能力，即是否具备目标岗位要求的知识、技能、能力，是冰山水面之上的部分，主要通过应聘者所学专业和过往的实习和工作内容来体现；二是考察员工未来的潜力，是冰山水面之下的部分，主要通过过往职位表现优秀与否以及现场思路和应变能力来体现。②完整面试的构成。包括面试开场、基本信息提问、行为事件访谈提问、情景面试提问、补充性信息提问、面试结尾问题、面试结束。③面试方法。主要采用行为事件访谈法。行为事件访谈法要求使用看、问、听、记、讲、评，实行以下几个步骤。一是访谈开始阶段的自我介绍，建立融洽关系。二是了解被访谈人的工作学习经验。三是开放式导入问题，引出代表性事件。将面试话题引导到胜任能力的问题有两种方式："钥匙"式导入的一般是开放问题；"大头针"式导入的一般是聚焦问题，有目的性地追问具体能力项。四是深入挖掘被访谈者的行为事件，一般采用STAR提问法。STAR模型中，S代表situation（场景），T代表task（任务），A代表action（你做了什么），R代表result（结果怎么样）。在应用STAR模型时，会关注有效数据，即应聘者的行为和背后的动机。五是求证被访谈者所需特质，并给应聘者"填补空白"的机会。用人单位和HR一般都把应聘者能力素质作为人员招聘和面试的原则和标准。重点考察以下几项：知识，指个人在某一特定领域拥有的事实型与经验型信息。技能，指结构化地运用知识完成某项具体工作的能力，即对某一特定领域所需技术与知识的掌握情况。社会角色，指一个人基于态度和价值观的行为方式与风格。自我概念，指一个人的态度、价值观和自我印象。特质（性格），指个性、身体特征对环境和各种信息所表现出来的持续反应。品质与动机可以预测个人在长期无人监督下的工作状态。动机，指在一个特定领域的自然而持续的想法和偏好（如成就、亲和、影响力），它们将驱动、引导和决定一个人的外在行动。另外，有时候面试官问的问题暗藏玄机，答案不重要，怎么回答才重要，问题不是考标准答案是否准确，而是考察应聘者的思维方式，是逻辑推理和应变能力。有时面试官让应聘者进行无领导自助讨论，考察应聘者应变能力、合作意识、韧性和迎接失败的勇气等非智力因素。

此外，还可能给出一定时间让应聘者提出问题，通过这一环节来考察应聘者关注的是什么。比如招聘团队负责人或客户经理，可以问以下几个问题：请谈一谈最近由你主导完成的一个项目（一项工作）？请介绍一下你的前三大客户，你是如何营销和维护这些客户的？当你遇到要求高的客户和个性化的金融需求时，你如何处理并满足客户的需求？当你接触和营销一个新的客户群时，如何使这些人成为你的固定客户？尽职调查如何开展，具体怎么做的？近年来，哪项工作令你自己成长和突破？此外，面试沟通中不仅仅要了解考察应聘者的工作能力，还可以顺便了解一些其他信息如同业业务情况和好的经验做法。

对于应届毕业生，用人单位面试中一般重点考察毕业院校、所学专业、是否担任过学生干部（含是否入党）、学习能力、沟通能力、思维能力和团队合作。比如学习能力主要从主动学习、及时总结和学以致用三个关键点，通过在校学习、参加社团、实习经历及其事例加以考察。

3.用人单位的关注点

在网申简历筛选和笔面试阶段，用人单位领导和人力资源部门及业务条线招应届毕业生比较关注一般有五个方面：一是学历背景。国内专业对口的目标院校和海外QS排名200名以内以及数字化转型急需的专业、本单位需要的稀缺专业等。二是在校期间客观表现情况：①党员（预备党员）；②学生干部；③文体特长；④获得相关奖学金；⑤两三段有效（专业）实习经历；⑥外语水平：本科四级、硕士研究生六级；⑦相关证书也是加分项，如法学专业通过国家法律职业资格考试，会计专业考取了会计证书，金融专业考取了银行从业、基金从业、证券从业证书等，通用类的包括熟练使用办公软件、国家计算机二级、驾驶证等。三是笔试成绩和面试表现。四是性格、价值观。身心健康，阳光正能量，积极上进，能吃苦有毅力。五是家庭情况等。创新工场董事长兼首席执行官李开复说："我招人看中这四种能力：第一，自驱能力；第二，专业能力；第三，学习能力，尤其是学习新技术的能力；第四，情商和软实力，沟通、团队合作及得到别人信任的能力。"当然，不同的单位以及招收不同岗位关注点会有不同，但核心的方面大同小异。用人单位所关注的点也是应聘者在校期间和找工作网申、笔面试应当认真准备的关键内容。同声相应，同气相求，双向奔赴，彼此投合。

有的单位要求员工入职时提交下列材料并认真核对以下个人信息：①用人单位开具的录用通知书原件（盖人事章）；②身份证、户口本首页及本人页的复印件；③国外各阶段学历学位证书原件及复印件，《国（境）外学历学位认证书》（含《香港、澳门特别行政区学历学位认证书》《台湾地区学历学位认证书》）原件及复印件；国内各阶段学历学位证书、认证报告原件及复印件；④入职体检报告（要求员工在入职前提供三甲医院的体检报告或到指定医院参加体检）；⑤六个月内免冠蓝底或白底二寸证件照1张；⑥与原工作单位解除劳动关系的证明（社会招聘的提供，应届毕业生无需提供）；⑦当地社会保障卡复印件、结婚证复印件、子女医学出生证明复印件（如未具备无需提供）；⑧本人银行卡号及银行卡复印件1张（复印件标注姓名+身份证号+银行卡号）；⑨个人无犯罪记录证明（有的单位需提供，由户籍所在地公安局开具）；⑩未过期的护照、港澳台通行证原件及复印件（若没办不用提供）。此外，国内学历通过学信网核查学历学位信息。可以要求员工本人线上查询，也可以通过输入证书编号及姓名进行查询。学信网（http://www.chsi.com.cn/）可凭本人身份证、姓名、手机号进行账号注册。国外学历通过中国教育部留学服务中心进行认证或海牙认证（国际认证）。访问中国留学网进行实名注册并登录账号，选择"出国教育背景服务"。

员工办理入职手续时，与用人单位依法建立劳动关系。签订劳动合同时，需查验其是否还存在有效的劳动合同，是否已与原单位解除劳动关系，确保不存在双重劳动关系风险。社会招聘员工需提交前一家用人单位出具的离职证明或解除劳动合同证明，作为与新单位签订劳动合同的前提条件。根据《劳动合同法》规定，用人单位招用劳动者时，应当如实告知劳动者工作内容、工作条件、工作地点、职业危害、安全生产状况、劳动报酬，以及劳动者要求了解的其他情况；用人单位有权了解劳动者与劳动合同直接相关的基本情况，劳动者应当如实说明。用人单位在员工招聘录用时应履行相关事项的告知义务，规范告知手续和程序。签订劳动合同时，员工应如实写明相关基本情况；与劳动合同相关的个人资料（包括住址、户籍、身份证号码、联系电话、学历、学位等）如发生变化，应到企业人力资源部及时办理变更手续。

四、心理契约与心理预期

1.心理契约

《组织行为》(陈春花、曹洲涛、宋一晓、苏涛等编著)认为，广义的心理契约是指存在于组织和成员间的一系列无形的、内隐的、不能书面化的期望。狭义的心理契约是员工以自己与组织的关系为前提，所谓承诺、信任和感知为基础，自己和组织间彼此形成的责任和义务的各种信念。因此，心理契约实际上是建立在员工个体上的定义。当我们被一个单位录用参加工作初就签订了劳动合同，约定了责任和义务。这是有形的，而在心里同时也暗暗签下了无形的心理契约。员工应以积极乐观的态度去践行这个心理契约，"但求耕耘，不问收获"。这有助于增强员工个人对组织认同感、归属感和工作满意度和敬业度，促使员工对企业主动投入热情，心甘情愿做事付出，积极贡献智慧，更加自觉、自驱、高效地去完成业绩目标。当然，组织也应当兑现组织承诺，甚至超出员工的心理预期，让员工真正认同组织，增加员工对工作的参与度、敬业度、满意度和工作热情。

2.心理预期

心理预期是指个体对某种情景、事件或行为结果的内心预期或预测。职场心理预期也是员工与组织之间的"心理契约"。心理契约是员工与组织之间无形的默契，默契的内涵包括组织和员工对彼此的期望。组织对员工义务的期望主要有守时、敬业、诚实、忠诚、爱护资产、体现组织形象、互助等7个方面，而员工对组织义务的期望主要有安全、友善、理解、薪资、福利、工作稳定、培训、公正、关怀、协商、信任和一致性等12个方面。两者之间对彼此的期望如果能达成共识，组织与员工的健康发展就会达到可协调的最佳状态，所以如何不违背组织与员工之间的心理契约，即如何管理员工预期是一件极为重要的工作。华福证券陈健认为，当今时代变化日新月异，优秀的领导力普遍具有崇尚现代管理理论的应用，注重管理与营销，对事件与员工行为具有较强把控能力等多方面的特点。而所谓好管理的本质，通俗地说，就是作为领导能将所要完成的工作，安排到具体员工，使其在预期内实现。在组织机构内部，管理工作主要是引导、规范、统一组织机构内成员的各种行为，使其围绕组织机构的目标，按照制度规则行事，从而实现组织机构的整体价值提升。优秀的领导在进行管理工作时，通过引导、规范、统一组织机构内部各个主体的预期，采用彼此均认同的预期，使员工从长期的、理性的角度做出各种行为选择，以此提高组织机构的办事和运营效率。

心理预期管理是双方管理。管理管的是预期，对于管理者和员工都是成立的。在组织机构内部，处理任何一件事务，管理者和员工都会对彼此有预期。一方面，管理者希望员工按照自己预想的方式，向着自己预期的方向，及时完成各项工作任务。另一方面，员工则希望自己根据管理者的要求做完各项工作后，能够切实取得工作的实际成效，减少"无用功"的投入，同时在完成工作的过程中展示并提升自己各方面的能力，得到管理者和同事的认同。双方的预期直接影响其行为选择，并且其不仅影响一方，同样会影响另一方的预期及其行为选择。如果员工前期的各种行为让管理者不能及时发现其能力及特长，则管理者将会选择减少给该员工安排具有挑战性的工作的机会，甚至终结与该员工的关系。如果管理者前期的行为选择让该员工看不到发展的希望，则该员工将会选择消极怠工，甚至是主动离开。正确管理员工预期是优秀领导力的体现。优秀的管理者善于对员工预期做加法，通过适当的引导，使员工在工作中逐渐发挥更大的效能，逐步增加员工对工作的预期，使组织与个体之间形成恰当的"心理契约"。

具体来讲，在对员工进行预期管理时要注意以下几方面：首先，要保证管理者与员工的预期方向一致。一致的预期可以减少沟通成本，提高组织机构的办事效率。在各项工作的部署和推进中，管理者和员工会遇到各种各样的事情需要相互沟通交流，在此过程中会有各种沟通成本付出。如果管理者和员工的预期不一致，将直接影响其处事方式，导致组织的凝聚力不强，力量不能有效集聚在一起，从而降低沟通的成效，增加沟通的次数，浪费组织机构内部的沟通成本，甚至是影响组织目标的实现。如果双方以共同的预期为基础，则可以集聚双方力量完成工作任务。其次，达到稳定的预期需要循序渐进。稳定的预期要充分体现并尊重员工的利益及其他合理诉求，并形成长期可持续的执行机制，让员工做事有章可循，对未来的发展有所憧憬。要达到预期的稳定，要对预期做加法，逐步增加员工的预期，使员工在完成任务时满怀动力与憧憬。同样，员工对自己和组织的预期也应双向奔赴、相互成就。总之，管理者和员工要充分认识到，预期对行为选择具有决定性的影响作用。在日常工作决策中要充分考虑预期的因素，尽量使双方形成稳定的、一致的预期。对预期做加法，使员工对未来的期望向组织目标靠拢，以提高组织整体目标的实现。

五、关于"跳槽"

现在职场基本不存在一个职业岗位干一辈子的事情，员工离职和"跳槽"实属正常。尤其"90后""95后""00后"这些新生代员工加入职场后，一个岗位能干2至3年合同期满的就属正常。领英的调查研究数据显示：70后第一份工作，平均干了超过4年才换；80后，3年半；90后锐减到19个月；95后、00后更短。有的在单位内部轮岗，有的则选择离职，另找下家或自己创业。员工和单位的关系主要是在一起合不合适、舒不舒服的问题，很难论清是非曲直。即使单位再舍不得人才，一旦去意已决，也应无障碍放行和祝福。同理，即使有些被解聘的员工心有不甘，甚至对单位产生怨恨情绪，大多数离职员工都会想念和感恩与单位和同事一起走过的岁月。员工主动"跳槽"一般是为自己职业规划及有更好的工作而跳,也有因上份工作不适合或与领导、同事关系紧张等原因而变动。俗话说,"树挪死,人挪活"。多数情况下跳槽换工作往往是自己寻求改变和突破的机会。但跳槽是有成本的,盲目跳槽付出的代价更大。因为每个行业、每项工作都有内在的规律和窍门,需要深耕、扎根和全身心投入。如果浅尝辄止,难有作为。况且很多工作同质化,底层逻辑是一样的。当一名员工在甲单位的工作干不好,去了乙单位也不一定能干好。

笔者的建议是员工选择"跳槽"要"三忍""三看"。跳槽"三忍"即对以下三种情况要忍:一是赌气。员工与领导或同事气场不和,或升职加薪无望,或工作不顺心等产生赌气离职心理,甚至想"裸辞",这时员工自己要冷静分析和权衡。建议优先在单位内部跨条线、跨部门或跨团队调整流动,这样付出的成本比较低。二是下家和猎头忽悠。有的单位为了挖人开出一些丰厚的条件,也有的单位为了挖人各种忽悠,一定要注意甄别和冷处理,沉淀一段时间再看。三思而行,不急于下结论。三是全听别人劝,不看自身的实际情况。看到前同事跳槽和劝告,自己无主见,耳根软,没有具体情况具体分析,自己也想跳。职场同质化现象客观存在,如果遇到困难和不顺心就想以跳槽解决,等于逃避现实。频繁跳槽,容易形成蜻蜓点水、浅尝辄止的不良习惯,容易给用人单位留下忠诚度不高和稳定性差等印象，对自己职业规划也不理智、不慎重、不负责任。其实每座山都需要不断攀登，才能到达顶点。

跳槽要"三看"：一是看性价比。看自己的能力和经验是否超出目前岗位能承载和给予你的物质、精神回报。人往高处走，下家单位若确能提升职务、职级和薪资，或者工作更适合自己兴趣特长发挥，那跳槽是职业规划的好选择。二是看可持续学习成长的地方。新单位的岗位、培训和职业成长规划等更适合自己的成长进步。三是SWOT分析比较。优势、劣势、机遇和挑战进行逐一对比，自然就容易得出结论。如果新的目标单位还没有目前所在单位好，不妨继续骑驴找马，蛰伏一段时间，等到心仪目标出现或羽翼更加丰满时再跳。只要更能发挥自己的优势，更有利于自己的职业进阶，该跳就勇敢果断地跳，积极去迎接挑战，做难而正确的事，正确而高效地做事。

案例1

从白手起家到中国首富
——张一鸣的职业人生

2024年10月29日，胡润研究院正式发布2024胡润百富榜。其中字节跳动创始人张一鸣（41岁），以3500亿元第一次成为中国首富，过去一年财富增长了1050亿元。他是过去26年来第18位中国首富，也是第一位"80后"白手起家的中国首富。榜单中国富豪前10名，基本都是我们的"老熟人"。钟睒睒、马化腾排名第二、第三；黄峥位列第四；何享健家族排名第五；曾毓群、丁磊和李嘉诚及其长子李泽钜并列第六；李兆基家族位列第九，马云家族排到了第十名。

张一鸣生于1983年4月，福建龙岩人，与美团王兴、雪球方三文同乡，三人并称"龙岩三杰"。2005年，张一鸣从南开大学毕业，先后参与创建酷讯、饭否、九九房等多家互联网公司，2012年创办了字节跳动。在张一鸣的带领下，字节跳动相继推出今日头条、抖音、西瓜视频等热门应用，海外版抖音TikTok更是风靡全球，字节因此成为备受全球瞩目的新兴互联网巨头之一。据媒体报道，字节跳动的最新估值约3000亿美元。2021年5月,张一鸣宣布卸任字节跳动CEO职务,光荣"退休",由大学同窗室友梁汝波接任字节跳动CEO。对于未来,他表示"想专注学习知识,系统思考,研究新事物,动手尝试和体验,以十年为期,为公司创造更多可能"。2023年5月22日,张一鸣在香港成立了一家个人投资基金Cool River Venture,性质是私人股份有限公司,张一鸣担任董事。创业成功后张一鸣热心于公益事业。2019年10月10日,张一鸣向母校南开大学捐赠1亿元,设立"南开大学创新基金",通过公益方式,支持南开师生及毕业生的创新创业项目。2021年6月22日,据福建省龙岩市教育局官方微信公众号消息,张一鸣向家乡龙岩捐赠5亿元,成立"芳梅教育发展基金"。2024年8月,张一鸣与梁汝波宣布向南开大学捐赠2亿元,主要用于支持南开数学研究和人才培养。

从程序员到高管之路

1983年4月,张一鸣出生在福建省龙岩市的一个事业单位家庭,父亲在去东莞开办电子产品加工厂之前是市科委的工作人员,母亲是护士。与事业单位大院里其他父母对子女严加管束不同,热爱尝试新鲜事物的父母很早就给了张一鸣宽松的环境,让他在很小的时候就能自主决定自己的人生走向。在张一鸣的童年,父母彼此聊的话题多是双方的朋友在国外搞了某项技术，做出了某个产品。很难去判断，在20世纪80年代，这个小家庭里萌发的创新风潮是否影响了张一鸣未来的人生道路，但有一点可以确定，父母的宽松与这个家庭对商业的早早触碰让他在很小就接触到商业世界与创新之间的某种联系。现在无人能够说清，张一鸣是从何时起开始对自己的人生进行第一次规划，但他总是能把心中正确的想法想办法去落地实现。他模糊地感知到，自己喜欢的是有体验感和参与感，并能够迅速见效的事物。他说："你的行为，你的输出，都要快点看到变化。而计算机是最快的。"他喜欢用算法量化有限资源、择优而行，这一法则，被张一鸣运用得炉火纯青。这种思维能力，并不是突然出现。2001年，张一鸣填报高考志愿，在选择大学上，他也曾犹豫。最后，他列出了五个参考维度：下雪、靠海、离家远、综合性大学、大城市。综合满足这些维度的学校，只有南开大学了。没有一点纠结，也没有和父母商量，就很容易决定了。大学时，他报考了微电子专业，随后又转专业到软件工程。这种有主见，不甘于做常规、重复事情的性格也在他日后参加工作和创业中一再显现。

2005年，张一鸣大学毕业，开始北漂，刚毕业那时，张一鸣的师兄邀他一起创业，做面向企业的"在线协同办公"软件。然而缺少资金、市场反应冷淡，时间不长张一鸣就走了。2006年2月他加入了旅游搜索网站酷讯。仅用2年时间，就从普通程序员做到技术高管。担任公司技术委员会主席，管理四五十人的团队，负责所有后端技术，同时也负责产品相关的工作。有人问张一鸣："为什么你在第一份工作就成长很快？是不是你在那个公司表现特别突出？"然而在酷讯工作的2年里，多的是清华、北大、斯坦福的计算机专业硕士、博士。张一鸣的技术不是多么出色，更没有什么厉害的经验。如果说表现突出，那张一鸣最突出的，可能就是勤奋。这是张一鸣的第一份工作——在线旅游网酷讯做爬虫程序。那时的他工作起来就像个超人，没日没夜都是常事。他在后来说："我工作时，不分哪些是我该做的、哪些不是我该做的。我做完自己的工作后，对于大部分同事的问题，只要我能帮助解决，我都去做。""当时，Code Base中大部分代码我都看过了。新人入职时，只要我有时间，我都给他讲解一遍。通过讲解，我自己也能得到成长。在工作的前两年里，基本上每天都是十二点一点回家，回家以后也编程到挺晚。确实是因为有兴趣，而不是公司有要求。所以我很快从负责一个抽取爬虫的模块，到负责整个后端系统，开始带一个小组，后来带一个小部门，再后来带一个大部门。"勤奋到不分你我，不分知识范围，不管能力大小，这让酷讯的投资人王琼特别注意到了张一鸣。也是这位投资人，成了张一鸣第一次创业的大金主。别人看起来很辛苦的学习工作，对张一鸣来说，却很快乐。对于他来说，主动做更多，就能得到更多的锻炼,学到更多的知识。张一鸣说:"你最终会成为你想要的样子,如果你真的非常想。虽然听起来有点违心,但是强大的愿望确实非常重要。stay young(保持年轻)的人基本没有到天花板,一直保持着自我的成长。"

从打工人到创业者

大学毕业参加工作后,张一鸣曾经详细地分析过网络信息传播的各个部分和角度,他发现,信息的组织与分发有最大空间。在酷讯工作时,有件事让张一鸣感受非常强烈。在酷讯给垂直搜索编程时,张一鸣要订一张回家的火车票,那时候去火车站买票很难,也不知道什么时候网上会有一张二手票出现。他就在中午吃饭时花了一个小时写了一个小程序。酷讯已有的搜索跟我们常用的搜索一样,是需要用户主动输入信息去搜,实时去看当时有没有二手票的最新信息。而张一鸣的工作是把他自己的需求用程序固化、存储下来,让网站机器定时自动去帮他搜,一有搜索结果就用短信通知他。在写完这个程序之后他就出门了,结果刚出门半小时不到就收到了短信提示,然后他就直接去取票了。他不用买黄牛票,也不用在电脑前一直待着,这个小程序给他提供的价值非常大,当时张一鸣就有了想法,当有符合他需要的信息出现时,应该告诉他,以后他就一直在思考,如何更有效地发现信息。

2008年，张一鸣离开酷讯去了微软。起初张一鸣抱着学习大公司如何协调管理工程师的想法加入了微软，但微软给他留下的印象并不尽如人意。他感觉自己的想法与工作岗位并不匹配，每天都在做一些离用户很远的基础开发，所以，他迅速选择离开。

2008年9月，王兴（现美团CEO）喊张一鸣一起创业，最早的微博——饭否。张一鸣以技术合伙人的身份加盟饭否，负责饭否的搜索、消息分发、热词挖掘、防作弊、用户排名等后台系统方向，为社交分析储备了大量技术。因为饭否是个社区，需要跟用户有更多的互动。"我们经常去做用户沟通和访谈，所以更懂得了如何理解用户。"饭否让张一鸣感受到了信息在人与人之间流动的价值。如果把酷讯和饭否结合起来，其实就是"组织信息+社交行为分析"，这就是"今日头条"的雏形，张一鸣就是在这时候有了做"个性化信息推荐"的想法。当饭否被关闭之后，海纳亚洲找上门来，希望出资由张一鸣创立一家房产信息网站。

2009年10月，酷讯公司的投资人王琼投资，张一鸣创立了九九房产网。在这里，张一鸣开始涉足移动开发，6个月间推出掌上租房、掌上买房等5款移动应用，这时的张一鸣迅速进入状态，在当时的移动互联网环境下实现150万用户，一度成为房产应用的第一名。

在"九九房产网"创业虽然获得了成功，但张一鸣显然预感到了更大的机会。"手机很可能会取代纸媒成为信息传播的最主要载体。"2011年,张一鸣辞去九九房产网首席执行官职位。2012年,他开始创办字节跳动,业务定位是信息收集和分发,主要分发用户感兴趣、需要的内容。同年8月,今日头条上线。该应用上线90天就获得了1000万的订阅用户量。2015年,今日头条下载用户已突破2.7亿。也是在2015年,张一鸣宣布,字节跳动开始进入短视频市场。2016年,33岁的张一鸣推出了抖音。两年后,抖音发展成国民级应用,比肩今日头条。据市场消息,抖音的日活跃用户数已超过8亿,是仅次于微信的全民级应用。2017年,张一鸣还推出了海外版抖音TikTok,向全球市场进发。一年后,TikTok冲上了苹果商店全球下载榜第一。2018年10月,字节跳动完成Pre-IPO融资,估值达到750亿美元,超越Uber,成为全世界估值最高的创业公司。2020年,字节跳动获得Tiger Global Management(老虎环球基金)的战略投资,虽未披露具体金额与股份占比,但字节跳动的估值因此突破1000亿美元。在胡润研究院发布的《2024全球独角兽榜》中,字节跳动以1.56万亿元的价值连续第三年成为全球价值最高的独角兽。

　　张一鸣的这一次创业,可以说是"一鸣惊人"。他所创办的字节跳动,比之阿里、腾讯等大厂也毫不逊色。在今日头条刚做起来时,巨头腾讯曾与之谈及收购。对创业公司来说，创业—收购—套现，这是一条快速实现财富自由最理想路径。但张一鸣拒绝了，他有更大的目标，而不是成为腾讯的员工。一次次的决策过程，充分体现了张一鸣人生的特点：定下目标，选好参考维度、容忍底线，然后综合评分，得出最优解。计算得失得出答案后，不回头，不纠结，向前看。国内，抖音和今日头条构建起了一个庞大的流量帝国。与此同时，海外TikTok的进展也十分迅猛。据OnlyAccount.io数据，2024年上半年，抖音海外版TikTok的下载量已达到4.882亿次，这是TikTok自推出以来第二高下载量。过去3个月，TikTok在iOS和Android平台上的全球下载量超过57亿次，成为全球下载量最多的应用之一。

十年为期，为公司创造更多可能

张一鸣曾在一次演讲中谈及自己创业的初心，"年轻人创业，就是要去创造新的技术，做那些理论上存在但还没有实现的东西，给世界带来根本性的进步。""创业，有人想的是要赚笔钱，有人想的则是要做件事，我觉得自己是后者。"对于"财富"，张一鸣的回答是，"财富不是我做事所追求的第一目标，但是金钱还是能够用于创造一些自由的空间和时间，所以我觉得财富对我意味着自由。"2021年，在企业和个人财富走向高峰的时候，张一鸣发布内部全员信，宣布卸任CEO一职。谈及卸任原因，张一鸣称，创业以来，字节跳动有幸抓住了时代发展的机遇，基于机器学习技术在移动端和视频上进行创新与实践，取得了一些成绩。虽然公司业务发展良好，但希望公司还能持续有更大的创新突破，变得更有创造力和富有意义。因此，张一鸣决定放下公司日常管理，聚焦远景战略、企业文化和社会责任等长期重要事项，计划"相对专注学习知识，系统思考，研究新事物，动手尝试和体验，以十年为期，为公司创造更多可能"。基于超级流量的优势，抖音集团（字节跳动现用名）的发展可谓是无往而不利，但这并不意味着抖音集团的发展毫无挑战。流量为王的时代红利正在逐渐消退。如今日活超8亿的抖音更是越来越接近流量天花板。同时，随着互联网的快速发展和市场竞争的日益激烈，对于抖音来说，不断创新和拓展业务领域成为维持竞争优势和吸引更多用户的关键。基于此，如今的抖音集团也正在不断尝试新的业务模式，在本地生活、电商、AI等多个领域深入布局，不断拓展业务边界。尤其在近一年多，抖音不断挖掘AI技术领域，从AI大模型，到AI助手、AI电商、AI短剧，层层加码。此前有行业人士透露，张一鸣会定期复盘"字节的AI做得怎样了"。如果有新项目出现，"他会重点关注"。时代正滚滚向前，退居幕后的张一鸣，也在继续前进。不过在日益复杂的市场环境下，抖音要面临更为激烈的市场竞争和挑战。能否成功突围，还有待市场验证。但张一鸣善于学习和深度思考，且有强烈的目标导向和灵敏的高悟商，相信未来更加可期。

　　关于招聘和选人用人，张一鸣曾说："作为一个企业雇主，我们更喜欢能够学习多种知识能力的人。比方说我们公司的产品经理很多都是工程师转型的，一部分是设计师转型产品经理，人力资源负责人是学电子转型的，行政的负责人是学计算机转型的。纯专业对口并不是这么关键，更需要的是能够学习多种知识，保持学习能力比知识的积累可能更重要。现在的互联网可以随时获取知识，你自己组织知识结构，更新知识结构的能力，我觉得可能更重要。经常看到职位蛮漂亮的人，但细看发现他每次升职都是换工作的时候发生的。这会让我警惕，因为好的人，老板会加薪升职来挽留。如果一个人在同一公司多次升职，让我会放心很多，因为比我了解他多得多的人看好他给他更多的责任，而且他一次次胜任。换工作才升职，有可能是外强中干，忽悠了新老板。招人最简单莫过于招干过这个事的人。不过能找到特质最具合适特质的人更重要。特别是创新企业，很多岗位未必有成熟的人对应，或者业界的普通标准并不特别适合，或者具体的岗位有一些特别的要求。这时候通过对岗位的理解而去招具备性格技能爱好特质的人就特别重要。以前面试选拔人的时候，一直没有觉得自信这个特质很重要，现在发现在一般的简单的事情和工作，自信不是一个重要特质，但是对于一些关键事情和职责，自信就是重要区别的特质，真正困难或有挑战的事，往往是反向操作的或者是相对孤独的。我总结（总结不表示我做好了，而是认识到要做好）吸引人才的四个要素：短期回报、长期回报、个人成长、精神生活。从左到右，从易到难，其中丰富不一般的人生体验和精神生活是最综合要求最高的，要不断反思追求。"

关于职业规划，张一鸣说："我给年轻人有一些择业建议，就是不降级、不投机，和优秀的人做有挑战的事。很多年轻人在选择工作的时候会想，这个公司可能刚刚融了5亿美金，那么我去这个公司。这些选择并不是出于他本身的兴趣爱好，也不是出于这个挑战的难度。而是出于这个公司是不是有很多钱，这个公司是不是符合当下火热的概念。选择公司应该看这家公司是否具有延伸的成长能力。它能用最少的钱获得企业最快增长。除了融了资汇集了很多钱，是不是汇集了很多优秀的人。我觉得到这个时代，中国的年轻人应该有这样的信心，去尝试一些别人不敢尝试的事情。在择业的时候，应该更看这个事情的挑战。如果有机会跟优秀的人做有挑战的事，那么我相信成长是最快的。"

对于职业成长，张一鸣说："有人问我如何突破自己的职业瓶颈，我说：你的瓶颈就在于你的心。你的心更宽，心态更好，遇到问题将自己拔高一层去看问题，把你心里的那些小纠结小疑惑小算盘小私心，统统打破，你就没有瓶颈。要延迟满足感，才能克服眼前短期利益的诱惑，看到更长远的、更大利益的目标。延迟满足感是一项长期修炼。延迟满足感经验：涵蓄情绪，让自己静止，不要在沟通交流的时候走动、晃动，情绪跳动，思维失去精确控制。我认为的执行力是：说到做到，不找借口，完成别人都能完成的事。而更强的人可以做到：完成别人完不成的事。开始的时候我们的很多方法可能并不好，但是很努力、很专注，大力出奇迹。"

案例2

从少校到大学教授
——翁清雄的职业人生

人生的一生会有很多选择,也需要为自己的选择而不断努力。翁清雄,从武警少校到大学教授,他没有惧怕过选择,也未曾辜负过选择。他用自己的家国情怀、职业选择和奋发有为的生动故事注释了努力是拼搏与智慧的结合,是勤奋与毅力的和音,是不断探索和追寻的脚步,为年轻的朋友们提供了鲜活的职业人生的成功案例。

翁清雄,福建莆田人,中国科学技术大学教授、博士生导师,中科大国际金融研究院副院长,中科大四业(产业、专业、就业、创业)融合研究中心主任。他是华中科技大学博士,西安交通大学博士后,还在比利时根特大学、澳大利亚昆士兰大学从事过研究工作,是新加坡国立大学、美国明尼苏达大学访问教授。现任中国人力资源开发研究会常务理事,中国劳动经济学会职业开发与管理分会常务理事、副会长,安徽省行为科学学会副理事长,安徽省创新与创业管理促进会副会长,合肥市欧美同学会副会长、合肥莆田商会会长、合肥泉州商会名誉会长等,曾任管理学国际重要期刊 Journal of Vocational Behavior 副主编，主持过国家自然科学基金优秀青年基金项目、重点国际合作项目、面上项目以及其他省部级以上项目 10 余项，在 Journal of Applied Psychology、Journal of Organizational Behavior、Journal of Vocational Behavior、Human Resource Management、Journal of Business Ethics、《管理世界》《管理科学学报》等国内外重要期刊发表论文 100 余篇。曾获国家自然科学基金优秀青年基金项目、华中科技大学学术十杰（排名第一）、陕西高校人文社会科学优秀成果二等奖、安徽省第七届自然科学优秀学术论文二等奖等。他主要从事人才大数据、组织与人力资源管理、职业生涯测评、职业生涯规划、职业心理与行为、领导行为与战略决策、创业管理等研究，并将研究上的创新落地到了教学实践中。2024 年年初，中科大国际金融研究院副院长翁清雄教授有三门课入选工信部首批"名师优课"，分别是"创业企业如何赢得竞争优势（一）：如何识别机会，开启创业之路？""创业企业如何赢得竞争优势（二）：赛道选择""创业企业如何赢得竞争优势（三）：商业模式"。看到翁清雄的这些头衔和研究成果及学术成就，谁会想到他是一位 80 后，中国科技大学最杰出的青年学者之一？还有谁会想到他曾经是一名军人？

第一次选择,军中的迷彩

翁清雄中学时成绩优异。他在高考填报志愿时几个第一志愿都是军校。进入军校之后,翁清雄学习和训练都非常刻苦,四年中只有一次因为庆典而晚于六点半起床。在军校时,八个人一个宿舍,牙刷、鞋子的摆放都是固定的,非常严格,每天都要检查内务和卫生。人与人之间是不一样的,通过近距离与他人相处,慢慢地就形成了更好的沟通交往能力。每年的3月5日学雷锋日,所有人都会去大街上扫马路。需要打电话时,拿着IC卡跑过去,三分钟内再跑回来。他还记得,有一年,驻地下了很大的雪,学校大门口被堵住了,大家就自己拿铁锹铲雪,湿热的汗水闷在衣服里,脸上却刮着冷风,但所有学员没有一个人叫苦喊累。

"大家注意!今年的五公里跑比赛要开始了,往年我们班的成绩,都是数一数二!今年,我们继续拿下这个名次!"那是军校里一次五公里团体比赛,四五十人跑五公里,总成绩以最后一个人的算。翁清雄也是这些铁血战士中的一员,在热气沸腾、加油呐喊声震耳欲聋的操场上一圈一圈跑着。跑到最后一圈,有一个战友摔倒了,大家没有抛弃他,一起架着他陪他跑到了最后,最后拿了第二名的好成绩。这种不抛弃不放弃的信念和团队精神深深种在了翁清雄的心里。

军校毕业后，翁清雄分配到了闽北山区的基层连队。他在紧张高强度的执勤、训练和演习之余，不但自己坚持学习、写东西，还帮助战士们补习文化。在基层连队，虽然翁清雄是中尉"学生官"，但他把自己当成普通一兵，与战士们同甘共苦、并肩战斗。每年老兵退伍，他都用自己写的警句和励志书法鼓励退伍战士退伍不褪色，努力开启新的职业人生。绿色军营也结下了战友情深。时至今日，翁老师还和战友们保持着很好的联系。翁老师提起，战友们都很优秀，现在也都分散在全国各地，在各自的领域里继续发光发热。多年后老战友重逢着实令人激动。尽管翁老师现在不在部队了，但战友是一辈子的朋友，亲如兄弟，一旦有事情联系就能联系上。翁老师说，"军校和部队中所经历的事和所认识的人，是宝贵的。"

回首过去，军队生活中养成的习惯，磨砺的意志，收获的感动已然刻在了翁清雄的骨子里。部队期间锻炼形成的强健体魄和顽强毅力，为翁清雄在如今的教学和科研中的高强度工作提供了良好的保证；军校的"尚武、崇文"（枪杆子、笔杆子）教育和部队的历练提高了翁老师的写作及沟通能力，培养了他攻坚克难亮剑精神和勇往直前的勇气。跑步、写东西，这些习惯翁老师现在还在保持着。搞科研好比登山，需要不断攀登。这样才有可能"会当凌绝顶，一览众山小"。每个周末或节假日，翁清雄大多会安排一天到办公室静静地思考学习和工作的心得和体会,让自己的思想天马行空,自由驰骋。疫情期间,翁清雄仍保持着自律生活,他说,自己的小妙招是:养成一项爱好很重要,自己平时喜欢写写毛笔字、跑跑步。隔段时间,静下心来给自己写写东西,通过定期自省,发现自己与目标有差距时,就会有动力摆脱懒散,努力做好事情。翁老师十分珍惜自己在军校和部队的经历,把它当成一个财富,"希望自己在军队里的积累,能够转化到社会上的其他领域,做出贡献并获得成功。"

第二次选择,职业的华丽转身

"我到底要走到哪里?做科研还是回军队?"时间的齿轮有规律地持续向前运转着。转眼间,翁清雄迎来了人生中的职业抉择。当时的翁清雄从华中科技大学博士毕业,在部队机关行政岗上也工作了两年多,已成长为少校军官,转业到地方工作需要下决心。两年的时间,他想,足够自己明确决心了。"我希望能够在学术界、在学术领域内留下自己的印记,有所建树,为社会更宽泛的领域尽自己的绵薄之力。这更坚定了我转业从事教学和科研的决心。"

为什么最终选择做教学和科研呢?翁老师希望自己在工作中的努力,可以更直接转化为对社会的贡献。做教学和科研,通过上课分享自己的成果,可以对企业和个人发展产生直接的影响。他说,你能发挥价值,你还能看到自己的付出对社会产生着积极的影响，那种感觉是非常好的。因为自身的职业选择就是一个很长的过程，所以这也引起了翁老师对职业生涯研究的兴趣。

翁老师认为科研上的成功不仅需要的是兴趣而且需要努力、坚持以及敢于自我突破。在博士期间，翁老师遇到的瓶颈之一是英语能力不足。他说，既然发现了问题就要去克服它。尽管那时还不流行发英文文章，翁老师已经早早地着手于英文文章的撰写了。当时，翁老师还联系到了领域内的一名顶尖学者合作，发表了一篇不错的文章。最开始联系时很紧张，但觉得自己要所有突破，就要敢于迈出脚步。

翁老师说："在学术的道路上，有的人是拿了方法去找问题，拿着锤子去找合适的钉子，不匹配就换个钉子；有的人是先找了一个问题，再不停地换工具、理论去看能否解决。我属于后者，希望通过一辈子的努力钻研，可以在职业生涯领域做出一点点理论贡献。"

理论最终是要回归到预测现实，现实的问题用理论回答不上来，那么这个理论就可能存在着创新之处。翁老师最关注的是那些理论预测与现实之间存在差异的问题。

最近，翁老师在研究职业生涯测评。这个领域的难点是需要真实环境下的测评数据。真实环境下，被试者想要获得高分，而在实验室环境下可能就没有这个需求，这就导致了测评结果和现实中有差异。面临这些问题，翁老师换了一种解决思路。他建立了一个测评平台，为企业提供测评服务。通过这样的方法，企业想要选拔人才，就会很重视这个项目，另外被试者为了获得资格，也就会认真测试，这样就能获得了真实的数据。

从军队到高校，从少校到大学教授，虽然是不同的领域，但家国情怀和奋发有为构成了他职业人生的底色，也注释了努力是拼搏与智慧的结合，是勤奋与毅力的和音，是不断探索和追寻的脚步。这一路走来，翁清雄始终以自己的方式尽自己最大的努力为社会做着贡献。

谈及职业道路选择，翁清雄做过很多职业发展相关的讲座。因为笔者在单位从事人力资源工作的缘故，所以多次听过翁老师的讲座，每次都受益匪浅。近年来，翁老师每年多次与年轻的朋友分享交流职业生涯规划和职业选择。他说："当你在岸上的时候，会有很多想象，但是实际到河里以后，我们才真正知道这个东西是不是我们想要的。"选择未来职业道路时，翁老师建议可以先选定三个比较感兴趣的职业领域，每个领域做短期实习，去全身心感受不同的工作模式、工作内容和工作结果，然后问一问自己是不是足够喜欢，能不能发挥自己的潜力，能不能做得比别人好。在这个过程中，我们可能删除一些选项，或者萌生一些新的选项。最后，你就会知道自己真正想做的是什么。很多时候，兴趣和工作不匹配是不成立的。你所感兴趣的是你真正的兴趣吗？也许只是因为好奇，好奇心满足了，兴趣也就消失了。

翁老师说，一个人要准确判断自己喜不喜欢游泳，一定要先学会游泳再说。会与不会在做一件事的时候体验感是不同的，如果你还只是在喝水的阶段就体会不到游泳的乐趣，也就谈不上感不感兴趣，喜不喜欢了。所以在选择职业时，首先要确认自己真正的兴趣，也许自己感兴趣的东西不是很现实，但找到一个与兴趣相关且比较现实的职业也不是很难的事情。

面对兴趣和工作真正不匹配的情况，翁老师向我们介绍了工作重塑（Job Crafting）的概念：通过主动改变工作的内容或形式，让自己更投入这个工作，从而更喜欢自己的工作。

在就业求职中，翁老师觉得求职者，尤其是高校学生要理解和做好以下四个方面：

第一，要有远见和长远规划的能力。很多硕士生、博士生觉得要两三年毕业，就仅在两三年赛道上比较谁是领先者。但人生很长，十年赛道上又如何？我们要立足当前，着眼未来，要有一个五年十年的职业规划和展望，不然可能今天做的事情对未来的贡献可能会很少。

第二，要有适应力。现实中很多事情都会发生变化，我们要找到方法，自主地解决问题。很多情况想想可能都是问题，但在实际工作中边干边调整策略边找答案，往往干了就会有答案。

第三，要有主动性。要主动规划、主动学习、主动向长远目标前进。职业规划是整理自己职业发展思路和职业定位的过程，有规划的职业会少试错、少走一些弯路。而主动学习是职业规划的下半篇文章，主动向长远目标奋力前进，故事才完整，职业才会成功。

第四，要坚持，不轻易切换自己的目标。在一个方向上慎重选择后就要坚持，从控制理论来讲，在事情进展较好的时候，会让你会觉得自己离目标很近了，从而努力程度会随之降低，这是不对的。因此要有一个长期目标，这可以让自己一直看到离目标还有距离。只要我们志存高远，主动对时间和目标进行科学管理，相信专注和坚持的力量，职业人生定会不同。

中篇 个人成长

第三章 初入职场与进阶

第四章 自我管理

第五章 向上管理

第六章 终身学习

个人成长的核心关键:

1. 提升认知,走出迷茫。

2. 自驱自燃,专注持续。

3. 积累优势,终身学习。

4. 科技赋能,守正创新。

5. 进阶增值,终身成长。

人生是一场长跑,职业是一场马拉松。职业规划的起点是目标明确地发展自己,职业规划的落脚点是扬长避短地发展自己。如果职业规划选定职业选定做一件事是上篇文章,那么如何坚持长期主义,专注做好自己的职业、定义好自己的快意人生就是中篇和下篇文章。查理·芒格有句名言:"如果你想要某个东西,就要让自己配得上它。"努力是拼搏与智慧的结合,是勤奋与毅力的和音,是不断探索和追寻的耦合，是一步一个脚印的坚持。努力和坚持是一道光，照亮我们前行的道路。"人最好的状态，就是知道自己想要什么并全力以赴，努力像日出一样越来越耀眼。"本篇个人成长是关于个人终身学习、终身成长的篇章。内容涉及初入职场与进阶、自我管理、向上管理、终生学习等，指出个人成长的核心关键：提升认知，走出迷茫；自驱自燃，专注持续；积累优势，终身学习；科技赋能，守正创新；进阶增值，终身成长。

第三章
初入职场与进阶

一、从混沌开始

法国哲学家萨特:"人,首先是存在者,没有什么本质预先规定你,面对自己在世界上奔涌翻腾,而后定义自己。"初入职场或跳槽到新单位的新员工,面对快节奏、高竞争的职场环境,面对纷繁的工作任务、复杂的工作流程规则和陌生的人际关系,往往刚开始无所适从、懵懵懂懂,甚至产生迷茫、胆怯、情绪内耗和无力感。这些都算正常。每一位新人都有一个适应职场的过程。迈出校园参加工作的头一两年大多比较茫然。这可能源于自己缺少工作经验和实操能力;可能源于理想很丰满现实很骨感带来的心理落差,可能源于所安排岗位并非自己想去的理想岗位的失落;可能源于自己才华特长暂无用武之地的无奈;等等。每一份工作刚开始都有一段"黑障期",都需要经历艰难甚至是痛苦的磨合阶段,一般扛过去或者熬过去工作就走上正轨了。前不久,某公司的管理培训生的一位海归硕士,遇到了一个不知怎么办的现实问题咨询我。目前她在基层营业网点轮岗锻炼,她的师傅(主管)有一次想让她捏造工作日志(工作台账)被她拒绝了,于是师傅工作中就时不时给她穿小鞋。她问我以后还有类似的问题怎么处理。我回答,师傅(主管)安排正常工作要按时保质保量完成,额外的比如让替值个班、取个快递等不违反原则的小事也要积极主动去完成。但如果叫帮代打卡、捏造假工作台账这类违反原则的事要委婉拒绝。可以私下跟师傅(主管)沟通说:"上级对管培生培训有明确的规范要求,如果做了违反原则的事被领导和同事知道了对你我都不好。"工作中要灵活性与原则性结合,该灵活的要灵活处理,但对于原则问题不能迁就和让步。在职场有时退后一步海阔天空;有时则是前进一步海阔天空。还有的老员工在职场和人生也有一个时期或阶段处在低谷。有的刚毕业找不到合适的工作,有的工作多年人到中年被解聘失业,还有的创业失败、投资亏本,有的而立之年立不起来,有的不惑之年有诸多困惑,出现恐慌、焦虑和迷茫。恐慌、焦虑是对未知的恐惧,是对已知的无力感;迷茫是对当下没有方向,是对未来没有期许和信心。有句老话:"失败是成功之母。"失败往往是成功的铺路石。有风有雨是生活,有哭有笑是人生。不踩过坑，怎么长心眼？不经历风雨，怎么见彩虹？不管经历什么，我们都要怀揣梦想，朝前看、朝前走，不断尝试和努力终将找到自己的定位和方向，哪怕走了一些弯路，也是职业人生宝贵的阅历和财富。风雨过后不一定有彩虹，但一定有晴天。华氏医药戴信敏曾说："失业不可怕，失败也不可怕，可怕的是意志消沉，找不到状态。不要让焦虑、恐惧、抱怨和痛苦等负面情绪控制自己。要学会心平气和地观察和反省，弄清楚失业和失败，多大成分是外部原因，多大成分是自身因素。若是外部原因可以等待，若是自身因素可以改变。以积极的心态面对现实，便会有充实而祥和的人生。"帆书（樊登读书）创始人樊登说："你要自己去判断，要找到自己的力量，才能够真的改变自己的人生，但是读书是一个最好的药引子。唯有读书，既让你及时审视内心，又让你抬头看到诗与远方。愿每一本书都是一道烛光，即便微小如豆，也能在漆黑的夜里，给你力所能及的光亮。"一个人成长最好的方向是什么？智慧读书人T给出答案："一个人要想发展最有效的方法是：无论命运把你抛在了哪一个地方，你就地展开搜索，做自己力所能及最好的事，这就是最好的方向。"中信银行北京分行一个朋友有言："人生是不断面对有限、挑战极限、创造无限的过程。我们在工作上、生活上、心理上、生理上都会遇到前所未有的极限，让人痛苦、恐惧、彷徨、无奈，但没有退路，只能往前走，而且更加积极主动地往前走。在这个过程中，我们要主动打开。打开什么？打开内心，打开心量，打开身体的力量和速度，打开交际面，打开工作思路，打开生活的方方面面，从而打开人生的新局面。"

中国传媒大学校长张树庭勉励毕业生的话值得刚走出校门的莘莘学子学习借鉴："知往鉴今，可启未来。历史已经无数次证明，无论时代如何剧变，人类都能够用勇气、智慧和定力拥抱变化、超越自己，创造更加美好的生活；无论人生如何起伏，我们都能够在生生不息的中华文明中找到解决困惑的对策和答案；无论世界充满何种挑战，我们都能够在习近平新时代中国特色社会主义思想中获取识变、应变、求变的路径和方法。'青年强，则国家强'。你们的面貌映照着明日中国之模样，你们的努力影响着未来中国之方向。我想结合自己的人生感悟，送给大家三句话，希望能帮助同学们在巨变的时代，做确定的自己，从容拥抱未来。第一，以崇德迎接时代万千变化。崇尚家国情怀的大德，崇尚造福于民的公德，崇尚严于律己的私德。第二，以敬业应对世界万千挑战。果敢担事，踏实干事，靠谱办事。第三，以修身笑对人生万千起伏。练就强健的体魄，养成健康的生活方式，葆有坚韧从容的心性。"张树庭校长的这段话我深有同感。年轻人既要志存高远，又要脚踏实地，在巨变的时代，做确定的自己。由此我又想到陶矜分享的一段话。广州市富陶林企业顾问有限公司董事长陶矜在微信视频号分享道：

"上班最大的意义不是挣那点工资,而是工作让你有规律地生活,让你有见人的机会。上班最大的意义是你通过上班有了稳定的社交圈子,还有来自领导客户同事以及工作内容或目标或多或少的压力。这样的压力可以锻炼你的心智,可以促进你不断地前进,不至于越来越萎靡,越来越堕落。上班是你与这个世界保持连接的方法。让你与这个世界的信息同步,让你时刻找到自己的位置,知道自己在职场在社会在世界几斤几两。并且在工作过程中,在上班过程中,你可能碰撞了信息,激活了你的idea,找到了灵感,生发了智慧,寻找到了人生的方向或创业的领域。你会发现到最后不是工作离不开我们,是我们离不开工作。要感谢现在这个时代,让你还有机会能够用工作来充实你的生活。因为你在这个工作中,你才有社交,你才有感悟,你才能洞见这个社会的脉搏。你才能够在里边去找寻自己。这是一个其实很美妙的过程,就相当于修炼了一个道场。我跟大家讲一句心里话,少年顺境有时是一种灾难,花盆里种不出万年松,猪圈里养不出千里马。一个人闲得太久了,稍稍努力都觉得自己是拼命的,完了结果没出来还怨天尤人。记住摆烂永远是人生最烂的选择,而唯有挺起才是你人生最高的高度。"

1.积极参加入职培训

无论是校园还是社会招聘入职的新员工,用人单位一般都会给他们举办为期数周的新员工培训。有的单位还围绕人才队伍发展目标及岗位胜任能力要求，制定下发《××××应届毕业生岗位锻炼及导师制培养管理实施细则》和《××××新员工导师培养辅导手册》，对管理培训生等应届毕新员工推进实施为期两年的入职培训、基层锻炼和多岗位轮岗历练以及工作岗位导师辅导等培养管理机制。入职培训从多层面多角度对新员工进行指导和帮助，组织学习实用知识、制度规则和企业文化等，帮助新人尽快融入职场大家庭。作为新员工一定要积极认真参加入职培训和团建活动。通过参加培训熟悉了解企业文化、组织架构、业务门类、工作流程、制度规则、培训平台与学习渠道、晋升通道、薪酬福利等等。通过参加培训尽快融入企业、融入团队、熟悉业务和同事，并快速全身心投入工作中。

2.甘当学徒，不耻下问

离开了美丽的校园，离开了熟悉的老师和同学，到了工作单位面对威严的领导、师傅和忙碌的同事，可能感受不到想象中的关心，甚至受到一些冷遇。校园的场景和工作的场景虽然不同，但面对都是有血有肉有感情的人和复杂琐碎的学习和工作。要以积极乐观的心态和不懈奋斗努力去面对职场的人和事，勇敢而循序渐进地去实现自我的成长和蜕变。对年轻人来说，职业前期一定要坚持不怕吃苦、不怕吃亏,要少说、多问、多听、多看、多干、多思考,扎扎实实地积累工作经验,做得越多,成长越快。除本职工作外,多干一些公共利他之事,多干一些领导(团队负责人)和师傅交办的分外工作和苦活累活。有时多干实际上是得到更多锻炼的机会,所以不推诿、不躲避、不抱怨。有的老员工的玩笑话说:"职场虐我千百遍,我待工作如初恋。"成功往往是熬出来的。要有百折不挠的心态去面对职场和工作,尊重自己的职业,热爱自己的工作,不怕付出,全情投入,敬业乐群。

3.经常思考,理清思路

思路决定出路,脑袋决定口袋。在理论层面思考现实问题,在现实世界寻找理论答案。透过纷繁复杂的现象看本质,发现客观世界运行的规律和内在的联系。要多从天道和人性的角度思考问题,找到工作方向和对策措施,找准自己的职场定位。思考和理清思路的落脚点是"我该做什么?怎样才能做得更好?"也就是说,从方向、定位、行动三个方面去努力去落地、去实现,以细求实,以实求成。在这个过程中要防止四个误区:一是空想。人要有梦想,但天马行空不着边际的空想落不了地。所以既要仰望星空,又要脚踏实地。多关心关注与工作和自己成长进步有关联的人和事,增强对杂事、杂音和无关消耗的屏蔽力,保持工作的专注力。

二是没方向。最怕心中无目标，脑中无想法，职业无方向。一些职场中人整天忙于事务性琐碎性工作，只低头拉车不抬头看路，疲于奔命，低层次循环，越忙越盲，越盲越茫，忙忙碌碌，却碌碌无为。所以工作无论大小，经常反思复盘很重要。通过反思复盘，方向和方法自然就越来越清晰。三是急功近利。内心浮躁，急于求成。心里存有小算盘，做事算小账多。不想过多付出工作热情和劳动，不肯担当负责，不愿勤奋努力、艰苦奋斗。总盼望天上掉馅饼，而实际上天上掉的往往是陷阱。四是内心匮乏。内心苍白，安于现状，满足于舒适区，当一天和尚撞半天钟，束缚了自己闯的干劲和手脚。温水煮青蛙，渐渐成为没想法、没能力的职场"巨婴"和"边缘人"。正确的做法是自我加压，自驱自燃，自我挑战，主动发现问题，思考问题，解决问题，不断超越自己。

职场人的成长进步包含"加薪、升职、成长、升华"四层意思：一是工资薪水的增加，即加薪；二是职务的提升或平调到更关键的岗位，即升职；三是知识水平、专业技能和综合能力得到提升，为升职加薪或跳槽换赛道积蓄能量，即成长；四是思维升华、认知提升，自我觉醒、觉悟，即升华。特别是经历过失败和人生低谷，看到过人性弱点，还能够坚持逆风飞翔、东山再起的往往都是内心强大、思维升华的人。上述这四方面不管哪个方面有进步都是职场人的成长进步。"但求耕耘，不问收获。"曾国藩认为，人生重要的是心态，只要努力耕耘，越努力越幸运，越成功。他强调，做事不能只想回报和酬劳，更要专注把事做好，耕耘好自己的天地，自然会有好的结果。人生不苦短，好饭不怕晚，奋进不要慌。即使处在人生低谷也有重新出发的勇气。"少年应有鸿鹄志，当骑骏马踏平川"。现在国家延迟退休的政策已经出台落地，五十岁后的老员工随着孩子长大自立，许多人开始把时间和精力全部投入工作中，照样可以开启职业人生的二次曲线。人生因梦想而生动，因追梦而前行，因奋斗而精彩。

李一诺在一次题为"力量从哪里来？"的公开演讲中讲到自己世界名校毕业初入职场，在没有职场经验、没有商业背景情况下，每天在自我否定中边干边装不断努力成长为职场精英的故事。她讲道："力量从哪里来？力量来源于'我想'带来的自觉。努力在现实的环境中自我成功。虽然自己在较短的时间内职场获得高薪等物质回报带来的喜悦，但也很忐忑。在一次偶然的机会，我了解到在这世界上影响数亿人的命运存在巨大的真空。在世界边缘市场无法为穷人服务，必须去面对真实广阔的世界。于是我忽然感到，力量来源于理想的召唤。我毅然放弃高薪职位，加入一个国际基金会并把家搬回中国，决心用自己商业领域的经验和训练，去为中国和全球解决健康和贫困问题出一份力。"

二、提升认知、思维和格局

能够出类拔萃的人总是有思想的。人最大的浪费是时间的浪费和认知的迟到。字节跳动创始人张一鸣说："你的认知越深刻，你就越有竞争力。"李晓林在《揣着》书中写道："成功与否，全凭信念之有无；品位高下，全在认知之深浅！无论从事什么行业，都需要广博扎实的基础知识及不断提升的认知，因此学习和阅读能力是人生存和发展的基本能力之一。"新东方俞敏洪说："人与人之间最大的差距是认知水平的差距。认知是什么？认知就是对一件事情的看法。如果一个人认知水平不够，就像井里的青蛙看天空，你永远看不到完整的天空。就像一个人行走于幽暗，永远没有光明在前面指路。人一生中重要的其实不是追求钱财，也不是追求社会地位，而是追求提升自己的认知水平。当我们认知水平提高以后，你就像是站在宇宙看地球，站在高山看大海。就拥有多角度全局分析问题解决问题的能力。那些斤斤计较目光短浅执着于自己偏执的理念和观念不愿自拔的人，常常是由于认知水平不够导致的。那我们一个人如何提高自己的认知水平呢？我觉得主要从以下几个角度入手。一是放开胸襟。不要先执着于自己的东西，要善于接纳外界来的所有信息和新鲜的事物。二是要多读书。读书可以使你在不同的观点之间进行比较。三是要多交往。善于听取不同的意见，哪怕是刺耳的意见。四是要多行走。多了解现实世界，多在不同的文化中间进行比较，只有这种情况下，你的认知水平才能提高。你的见识才能变得更加长远，那么你对自己的人生布局以及对自己事业的布局才能变得更加完整，并且变得更加有长远眼光，那么也许你的人生才能取得更好的成功。"

北京大学前EMBA教授郭春林在《哲学智慧与人生思考》课中讲道："如何抓住人生的机遇？要学会抓住'三个原则''五个重构'。'三个原则'：①社会学原则；②问题原则；③自我创造原则。'五个重构'：①重构社会观念；②升级思维模式；③培养问题意识；④重构人际关系和资源组织；⑤唤醒创造力。掌握'三个原则''五个重构'就抓住了社会变化和发展的机会，让你的生命发出光彩，拥有一个自在通透和富足的人生。"

爱因斯坦曾说过："人类的困境源于人们往往在制造问题层面解决问题。高层次的改变往往会向下辐射影响改变低层次。"我们可尝试用罗伯特·迪尔茨NLP（神经语言程序学）思维层级模型帮助自己提升思维层次。这个思维层级模型就是理解六层次：环境、行为、能力、信念与价值观、身份、精神（系统）。

低维是高维的投影，高维是低维的投影源。低维的问题到高维就容易解决。要多自上而下去思考，升维思考；多自下而上去执行，降维落地。具体可以从以下几个方面入手，不断提升自己的思维层次和认知水平。

1.战略思维

战略思维是对未来有坚韧的期许和有远见的洞察。战略思维是关于方向的思考，是长远的而非仅考虑眼前的，是综合全面的而非单一和片面的，是实质的而非表象的，是冷静的而非冲动的。每个人都需要用战略思维来规划自己的职业人生，做自己职业和人生的战略家，不断自我迭代、自我进化、自我成长。王成在《战略罗盘》一书中写道："很多人都是如此喜欢那些有战略思维，并拥有灿烂的未来期许的人，这些人总是积极展望未来，充满乐观和激情，带给人美好的愿景和梦想。"王成还写道："每个人要能回答自己的三个重要问题：①如何使工作生涯成功快乐？②如何让自己与配偶、儿女（家人）、朋友的关系成为快乐的源泉？③如何坚守原则免除牢狱之灾？"因此，我们要在现实工作生活中运用战略思维思考适应天道和人性，解决我是谁、在哪里、朝哪去、怎么去等问题。把握方向，知所趋；找准方位，知所在；明确方略，知所行；制订方案，知所为；学习方法，知所用。在人性之上思考，在趋势之中谋划，在规律之下做事。

2.易经思维

《易经》《道德经》《论语》《孙子兵法》是中国传统文化的四根柱子。《易经》运用象（现象）、数（数量）、理（规律），通过变化的现象，掌握不变的规律。《道德经》最重要的观点：道生一，一生二，二生三，三生万物。从无到有，无中生有，从零到一，从一到多。阴阳同时存在且平衡，正反同时存在，物极必反，否极泰来，对立统一。因此易经思维从正反两个方面考虑问题，与辩证思维、系统思维有异曲同工之处。人是自然之子，万物之灵。人从自然的规律中认知人性规律，从而做到天人合一、知行合一。人的内在也是一个小宇宙，是改造世界创造物质和精神产品的力量源泉。通过合理有序、清晰具体、协调一致、专注聚焦和多角度全面的思维力量从正反两个方面，透过变化的现象，掌握不变的规律。通过悟道，了解规律，顺应自然；通过悟人，了解人性，顺应人性；通过悟己，了解自己，明确目标。找到为世界和他人提供优质高效服务的禀赋优势和方式方法，尽职尽责，努力付出，从而去影响改变客观现实，取得工作高质效。

人要把主要精力用在发挥优势上，而非去改变弱势，发挥优势事半功倍的效果。"大匠无弃"，天生我材必有用。每个人都有自己的天赋和优势。天赋就是天分，是个人成长之前就已经具备的成长特性。个人对某类事物或某些领域所具备的较之常人更多的爱好、向往、能力倾向性，使其可以在同样经验甚至没有经验的情况下比他人以更快的速度成长起来，这就为个体在某一领域的发展抢占了有利条件。我们要善于发现、培育和使用这些优势和天赋，挖掘自己的潜能。如何发现自己的优势和天赋？凡是自己比较敏感，做得比大多数人好或者别人做得好自己也能做到，并且给自己带来效能感（能力出众）、成就感（成绩斐然）和愉悦感（幸福快乐）的就是天赋所在。天赋具有敏感性、可得性、稀缺性和可持续性等特性。而优势是把天赋发挥出来形成的特长和成效。"用进废退"，天赋越用越有用，越不用越没用；潜能越挖越能，越不挖越潜。发明家爱迪生说过："成功是1%的天才加99%的汗水。"优势＝比较天赋×持续投入。我们要通过易经思维从正反两个方面一一列举、反复比较找到自己的天赋，反复训练、持续投入（包括时间、精力、资源等），放大自己的天赋，并不断精进练习和不断进步，形成自己优势。乐天知命，知行合一，内外如一，物我两忘，化繁为简，就一定能够取得非凡的成就。比如有的人有画画的天赋，但一般要经过长时间的练习积淀才能成为画家。正如南怀瑾所言："人生最高的境界——佛为心，道为骨，儒为表，大度看世界；技在手，能在身，思在脑，从容过生活。"

我国著名书画家徐里从艺40多年间，从学习油画到民族油画的探索，从写意油画再到传统笔墨的回归，从中国看西方，再从世界看中国，徐里在自我超越中不断创作出具有中国特色、中国精神的作品。在写意油画探索取得了一系列成绩后，徐里仍然在中国书法和国画的研究和创作上默默耕耘。作为中国美术家协会原分党组书记的徐里，不仅是一位出色的美术工作组织管理者，还是一位有着独特艺术匠心的画家。油画专业出身的他，不断求索，自觉追求"油画民族化"，建构了独特而鲜明的意象油画。徐里三进西藏，根植雪域高原，明确了民族化定位。出生在福建建阳的徐里，自小就展现出较高的艺术天分。在选择美术这条道路后，他开始潜心学习绘画。他三次进藏采风，对西藏的文化、风土人情有了更深入的了解。在这个过程中，他也明确了定位：走民族化的道路，画作中要有民族的元素。在不断探索中，徐里完成了系列油画作品——"吉祥雪域"系列，其中最具代表性的作品《天长地久》获第七届全国美术作品展览铜奖，并被中国美术馆收藏。徐里以梦为马，几十年如一日，笔耕不辍，百炼成钢，成为弘扬民族精神的著名书画家。曾经一段时间，徐里感到迷茫："要走中国化、民族化这条道路是坚定的，那么在油画作品中用什么来体现中国元素？"他将目光锁定在了书法和中国画。2004年，思索再三的徐里决心深入研究中国书画。他正式拜书画家吴悦石为师。在日复一日的国画和书法练习中，徐里从西画学院教育的造型体系里跳脱出来，创作了一系列具有中国特色的写意油画，如《荷塘夜色》《江南遗梦》《雪后》等作品。他这一时期的意象油画以刚健恣肆的笔线，跨越具象和抽象，使作品的精神品格得以增强和放大。徐里说："这些作品也一样代表着我对中国文化的一种学习、一种探索、一种创作的过程。油画作为外来艺术传入东方，都是一样，如何把外来的文化跟我们的文化相融，所以在作品当中希望把中国的哲学，中国的审美加进去。中国文化它所有的表现语言形式，能够通过我的作品体现出来，体现出中国人所理解的意象，神韵、气韵、诗性诗意、品格境界等等。"

2019年，徐里接到了一份特殊的邀约。达·芬奇理想博物馆的馆长维佐斯邀请他画一张画，纪念达·芬奇逝世500周年。此次活动邀画意义重大，要画一幅什么内容的画才能得到大家的认同？徐里思考再三，决定将达·芬奇创作的素描画布局在画作的左半边，而右半边则是中国的山水画。让它们遥相呼应，跨越时空，隔空对话，油画作品《对话》就此诞生。《对话》得到了意大利达·芬奇理想博物馆方的高度认可，这幅作品被收藏并陈列于该博物馆，这也是该博物馆首次收藏中国画家的油画作品。艺术是世界共通的语言。民族的才是世界的，徐里的作品张力跨越了具象和抽象，铸就了中华民族精神的光芒。

2024年是中华人民共和国成立75周年，也是《中日文化交流协定》缔结45周年。为促进中日文化与当代艺术的深入交流，展示中国当代艺术的发展成果，"意象·东方"——中国当代艺术作品（日本）系列展于2024年10月15日下午在东京中国文化中心隆重开幕。徐里代表出展艺术家致辞。同时，还在东京中国文化中心举办了"秘境之旅——徐里油画艺术作品展"。徐里在展览现场接受媒体采访时说："通过这种交流活动，能够彰显我们的价值理念，彰显中国人的情怀，传播着和谐、友好、友谊。按习近平总书记所说的构建人类命运共同体，让我们对这个世界更加充满大爱，充满和平，让我们的文化更加彰显魅力。"

徐里是中国著名画家，中国美术家协会原副主席。现任中国美术家协会艺术委员会主任、全国美术展审查委员会总评委员、审查委员会主任等重要职务。另外，他还担任全国政协书画室副所长、中国国际交流协会副会长、国家重要题材美术创作艺术委员会主任。徐里先生是中国书法家协会会员、中国文艺志愿者协会顾问、李可染画院顾问、中国书画艺术研究院院长，还担任中国文学艺术界联合会全国委员会第十届委员。此外，在多家美术学院担任教授和博士生导师。

深耕细作，德艺双馨，笃行致远。徐里先生的中国画和油画在学术上做出了重要的贡献。他的作品具有文化的多样性和包容性，曾经被洛克菲勒家族收集过。他的油画作品在意大利达·芬奇美术馆收藏和展出。此外，他还获得了俄罗斯美术科学院的名誉院士称号、俄罗斯美术家协会颁发的苏里科夫金奖章、比利时颁发的东方文化骑士勋章、吉尔吉斯斯坦颁发的杰出文化人物勋章。美国国家艺术委员会也给他颁发了"杰出艺术成就奖"，乌克兰颁发了大使奖。徐里先生的作品，从第七届到第十一届的全国美术展览会和"20世纪中国油画展"等，连续入选国家层面的主要展览并获奖，又成为党和国家领导人给外国元首的国家礼物。他的作品被收藏、展出于中国美术馆、中国国家博物馆、人民大会堂、中南海等国内重要的美术馆和政府机构。徐里个人画集也出版了20多本，深受喜爱。

3.深度思维

深度思维通过追根溯源、多视角思考，从上游和源头找答案，不断强化深化思考力。分析现象背后的原因，原因背后的原因，逻辑背后的逻辑，探究最底层逻辑。思考你的思考，认知你的认知，从而找到源原因、源认知、源逻辑。具有深度思维的人往往能够在较短时间内透过现象看到事物的本质。比如，世界运行的本质是物极必反，物竞天择的本质是优胜劣汰，人性的本质是生存需求，生命的本质是体验人生，生活的本质是追求幸福，学习的本质是知识迁移，工作的本质是创造价值，商业的本质是价值交换，商品的本质是剩余价值，等等。理解了从现象到本质，再到从现象到本质的对立统一，就形成了完整的深度思维闭环。从看山是山（现象）到看山不是山（本质）再到看山还是山（现象和本质的对立统一）。正如哲学家康德所言："本质是那些不受经验支配的永恒不变的东西。"古希腊哲学家亚里士多德最早提出了第一性原理。他认为每个系统中都存在一个最基本的命题，这个命题不能被违背或删除。埃隆·马斯克对其进行了现代的诠释和应用，强调从最基本的真理出发，重新构建问题的解决方案。这种思维方法的核心在于忽略传统的假设和现有的模式，直接回到问题的本质，然后从那里开始推理。马斯克在商业领域和科技领域，通过第一性原理的思维方法解决了多个行业的难题。

4.窄门思维

选择有挑战的工作，做难而正确的事，正确而努力地做事。世上本来有路，走的人多了，往往变得没有路了。具有窄门思维的人不走捷径，而是独辟蹊径，刚开始可能荆棘密布，寸步难行，但能够得到更多磨炼和快速成长。好干轻松的工作，人们会抢着干，自然拥挤不堪内卷严重，而苦活累活难干的活往往鲜有人问津，这时候"谁敢横刀立马"自然脱颖而出。有时候前进一步海阔天空。国家安全战略专家、国防大学教授金一南说："要反复提醒自己，做难事必有所得。要不断学习、不断提高，不断自我挑战。否则要被平淡所淹没。"半导体跨国公司AMD董事会主席苏姿丰说："遇到好运的方法是寻找世界上最难的事，心甘情愿地去解决它。"时间是一把刀，时间也是最好的朋友。唯其艰难，方知勇毅；唯其笃行，弥足珍贵，唯其磨砺，始得玉成。无数事实证明选择有挑战的工作往往比选择四平八稳工作的人更容易成长、成功。孟子有句名言："天降大任于斯人也，必先苦其心志，劳其筋骨，饿其体肤，空乏其身，行拂乱其所为，所以动心忍性，曾益其所不能。"孟子通过这段话表达了一个重要思想：一个人要想承担重大责任，必须先经历内心的痛苦和筋骨的劳累，这样才能增强意志力，提升能力。面对工作和生活中的困难和挑战，保持坚韧不拔的意志和积极的态度是非常重要的。只有经过困难和挑战，我们才能更好地成长和发展，实现自己的目标和梦想。

5.用户思维

用户思维也是利他思维。站在他人的角度换位思考，用同理心为他人着想。从用户从他人的需求和体验出发来思考问题、研究工作。为客户创造价值才能体现价值并为自己赢得机会。对别人有用自己也会变得更有用。市场未被满足的需求就是我们努力的方向。客户的痛点就是业务的起点，也是我们工作的出发点。这个用户包括外部用户（客户）和内部用户（员工和利益关联单位）。比如从事单位的培训工作的HR，就可以从用户思维出发，可以从业务条线和内部员工培训中的刚需、高频和痛点内容入手，用功发力，就容易取得好的培训成效。

我们还应当不断提升自己的格局，"胸中有丘壑，眼里有山河。"用格局去打开思维的天窗。张爱玲说："你跑得快，耳边全是风声；你跑得慢，耳边自然是闲言碎语。"人民日报提升格局的9个建议：①深度思考；②保持谦逊；③多交益友；④强大内心；⑤学会取舍；⑥广泛阅读；⑦常怀感恩；⑧待人宽容（与人为善）；⑨专注自身（关注自身成长）。

三、热爱自己所从事的工作

俗话说，人生不如意十有八九。我们时常要面对社会的撕扯、生活的压力、人性的弱点、生命的无常和市场的缺陷等现实问题。工作也一样。许多职场中人对当下的工作并不满意甚至不喜欢，但迫于养家糊口、房贷、车贷等生存的压力和没有更好的选择只能将就。如何破局？我们可以从以下几个方面进行调整和尝试，让自己喜欢上所从事的职业，并投入地工作，从而引发改变，不断变好。

1. 调整心态

符合自己兴趣特长、轻松快乐又能赚钱的工作少之又少。钱多事少离家近的工作更是基本不存在。既然客观事实如此，那能改变的首先是我们的心态。所以我们要换框转念，换个视角看待所从事的工作，让它成为我们职业发展的起点和铺路石。工作态度决定职场前途，无数案例证明对待工作认真负责、专心尽力、精益求精的人职业往往容易成功。而对待工作敷衍塞责、应付了事的人难有作为。有句话"顺境修力，逆境修心"。工作上不管是顺风顺水，还是逆风飞翔，都要怀着积极乐观的心态朝前看、盯着干，认真负责，不抱怨、不懈怠。要对工作真心实意，尽心尽力，通过自己持续不断努力，磨炼心志，干出业绩，闯出一片天。原西安交通大学校长、现为福耀大学校长王树国说："世界上最厉害的人就是说起床就起床，说学习就学习，说玩就玩，说收心就收心，拿得起放得下。做没做过的事情叫成长，做不愿做的事情叫改变，做不敢做的事情叫突破。最可怕的事情，就是一天到晚什么都不做，永远留给明天。"荣获2024年"世界杰出女科学家奖"的我国生物学家颜宁说："没有阳光自己也要灿烂。鼓励每一个有志于科学的年轻人勇敢地去追梦。"陕西腾晖矿业公司李典说："起得早的人，更有机会看见第一缕阳光；心态好的人，往往都会有好运气。"

开心地工作既是一种态度，也是最好的养生。洞见认为："工作就是雕塑你自己。有一位同事问我：别人上班如上坟，你怎么就能量满满？我开玩笑说：愉悦地赚钱总比哭丧着一张脸赚钱来得好。职场多的是糟心的事，多的是看不顺的人，苦大仇深地工作，对自己百害而无一利。这几年，我琢磨出让自己上班变舒服的5条黄金法则，与大家分享一下。第一条黄金法则：打工是花老板的钱，练自己的能力。第二条黄金法则：拒商要高，反正好意思为难你的同事，都不是什么好同事。第三条黄金法则：永远皮糙肉厚，因为烧不死的鸟，是凤凰。第四条黄金法则：内核要稳，别太在意别人的评价。第五条黄金法则：思维要变：把'我不会'变成'我要学'。"

我们都是行者。人生/一趟长长的旅行/我们是匆匆的行者/或轻或沉的行囊中/装着过往和向往/人文的古韵新姿/快闪在眼眶里/自然的清新隽美/定格在镜头中/星空、大地与海洋/探寻、求索和梦想/岁月无痕/行者有疆/望云卷云舒/看潮落潮涨/天涯苍茫/似水流年。

2.认真履职尽责

工作都有岗位，岗位就是责任，履职就要担当。无论你是刚进职场的新同事，还是工作多年的老员工，工作中都要认真履职尽责，爱岗敬业，主动付出。对工作负责就是对组织（单位）负责，对自己负责。责任胜于能力，尽责才是担当。刘力在《做公司最好的员工》书中写道："责任愈大，机会愈多。谁承担了最大的责任，谁就拥有最多的机会。工作没我们想的那么可怕，成功也没有我们想的那么难。只要愿意去付出并敢于承担责任，愿意为自己的工作努力，我们就能做出业绩，取得成功。责任，是对工作的使命，是敢于担当的勇气，是责无旁贷的义务。责任既是一种严格自律，也是一种社会他律，是一切追求成功和进步的人们基于自己的良知、信念、觉悟，自觉自愿履行的一种行为和担当。"在工作实际中，能力固然重要，但责任不可或缺。能力和责任都具备的人才是优秀员工，才是企业真正需要的人才。要把认真负责、全力以赴贯穿到我们工作和行动的全过程，把认真负责培养成为一种习惯，就会时时处处高标严要求，把工作做到完善极致，职业的成功自然也是迟早的事。笔者1987年大学毕业刚参加工作时月工资不足100元（换算成年薪在1000元左右），三十多年后的现在年薪百万，是刚参加工作时的1000倍，这里有国家发展和时代进步及物价上涨等客观因素。回顾职业发展历程和职场成功的体会，尽管自己能力很平凡，但坚持终身学习，持续努力，始终保持"五心"：①中国心；②公心；③责任心；④进取心；⑤平常心。人生是长跑，职业也好似一场马拉松，拼的不是一时的爆发力，而是责任感、坚持和耐力。

3.相信专注的力量

现在职场人一生换几次工作很正常。但有少数人兴趣多变,缺乏定力,对所从事的工作不满意、不走心、不专注,这山望着那山高,频繁跳槽,兜兜转转,难有工作成就。最优的做法是相信专注的力量。一旦工作目标明确,那就干一行、爱一行、专一行。人的责任心与绩效正相关。只要足够耐心和专注,尽职尽责,持续就是力量。稻盛和夫在《干法》书中写道:"应该迷恋工作、热爱工作、拥抱工作,无论如何,必须喜欢上自己的工作。对自己的工作、自己的产品,如果不注入如此深沉的关爱之情,事情就很难做得出色。"具体一点说,要全身心投入自己所从事的工作,培养工匠精神,把公司当成自己的公司,自驱自燃,把加班当成工作的一部分,即使多干或者领导交办分外的工作也不抱怨,不觉得吃亏,主动地贡献自己的时间、精力、热情和智慧,从而取得良好的工作业绩,为公司创造价值,为自己创造未来。以创业的心态去打工,就没有做不好的工作。相信专注的力量,星光不负赶路人。一个人心无旁骛、专注执着,物我两忘,就能够做到别人做不到的事情,看见别人看不见的风景,往往比别人走得更远、更深。阿里巴巴集团创始人马云:"在一个聪明人满街乱窜的年代,稀缺的恰恰不是聪明,而是一心一意,孤注一掷,一条心,一根筋。当你想要放弃了，一定要想想那些睡得比你晚、起得比你早、跑得比你卖力、天赋比你还高的牛人，他们早已在晨光中，跑向那个你永远只能眺望的远方。"

吴晶晶出生在一个文艺家庭，其父吴革生是福州市寿山石雕代表性非遗传承人，父辈的工匠精神深深影响了她。吴晶晶从小就坐在石头上长大，那些千姿百态、色彩斑斓的福建寿山石，是晶晶最天然的审美启蒙老师。父母整日在石头上描、摹、雕、凿的艺术活动，也让吴晶晶从小心里就种下了艺术的种子。父母雕刻出来的人物、动物、花鸟都跃然石上，让晶晶爱不释手。从6岁上小学起，吴晶晶就开始正式学画画，学校的美术兴趣班一直出现着她快乐的小身影。小学三年时，她的绘画作品《劳动最光荣》获得了"双龙杯"全国青少年美术大赛优秀奖。2003年，正在读大二的吴晶晶被选进了"方骏山水工作室"，跟随名师方骏临摹历代山水及写生创作。先后临摹北宋范宽《溪山行旅图》、郭熙《早春图》等名作，与古人进行了深入对话。2007年，吴晶晶从南京艺术学院美术学院绘画（中国画）专业毕业，2008年又考入中国艺术研究院，师从贾又福先生。自驱、自燃和专注使她不断进步，成为80后女画家。她的山水画作似如寿山石的晶莹、脂润，色彩斑斓，浑然天成。她的山水画作逐渐崭露头角，陆续在各类比赛中获奖、参展。2008年，作品《湘西田家》获第五届福建省青年美术展二等奖。2009

年，作品《青山连绵故乡情》获"和谐中华海峡两岸书画家交流展"铜奖，在北京市军事博物馆展出，作品被台湾美术馆收藏。2009年7月，作品《云山田家》在中国艺术研究院研究生院展出，吴晶晶作为中国艺术研究院工作室学生代表发言。2010年，作品《春满幽谷》入选"中华之光全国书画作品展"，等等。吴晶晶笔下的山水画，宛如一首无言的诗，诉说着大自然的神韵和风采。她以笔墨为语言，以宣纸为画布，将山水的壮丽与静谧融入作品之中。吴晶晶的山水画不仅展现了自然之美，更融入了她的情感和思考。她以细腻的笔触，捕捉了山水的神韵和灵魂，将大自然的魅力与人文的情怀进行融合。如今，吴晶晶在绘画与寿山石雕刻两个领域自由穿梭，熟悉绘画的她对寿山石的雕刻审美更为独特，而寿山石的纹样又进一步促进了她的书画创作。她不但画山水，还画花卉，更积极参加各类社会活动，现担任中国农工民主党中央文体委副秘书长、农工党中央画院理事，农工党北京市东方书画研究会副秘书长、首都统战智库联合会文化专家，中国地质大学（北京）硕士研究生校外导师，福建省青联第十三届委员，福州市青联常委文体界秘书长等。

4.骑驴找马

民间有个俗语"骑驴找马"，比喻占着现在的位置，同时又寻找更好的。引申为手中握有一个选择，伺机等待下一个选择。能力和经验不足的时候，先找一份工作稳定下来学习成长，当有一定的能力或经验的时候，再寻找或竞聘更高的平台或岗位。一是找"内马"。关注企业内部竞聘各种公告、信息。没有准备好的时候，先安心本职工作，静若处子，积蓄能量，一旦准备好了，动如脱兔，勇敢参与竞聘或直接找领导申请升值加薪，表达想勇挑重担承当更大责任的愿望，争取更好的职位或岗位。二是找"外马"。如果对目前的单位和工作确实心灰意冷，心受伤了或者职位、岗位和激励与自己付出严重不匹配，觉得没有什么值得留恋，或者说出于职业长远规划想换更好的平台和赛道，且自己的工作能力和经验能够支撑新的选择，那么可以边上班（或请假）边向外寻找其他的工作。一旦找到合适的工作，拿到了新单位的入职通知书，就可以向原工作单位提出离职申请并逐步做好工作交接。这里提醒要注意两点：第一点，一般等找到下一份工作再选择跳槽离职，这是一种比较保险的做法。相对于"裸辞"，"骑驴找马"更加稳妥。第二点，一定要交接好手头的工作，不留尾巴和坑，做一名有始有终有素质的职场人。"凡事留一线，日后好相见"。

四、积累职场资本

责任就是方向，经历成为资本。网上流行一段话："钱的背后是事，事做到极致钱自来。事的背后是人，把人做好事自成。"职业规划的起点是目标明确地发展自己，落脚点是扬长补短地发展自己，沿着自己心中的目标或规划好的职业发展主线，持续努力工作，不断通过实践历练成长自己、修正自己，积累好自己的"职场资本"。《组织的力量》作者张丽俊："不管在哪里上班都要记住六点：第一，工作不养闲人，团队不养懒人；第二，工作中没有人能一帆风顺，受点委屈是正常的；第三，进入新公司先别惦记着赚钱，先让自己值钱；第四，没有好赚钱的行业，一定要先打磨自己的能力；第五，赚不到钱就先赚知识，赚不到知识就先赚经历，赚不到经历就先赚阅历；第六，只有先改变自己的态度，才能改变自己的高度。"

1.树立正确的职场价值观

微笑是心灵的阳光，温暖每个角落。你若微笑前行，自得繁花万千。泰戈尔："当一人微笑时，世界会爱上他（她）。"能让人站稳脚跟并持续持久发展的前提是职场价值观要正确。自信、聪明、乐观、皮实、勤奋、自省的员工是职场的好员工。"美好属于自信者，机会属于开拓者，奇迹属于执着者，绩效属于贡献者。"积极乐观、向上向善，做难而正确的事，做对社会有意义、对公司和他人有价值的事，并长期专注投入。不断培养善良的品德，从容的心态，解决问题的能力,真诚服务,相伴成长。

2.培养职场的硬技能和软实力

新入职场一个残酷的事实就是学校所学理论知识在工作实践马上能用的只有一小部分。而且在VUCA和ABCD信息时代,知识更新迭代的周期更快了。所以终身学习成为职场不可或缺的基本功。随着人工智能的发展和普及,现在很多人干的工作将逐步由机器取代。在武汉等城市"萝卜快跑"的无人驾驶出租车已经部分取代了传统出租车和网约车。未来职场人的工作时间会越来越短,但学习的时间会越来越长。而拉开人与人的差距就是认知和学习能力的差距。无论是销售、技术、管理还是其他工种,都需要大量的实践来弥补书本理论和所学知识的不足和欠缺,都需要在专业领域和工作中不断打磨和积累自己的实践经验和工作技能及综合能力,形成难以替代的独特优势。

一是做自己本职工作的行家里手。对本职岗位证书该考的一个不落,对本职工作涉及监管政策、上级导向、本级流程制度和应知应会的要熟练掌握。对领导(团队负责人)交办的事情要保质保量按时完成,硬交付才能体现硬实力。复杂的事化繁为简简单做,你就是专家;重要而简单的事复杂做,你就是行家。重复的事用心做,你就是赢家。

二是注意觉察和复盘工作的得与失。工作的总结和反思是觉察和复盘的有效路径。不断吸取经验教训，调整工作的策略和方法，吃一堑长一智，打一仗进一步，不断优化精进。从不知不觉到当知当觉，再到提前预判的先知先觉。

三是提升语言和文字表达能力。语言是沟通协调的重要工具，文字表达则是职场起草通知、会议纪要和总结报告等各种公文的重要能力。"笔杆子"是很多单位都稀缺的人才。提升语言和文字表达能力更有机会成为领导的左膀右臂，更能让我们在职场脱颖而出。

四是提升解决具体问题的能力。尽小者大，积微者著。《道德经》："天下难事，必作于易；天下大事，必作于细。"所有复杂难事都是从简单容易的事情开始的，所有的大事都是从细微的事情做起来的。解决具体问题的能力是知行合一在工作中的具体体现。一个靠谱的人，凡事有交代，件件有着落、事事有回音。解决具体问题要从切入到落地再到取得效果形成工作闭环。无论是人生还是工作，其实都是不断遇到问题、解决问题，遇到麻烦、解决麻烦的过程。在此过程中我们内心和能力逐渐变得越来越坚强，心力越来越能应对各种变化。对于当前行业竞争与遇到的困难，格力电器董事长兼总裁董明珠说："格力也曾面临过无法解决的问题，但市场不相信眼泪，只有两个字——斗争，跟自己斗争。协同发展是必然的，但斗争是更需要的，只要通过竞争，不断进行技术升级，才能把这个市场维护得更好。"企业如此，我们员工也一样，在不断解决具体问题中进步和成长。

3.积累人脉关系

人际关系是职场绕不开的话题，人脉关系是职场资本不可或缺的重要因素。在家靠父母，出门靠朋友，工作靠同事，业绩靠客户。人的结构就是互相支撑、互相帮衬。社会分工越来越细，人的互赖越来越重要。因此，我们要善于与人共事，不嫌弃、不抛弃、不放弃。要严于律己，宽以待人，并在工作中不断积累人脉资源。

一是内部同事的人脉。领导和同事是每位职场人时常要打交道的人。无论是对领导的向上管理还是对同事工作配合沟通协调都非常重要。职场中光有个人智商才华是不够的，情商也很重要，有时还要经得起批评，受得住磕磕碰碰和委屈。做事要进、做人要收，多做少说。加强沟通协调，提升职场的成熟度。在领导和同事中建立好印象，留下好口碑，努力做到：①嘴巴严，不八卦；②头脑灵光，会来事；③有能力，情商高；④会处事，懂人情；⑤做事灵活，但有原则；⑥人品好，懂得感恩。根据我三十多年的职场经验，无论是领导还是同事，绝大多数都是提携、支持、帮助我们的人，有的甚至成为我的人生贵人。当然也有与个别领导、同事气场不和，共事很难沟通协调的情况。"我本将心向明月，奈何明月照沟渠。"由于站位、格局和私心作怪，职场也难有绝对公平，有时我们还不得不面对"三碗水"：别人泼你的冷水、自己奋斗的汗水、孤独无助的泪水。相信不少人都遇到过夜不能寐甚至以泪洗面的情景，但第二天照样微笑面对工作和生活。有句话很有哲理，"心大了，事就小了。""将军有剑，不斩苍蝇；欲成大树，不与草争。"只要自己不断砥砺前行，即使当前很暗淡，走着走着总会遇见光亮和美好的未来。

二是外部客户和社会关系的人脉。通过建立与客户之间的信任与互动，为客户提供优质服务和情绪价值，同时也为企业创造有利的发展环境。尤其从事销售工作，不管是对公还是对私都是与人打交道，要不断扩大朋友圈，建立好人脉关系。客户就是我们的"衣食父母"，所以必须以客户为中心。客户关系管理可以帮助企业提高客户的忠诚度，同时也是我们十分重要的人脉资源。

三是学习职场成功人士的经验做法。人民日报："遇见光、追逐光、成为光。喜欢三种人：一种比我优秀的人，一种使我优秀的人，一种跟我一起优秀的人。"通过分析学习借鉴身边和同行业中一些职场成功人士，看看他们做对了什么，如何取得成功，帮助我们减少无效的思考和行动，可以少走一些弯路。榜样的力量是有价值的。我从事人力资源工作十多年，接触到许多优秀的职场人士，发现他（她）们身上有许多特质值得我们学习借鉴，尤其是以下10个特质：

①主人翁意识；②积极乐观；③精通业务；④担当尽责；⑤勤奋敬业；⑥自省自驱；⑦团队协作；⑧聪明好学；⑨皮实抗压；⑩感恩知足。李行是某股份制商业银行综合型支行营业网点的一名支行行长，从以前的支行业绩不达标排名全分行靠后，到现在在全分行70多个综合型支行中名列前茅，短短的几年她做对了什么？据分析，她职场快速成功的原因是多方面的，除了她自身具有积极乐观、勤奋敬业、坚毅笃定、皮实抗压、感恩知足等优秀品质外，还与她拥有良好的客户、朋友等人脉资源以及各级领导同事的培养支持是分不开的。由此可以看到，商业银行金融服务和销售的核心是向客户推荐好的平台和与客户需求相匹配的金融产品及服务，有效载体是通过客户介绍客户、朋友介绍朋友以及金融科技数字化系统获客活客等渠道不断扩大客户群体和朋友圈，并通过团队的专业、优质和定制化的金融服务满足客户多样化的金融需求，为客户创造价值，为自己赢得机会。

第四章
自我管理

人民日报：自我管理的九个好习惯：①管理时间；②管理形象；③管理精力；④管理目标；⑤管理身体；⑥管理压力；⑦管理作息；⑧管理言行；⑨管理情绪。托尔斯泰曾经说过："世界上只有两种人：一种是观望者，另一种是行动者。大多数人想改变这个世界，但没人想改变自己。"想要改变现状，就要先从改变自己开始。如果不会管理自己的情绪，就容易被情绪控制和束缚。如果自己管理不好自己，将会永远被人管理。

一、时间管理

时间管理是自我管理的重要内容。时间管理包含工作生活中所有时间的合理利用与支配。时间管理有三大观念：时间观念、效率观念、效能观念。时间管理好了，工作生活的效率、效能就会提高。成功往往就是做对的事加上努力与坚持。剖析一些高效能的成功人士,他们都有一些共同的优点:一是有规律的作息时间;二是善于计划、分清优先级、总结反思及萃取;三是朝着正确的目标不断努力,在面对行为和意志的冲突时仍然不迷失方向,并把握住人生有限的几次关键抉择。吴晓波频道:"英伟达创始人黄仁勋的时间管理方法,就是每天把要做的事情列出清单,并勾选出优先级。我们所有的时间安排都跟一个优先相关的顺序选择,当你懂得对事情进行排序的时候,意味着你懂得了什么叫舍,什么叫得。当你掌握了时间的节奏,时间就成了你的朋友。"

当前职场从业人员普遍感受到竞争的压力和时间的不够用。忙是常态,不忙容易被淘汰。作为一名员工,进行时间管理是自我管理的重要部分。现在时间就是金钱,俗话说,"一寸光阴一寸金,寸金难买寸光阴。"效率就是速度,是单位时间内完成的工作量,是把事情做对,过程合理经济,投入产出比高。石头之所以能漂浮在水面上,如《孙子兵法》所言"势也"。效能就是投入的时间和精力的情况及目标达成效果。时间管理效能包括时间安排组合的效能、单位时间的使用效能、如何节约时间以及时间利用的效能和追求正确的价值等,就是"多、快、好、省"。华大集团CEO尹烨:"生命在不断对抗时间,所以生命最重要的意义是如何让自己清醒状态下的每一刻更有意义。"

首先，要对时间进行分配和规划，合理组合安排好自己的时间表，平衡好工作和生活。人都是四季三餐一天24小时。一天24小时扣除必要的睡眠、吃饭和闲暇时间，真正用于工作、学习和思考的时间很有限。凡事预则立、不预则废。要根据自己的生物钟和单位上班时间，积极主动对时间进行规划和管理。年、季、月、周、天，工作都做到有计划、有落实、有回顾小结。虽然计划赶不上变化，但如果没计划，工作势必没有头绪和更加忙乱，而且容易得闲偷懒。还要定期复盘分析自己的时间利用情况，并加以调整改进，花最多的时间去做最有价值的事。

其次，对要办的工作进行分类排序，突出重点，明确优先，提高时间使用效率。合理分配和使用时间，有所为有所不为。要事第一，急事先办。比如头一天就要想第二天都有哪几件重要的事。睡觉前浏览一下手机，是否有重要的工作通知。第二天上班后，打开办公电脑的同时也打开自己大脑的雷达，看一下是否临时有更重要的事情或急办的事和要处理的文件。对于紧急且重要的事情要马上就办，决不拖延。能当天解决的就不拖过夜，日清周结。要遵循二八定律，每天把最重要的时间和精力用在最重要的工作上。把大块或大部分的时间用于处理最难办的事。此外，有的时候，一个人可以同时做两三件事，比如开车时听广播，等红灯时还可以同时练手操。吃饭或干家务时可以听音乐或新闻，喝茶或喝咖啡时聊工作、聊事情，等等，提升单位时间的使用效率和效能。

第三，授权和委托他人，扩展自己的时间边界。抓大放小，举要删芜，化繁为简。下属能干的事，不必亲力亲为、事必躬亲。明确有些事不做或指定他人去做。

第四，弹性管理，留有余地。时间管理既要精确，也要适当模糊，以应对临时变动和例外。减少无效社交和漫无目的地瞎忙。要留机动时间对紧急情况或分管工作和部属进行过程管理及检查督导。

史蒂芬·柯维的《高效能人士的七个习惯》强调要事第一，提出时间管理四象限法则（一，重要且紧急；二，重要不紧急；三，紧急不重要；四，不重要不紧急）。

第一象限（重要且紧急）：立即去做。工作上的事情，要保质保量地完成。在工作中，解决那些事关全局的工作和问题，完成领导交办的事情和有明确时限要求的工作，处理负面的新闻等，都是需要立即着手去做的事情。生活上的事情，也不要有任何的拖延。这个象限里的事情，时间紧急，也很重要，可能不会对你的目标有帮助，但只有处理完这些事情，生活才能够继续。比如修理家里坏掉的水龙头，自己或带家人看病等。这些事情是重要的，也是紧急的，需要立即处理。第一象限的事务过多，就会为我们带来巨大的压力。因此平时要多做第二象限的事务，不要等它们拖延到第一象限时，才开始处理。

第二象限（重要不紧急）：有计划去做。比如重要的工作、个人的成长、技能的习得、健身运动等等，这些事项平时积累的情况，都关系到人生未来发展。平时，要将主要的精力放在这个象限上，从而可以有效地避免形成第一象限的压力。对于这些重要事务，我们要进行细化拆分，设置每个阶段或小块完成的时间节点，防止因为自控力不够，造成拖延，从而变成了第一象限的事情，才手忙脚乱地去处理。高效能人士的时间安排，通常是这样的。他们把65%—80%的时间，安排在重要但不紧急的事情上。由于把大部分工作都提前统筹和规划好了，其余象限的工作自然而然就减少了。

第三象限（紧急不重要）：集中处理。比如，一些紧急电话，或者需要回复处理的邮件，都可以将它们集中起来处理，快速去完成。也可以授权别人完成。在不重要的事情上，不要寻求完美，做完就行了。

第四象限（不重要不紧急）：适可而止。有的事情在消磨我们的时间，必须引起重视。比如，刷视频、玩游戏，一两个小时匆匆地消失了，过后什么也没有记住，却把原本要上网找信息的事给忘了。看电视，闲聊，逛商场，无计划的行动，有时都是我们时间的"杀手"，自己却浑然不知。人和人拉开差距不仅因为8小时工作时间的使用效率和效能，还有8小时之外时间的有效利用情况。不过，我们也要区分哪些是调整身心的放松，而不是全部时间都在紧张工作。比如，重要的事情处理完之后，听一首音乐，喝杯茶或咖啡，哪怕无聊地对着天空发呆十分钟，都是在调节自己的状态。

《职业规划与人生管理》（边明伟编著）提出了时间管理的11条金律：①要和你的价值相吻合（你永远没时间做每件事情，但永远有时间做对你来说最重要的事情）。②设立明确目标（目标就是方向，有目标容易成功）。③改变你的想法（不以喜好决定做事情）。④遵循20比80定律［一天时间内有一段时间效率最高，这就是巅峰期（如上午9—11时）］。⑤安排不被干扰的时间。⑥严格规定完成期限。⑦做好时间日志（把浪费的时间找回来）。⑧理解时间大于金钱（向上社交，向成功人士学习）。⑨学会列清单（防止漏事、误事）。⑩同一类的事情最好一次把它们做完。⑪每一分钟、每一秒钟做最有效率的事情。

现在大家不是在忙，就是在忙的路上。笔者认为对时间管理是否有效是我们职场能否先人一步取得成功的关键要素。史蒂芬·柯维的《高效能人士的七个习惯》和戴冠宏编著的《高效能员工的工作习惯》都对时间管理和效能提升给出一些建议。《高效能人士的七个习惯》是全球的畅销书。相信积极主动、以终为始、要事第一、双赢思维、知彼解己、统合综效和不断更新这七个习惯的养成和应用，会让我们不断超越，成为高效能人士。《高效能员工的工作习惯》总结了成就高效能的十二个方面的内容：珍惜工作、高效工作、善于合作、积极主动、重视细节、勇于担当、勤奋好学、专注认真、立刻行动、勇于创新、懂得感激、劳逸结合。这些良好的习惯深深影响每个员工的前途和命运，决定着你是否是一个高效能的员工、一个受领导喜欢的员工、一个受同事欣赏的员工、一个事业有成的员工。日不足而月有余，百慧通则百脉通。只要我们主动对时间进行科学管理，做时间的朋友，日积月累，定有不同。

二、印象管理

印象管理是人类行为学的一个重要概念。印象管理又称印象整饰或印象控制，是指个体有意识地通过调整自己的行为、外表、言语以及自我揭示的程度等方式，来影响他人对自己的认知和评价的过程。这一概念最早由社会心理学家欧文·戈夫曼在1959年提出，并在其著作《日常生活中的自我呈现》进行详尽阐述。目前，印象管理被广泛应用于组织行为、传播学、市场营销和个人品牌建设等领域。印象管理被视为一种人际交往的技巧和艺术。通过印象管理个体可以传递自己的个性特点、职业能力和道德观念从而获得他人的认同和信任。印象管理手段多种多样，包括精细化言行、视觉形象塑造、社交优化和身体语言运用等。例如面试中，求职者可以通过精心准备的着装和自信的谈吐来展示自己的专业能力和个人魅力，从而获得面试官的好感和青睐。此外，个体形象是可以改变和塑造的，通过培训和训练等方式可以提升个人形象，构建更好的形象。如参加健身、瘦身、礼仪培训和注意职业场合着装、发型、配饰、妆容、表情等。穿戴仪容管理好了，可以提升自己的形象能量。通过巧妙地运用印象管理技巧，个体可以在人际交往中更加自信、得体地展现自己，从而建立和维护良好人际关系，促进个人和职业的成功。

如何进行印象管理？一是清晰印象管理的目标设定和自我认知。正确理解社会的道德规范、公序良俗、单位办公规范要求、情景要求，他人目光和自己承担身份角色的社会期待等，想象设计适合自己职业身份的形象方案。

二是树立良好的形象和人设。在人际交往中和工作场合按照社会常模、角色的社会规范、单位办公制度规范或对方好恶进行表现，展示良好形象。职场中人印象管理大多是按照社会期待、单位要求和身份角色表现自己，从外表着装修饰至言谈举止，再到朋友圈管理和人设建立等等。比如，男性最好2—3周理一次发，女性要进行必要的淡妆等等。哈佛大学研究表明：穿衬衣的天数跟事业高度成正比。常穿衬衣的男性成功概率更高。人虽然有多面性，但职场中人展示出来往往是好的一面或几面，树立积极向上、乐观好学、与人为善、注重仪表仪容和快乐工作的良好形象。比如第一印象管理。面对素不相识的人时，自己的衣着、容貌、表情、举止、谈吐等都能给对方留下最初的感受和第一印象。再比如，职场中人常常自觉不自觉建立起工作狂、学霸、健身达人、吃货、傻大姐等人设，给人立体、真实、可亲可敬的形象。网上有个段子形容不同员工口头语。佛系员工：都行、可以、没关系；儒系员工：稍等、抱歉、对不起；法系员工：免谈、不见、按规矩；仙系员工：啥？啊？怎么了？

三是实践中持续监控和调整优化自己的形象。印象管理是个体进行自我形象控制的过程，所以要进行过程管理。不断监控、定期反省复盘自己在日常生活、工作场合和重大活动中的形象、言谈举止的得与失，并不断加以优化和改进。

四是内外兼修，气质如兰。外树形象，内强素质。内外兼修非常重要，正所谓腹有诗书气自华。一个人的内在修为往往会由内而外透着自信、自然、阳光、从容的形象，给人以温暖和力量。一位资深职场人："人不论富贵贫贱，高矮胖瘦，美丑妍媸，所贵者外有一团精气神，内有一颗静定心，以促生智慧，解决难题。俗话说佛要金装，人要衣装。穿着得体，举止得当，于我自有帮助。"

三、压力管理

现代社会发展迅速，工作生活节奏加快，职场和生活，压力如影随形。现在从业人员面临的压力很多，有工作负荷和事业瓶颈的压力，有宏观经济周期和创新变革的压力，有监管政策调整和风险防控的压力，有业绩营销和工作绩效的压力，有上压平下挤兑的沟通协调压力，有买房买车和子女上学等生活压力等等。如果压力大了，幸福感和笑容可能就少了。如何管理压力、与压力共舞，是我们每个人都必须面对和回答的问题。尤其要学会问自己几个问题：压力是什么？面对压力我的情绪反应是什么？为什么会有这样的应急反应？如何调适心态、缓解压力？

调整心态，认识压力。压力是把双刃剑，过度的压力对身心健康不利，适度的压力则催人发奋与上进。适度的压力就像"鲶鱼效应"，能够保持进取心和工作生活动力。正如铁人王进喜所言："人无压力轻飘飘，井无压力不出油。"因此，正确认识和对待压力，弄清压力是什么？面对压力我的情绪反应是什么？加强自我认知、自我管理，调整心态，预先安排工作，主动管理压力，就不会手忙脚乱徒增压力。

找到源头，破解压力。要把压力进行细分归类。压力的起因或来源一般是工作和生活。工作压力，一般是指单位时间内工作的数量及难度,或经营业绩是否达标,还可以进行细分。此外,上下级以及同事之间关系紧张也会带来内耗和无名的压力。当人面对压力时,一般表现为:要么逃避、消极等靠和拖延,要么主动迎战解决。唯有积极主动去迎接压力挑战和解决问题才能消解压力,完成工作任务。

对于不同的压力要用不同的方法加以解决。有的需要登陆一个滩头阵地,再逐步推进不断扩大战果;有的需要团队协同作战,不要单打独斗;有的需要抓主要矛盾,牵牛鼻子找关键人;有的需要分清轻重缓急,要事先做,急事先办;有的需要拉长时间解决或等待最佳时机,以时间换空间;有的与自己关系不大该放手就放手,不要杞人忧天。生活的压力则主要来自家庭、经济和社会等方面,主要从调整心态和解决问题入手。

换框和转移,削减压力。通过静坐冥想、深呼吸、运动健身、文学、音乐、绘画、影视、美食等转移压力、削减压力。一睡解百乏,一曲解千愁,运动解万压。造梦画饼、望梅止渴、组织的物质精神激励及升职都可以激发员工忘我工作和消解压力。有员工感慨地说:"收入高了,压力就小了。"此外,与亲人、同事和朋友和谐相处,吃饭、品茶、喝咖啡、饮酒和聊天,必要时进行倾诉或寻求点子和帮助,都可以缓解压力。心理学家说,闻一闻心爱伴侣衣服的气味也可以缓解工作压力。

不断升维和提升能力，驾驭压力。通过升维、健身，提高专业水平、管理能力和意识流明（意识亮度），让自己内心更强大、身体更康健，能力更出众，从而提高抗压能力。正所谓有实力就不怕有压力。尤其是身体康健与快乐工作相互促进，越快乐越健康，越健康越快乐。此外要经常暗示自己：压力和磨难都是垫脚石，一切都是最好的安排。人生路上让你走远走久的，不是情商智商，也不是人脉天赋，而是一个人的心力。

人的内在力量——心力，具有根本和决定性。心力的三大核心要素：①抗挫能力——在面对失败和挫折时能够保持冷静，迅速恢复并重新出发的能力。②坚韧能力——个体在面对长期的困难和挑战时，仍能保持积极态度和不懈努力。③反脆弱能力——一种超越抗压和坚韧的品质，面对逆境时不仅能保持原状，甚至能因挑战而变得更强大。微信视频号米凤凰："提升自己能量的3个方法：①天补，晒太阳，看月亮，拥抱大自然，吹自然风；②地补，散散步，登登山，踏青游泳，睡觉运动；③人补，非常重要，跟同频的人、同道的人、喜欢的人，舒适地待在一起。很多身体和心理的疾病，不是治好的，而是靠良好的气场补好的。"

"鸡蛋从外打破是食物，从内打破是生命。"生命在于运动，人生在于平衡。我们来时一丝不挂，走时一缕青烟。不纠结不纠缠，不攀比不迷失，放眼未来，过好当下。"天时不如地利,地利不如人和,人和不如己和。"平衡己和是消除压力的利器。当我们想不明白时,不妨做好"三看":一是去医院转一圈看健康之幸福;二是去监狱转一圈看自由之可贵;三是去殡仪馆转一圈看生命之美好。心放下、人通透,身上多余的包袱就放下了,一切就都释然了。"淡看人间三千事,闲来轻笑两三声。"幸福快乐有四个秘诀:①接纳不如意、不完美和痛苦,不攀比,不抱怨;②活在当下,专注当下,每天都保持开心快乐的心情;③现实视角,心中有梦想,眼里有风景,仰望星空、脚踏实地;④热爱生活、追求幸福,乐观笃定,向光而行。朋友战硕国庆节给我发了一条微信很暖:"心中有国,万里山河皆为家,家中有爱,岁月深处依然暖。愿:盛世向上,家国和融;日有小暖,岁月常安!"生命,因奋斗而精彩;人生,因追求而丰满。昨天的风雨淋不湿今日的头发,明天的太阳却可以温暖今日的梦想。我们要直面压力与挑战,与时代同频,与压力共舞,努力做到"三个平衡":一是内心与外界的平衡,二是自己与他人的平衡,三是工作与生活的平衡。

四、情商管理

现在职场中形象好、情商高、能力强的"三好员工"在哪个单位都很受欢迎。在一些社交场合,时常有人评价或表扬某某人"三高":颜值高、智商高、情商高。这些都从侧面反映情商在日常工作和生活中的重要性。什么是情商?情商(Emotional Quotient,EQ)通常是指情绪商数,主要是指人在情绪、意志、耐受挫折等方面的品质。而智商主要是用来评价一个人的学习能力、记忆能力和创造能力。情商是近年来心理学家们提出的与智商相对应的概念,是一个人在情绪、情感、意志和耐受挫折等方面的综合能力,是控制情绪和耐受困难挫折的耐受力。从最简单的层次上下定义,提高情商是把不能控制情绪的部分变为可以控制情绪,从而增强理解他人及与他人相处的能力。总的来讲,人与人之间的情商并无明显的先天差别,更多与后天的培养息息相关。

丹尼尔·戈德曼在其《情商》一书中引入的情商概念对领导学领域产生了巨大的影响。戈德曼的一个核心观点是,长久以来商业社会太过强调"思维"智力的重要性,忽略了情商,而要真正全面地理解领导效力,既要衡量传统的智商,又要衡量情商。戈尔曼还提出了构成情商的五要素:自我认知、自我约束、激励、同理心和社交技能。

情商越来越多地被应用在企业管理实践当中。对于组织管理者而言,情商是领导力的重要构成部分。对于个人而言,情商是管理控制自己情绪的能力。在职场中,情商外在表现为人际交往和沟通协调的能力。笔者认为,一个情商较高的管理者或员工应当有以下的性格和情绪特征：一是自信、乐观。"我自信、我快乐"。积极、乐观的人心态好，所以头顶自带光芒，给人以阳光、温暖、希望和愉悦。二是换位、共情。人际交往中，能够换位思考，为别人着想。经常应用同理心倾听、欣赏式反馈，与人沟通交流顺畅、自然和高效。三是友善、稳定。既比较稳定地管理好自己的情绪，又懂得与别人的情绪相处。稳定的情绪表现为能够较好地驾驭自己的情绪，尤其是管理好负面情绪。可以喜形于色，但不愁眉苦脸。正直、值得信赖。能够与人为善。积极友善地与他人互动，恰如其分地感受他人，与他人相处不卑不亢，让人很舒服。四是适应、影响。能够比较快地适应新的工作环境和社交场合，掌握与时代同频的交往方式和语言。厚德、包容，对不同的文化价值观有一定的敏感性和包容性，保持阳光乐观的心态，积极与人相处，正向影响他人。

低情商现象在职场中也比较常见。专门从事情商领导力发展培训的北京睿益咨询有限公司的研究咨询团队总结归纳情商方面出现困扰的四种表现：一是员工自我定位不准确，太以自我为中心，坚持按自己的想法去做事，很难被影响；二是团队协作中不配合、单打独斗、人际敏感度低、玻璃心不能被人说；三是工作结果稍有不顺，情绪不稳定，传播负能量影响团队；四是达成结果越来越难，面对问题不能整合资源和灵活应对变化。

情商可以通过后天的开发和修炼加以管理发展，不断提升职场成熟度。一是通过学习培训，认识情商，提高情商。有条件的企业可引入咨询培训机构，通过职场成熟度工作坊，教育引导管理者和员工将知识、技能、意愿三者融为一体，道术结合，内外兼修，制订个人的情商发展目标和行动计划。没有机会参加系统培训的也可以自我学习和修炼。自己制订一个情商自学和提升目标和计划，并付诸行动，日积月累，定有效果。二是加强自我约束，提高自控力。凯利·麦格尼格尔在《自控力》一书中提出，所谓意志力，就是控制自己的注意力、情绪和欲望的能力。要加强意志力训练，认清两个自我，培育控制自我、抑制冲动自我，从而提高管理自己意志力的能力。做到严于律己，宽以待人。三是学会换位思考，常怀同理心。无论在生活还是在职场中，同理心在高效沟通中至关重要。同理心就是懂得换位思考，能够设身处地、推己及人地耐心倾听并理解他人的情绪，感同身受地明白和体会他人的处境及感受，并恰当地回应其需要。经常应用同理心倾听、欣赏式反馈，坦诚与人相处。相处之道，贵在以诚相待。以诚相待就是要做到在自己力所能及的条件下帮助别人。学会给人面子，掩盖别人的瑕疵和不足而不大肆张扬，看破不说破。只要给别人留足面子，给别人一个台阶、一份宽容，别人也会让你有面子。四是学会反省，不断总结提升。作为职场人，工作中或多或少都会现失误和问题。要经常反思自省、反求诸己，而不是找客观理由或把问题往别人身上推。学会低调做人，在职场中，口无遮拦、恃才自傲、独自揽功都是大忌。学会管理组织和自己的情绪。情绪具有较强的相互传染的特性。积极乐观、阳光自信、不畏困难等正面情绪，会让员工同事轻松快乐、积极认真地工作；而悲观沮丧、畏难而退等负面情绪会对组织和员工造成不利影响。调整组织和自己的不良情绪，最好的方法就是要学会调整心态，学会主动沟通，学会恰当自我宣泄，学会忍耐和包容。多想对方的难处和优点也是调整和控制不良情绪的有效途径。

五、逆商管理

什么是逆商？逆商（Adversity Quotient，AQ）是指人们面对逆境时的反应方式，是面对困难、面对挫折、面对失败时的抗打击能力以及摆脱困境和超越困难的能力。相对于智商和情商，逆商更侧重于衡量一个人在压力、困难、挫折和挑战下的应对和适应能力。逆商最早由美国学者保罗·史托兹博士在《AQ——逆境中的商数》一书中提出，他将逆商划分为控制感、责任归属、影响范围和持续时间四个部分，来衡量个体的自我控制能力、心态的积极程度以及对环境和自我情绪的把握能力。逆商的核心是抗逆力，即当个体面对逆境时能够理性地做出建设性的选择和处理逆境的能力。逆商高的人在面对逆境时能够保持冷静和理性,积极寻找解决问题的方法,而逆商低的人则内心脆弱,容易陷入消极情绪,难以自拔。

有人总结人生有五商:智商、情商、胆商、逆商和财商。也有人认为人生有十商,包括德商、健商、心商、志商、财商、情商、智商、灵商、逆商、胆商。我认为还应该加上图商和悟商,共十二种商数。不管五商、十商还是十二商,逆商都榜上有名。冯唐说:"情商或许能助人攀登至一定的高度,但人生的道路充满变数,无人能永远稳坐巅峰。真正决定一个人能走多远、飞多高的,是他的逆商。"

根据保罗·史托兹的观点,在逆商的测验中,一般考察以下四个关键因素:控制(Control)、担当(Ownership)、影响(Reach)和持续(Endurance)。CORE是衡量逆商的四个维度。

一是控制,是对自己能力的确信,一旦个体拥有掌控感,无论遇到什么困难,他都会抓住自己能够掌控的一部分。掌控感关联性格和压力承受能力。想拥有掌控感,首先要坚信"没有什么做不到的事情""没有什么困难是不可克服的"。有了这种想法,大脑才会发出积极的信号,从而促进我们对问题采取措施,而不是心慌手忙脚乱,陷入僵局。

二是担当,是指逆境发生的原因和愿意承担责任、改善后果的能力。担当力关联价值观和实践经验。往往敢于担当的人具有更高的执行力,恰恰是这份担当使得他们在面对逆境时必须快速做出恰当的行动,所以一般具有高担当力的人有更强的战胜逆境的能力。

三是影响,是对问题影响工作生活其他方面的评估。影响力关联程序脑和思维水平。一个人逆商的高低,在很大程度上决定了人处于困境时,是否被消磨斗志,丧失动力。逆商低的人会无限放大一件微不足道的小事,不断给大脑消极的暗示,甚至对自己的能力和产生怀疑,长期处于这种状态会影响正常生活,甚至患上心理疾病。

四是持续,是指对问题持久性判断。持续性关联心态、毅力与恒心。对于高逆商的人来说,一时处于困境之中并无大碍,他们永远相信,今天过去,明天会更美好。而低逆商的人会持续受到一次打击的影响,长时间活在逆境造成的阴影下。他们把失败的原因归结为一些不可变因素,如认定自己智力不如他人,从而放弃挣扎自甘堕落。

资深职场人赵总说:"严格讲,'逆商'应改为'逆熵'。生命的价值在于'逆熵'。逆熵如何实现是关键,其底层逻辑,其实不在国外和所谓的社会科学、管理科学的发展成果,而在中国的传统文化里,最直接的就是道家文化,这直接涉及宇宙观、世界观、人生观问题。情绪管理的锚定基础,还是要在客观现实和规律上。所谓天人合一、知行合一、格物致知、道法自然。"可见逆商也是对抗"熵增"的法宝。逆商的重要性在于它帮助个体在遭遇逆境时保持积极态度，能够更好地应对压力和挑战，从而提高个人的适应能力和恢复力。在某些情况下，逆商甚至比情商和智商更为重要，因为高逆商的人在面对困难时更有可能保持冷静、寻找解决方案，并展现出坚韧不拔的精神和毅力。有专家指出，成功的因素中，20%依赖于智商，80%则依赖于情商和逆商。

在实际生活中，逆商对于个人的成长和成功至关重要。例如，在职场中，逆商高的人更能够从失败中恢复并继续前进，而逆商没那么高的人可能在遇到挑战时轻易放弃，甚至为逃避而频繁跳槽。逆商对人生和职场都很重要。李晓林在《揣着》书中写道："真正考验人强弱的是逆境，能让一个人成长的是苦难。有本事的人，都能在落魄时实现自我升华。"顺境修力，逆境修心。经历逆境，身处谷底，看见人性的弱点，还能逆风飞翔，东山再起，都是内心强大的人。莫言说："人要有翻篇的能力，不依不饶就是画地为牢。这个世界没有真正快乐的人，只有想得开的人，要永远相信，所有的山穷水尽都藏着峰回路转，就算是一地鸡毛也能搓出一个鸡毛掸子。""宝剑锋从磨砺出，梅花香自苦寒来。"逆商，是在黑暗中寻得曙光的坚毅目光，是于绝壁处攀援而上的无畏勇气，是遭霜雪时傲雪凌霜的铮铮铁骨，是苦难中负重前行的力量。当风雨来袭，当挫折天降，当困境如磐，唯有逆商，能成为我们破茧成蝶、涅槃重生、振翅高飞、逆风翻盘的坚实羽翼。

作为职场中人我们应当如何管理提升逆商？

1.学会居安思危，未雨绸缪

人生逆旅，风雨无常。人生不如意十有八九，职场也不会总是顺风顺水。突发疫情、家庭变故、情场失恋、职场失意、项目失利、下岗失业、创业失败、投资亏本、企业倒闭等都是我们现实中会遇到的逆境。生活有时就像一个盲盒，明天和意外也不知道哪个先到。"灰犀牛"和"黑天鹅"都说明了意外和危机的突发性和多发性。一个人如果不愿吃学习的苦，就会吃工作的苦；如果不愿吃工作的苦，就会吃生活的苦。因此，我们要学会安不忘危，居安思危，不沉溺于平和、安稳的日常工作和生活，要学会防备可能发生的冲突和意外情况，强化危机意识。学会分析各种不利因素、矛盾冲突和危机的可能性，分析预判未来的几种可能性走向，并预想相应的应对策略。凡事做最坏的打算做最好的努力，思考悲观因素，积极乐观应对，不断磨炼心智，强大内心，未雨绸缪，提前有针对性做好思想心理准备和各种应对预案，从容面对任何意外。心中有把伞，就不惧人生的风雨。

2.觉察换框转念，走出困境

当我们遇到挫折和失败时，最先感受到的是沮丧、焦虑、恐慌、失落等负面情绪。这时候我们要主动启动觉察程序，用辩证思维，换框转念，摆脱心理困境，增强心理弹性和韧性。东方不亮西方亮，塞翁失马焉知非福？"上帝给你关上一扇门，就会同时为你打开一扇窗"，这句话大家耳熟能详，也启示我们天无绝人之路，关键是要调整心态。一切都是最好的安排，逆境是成长的铺路石。"瀑布是水在走投无路的时候创造的奇迹。"任何经历的事，不是得到就是学到。要懂得矛盾是可以转化的，换框转念，主动作为，化危为机。学习余宣霖关于觉察的培训课，笔者深受启发。觉察有四个层级。

一级觉察，觉察语言、行为、情绪状态。外求解决之法，内求解决之道。防止语言上唉声叹气、骂骂咧咧；防止行为上消极怠工、躺平摆烂；防止被负面情绪掌控，难以自拔。

二级觉察，觉察心态和观点。心智模式，是对待世界的内在运作的一套程序，可分为截杀式思维和建设性思维。二级觉察主要觉察第三通道，觉察自己的哪些语言、行为和情绪掉进了第三通道。何为第三通道陷阱？心理学的陷阱有很多，比如暗示效应和反暗示效应。第三通道陷阱的信号包括应该如此、托付心态和负面的陈述与抱怨的语言模式。防止陷入第三通道陷阱的心智提升心法：一切都是最好的安排，拿回人生的遥控器，幸福始于高效沟通。心智提升技法：意义换框，时间换框。当察觉到第三通道陷阱信号出现时，便在当下有了迁善，及时管理自己的语言、行为、情绪状态便可以找到信号源来阻断负向的心智模式。当我们无法接受发生的事情，陷在其中无法自拔、不断徘徊时，要用心法和技法进行破框，启发引导员工学会接纳已经发生的事情，调整自己的情绪，放弃抱怨语言，找出更多的策略和方法，运用正能量，走出第三通道，改变托付心态，从而变得积极主动和阳光乐观。

三级觉察，主要觉察有哪些信念让自己的语言、行为和情绪处于负面状态。人类七个原始信念：渺小、不重要、不够好、被遗弃、无价值、不配得、心碎。自我暗示心法：生命中反复出现的问题，其使命都不是用来被解决的，而是用来唤醒我的。练习技法：一是深呼吸法。二是原始情绪处理方法——拔出印痕。三是假设转换法：写出关键词——检查哪些是负向词汇，写出负向词汇的正向意义的词汇；把这些正向词汇联起来，读出他（她）是这些正向词汇的人，感受这个形象带给你的感受；梳理一下思路，以后怎么改善与他（她）的关系。觉察反观自己的原始信念，并有意识进行心智提升，有利于改善自己的认知和不断自我超越。现在一些企业培训管理课也把自我认知、自我管理、人际、决策、压力管理这五个方面作为主要内容。人最大的敌人是自己，最大的贵人也是自己。有时候自己要学会跟自己妥协。不要怕别人多厉害，不要跟别人比，做好自己，自己跟自己的过去比有进步就好。反观七个原始信念，每个人的强弱程度和印痕各不同。当我们把每个原始信念都穿越了，就全方位超越了自己，从而遇见更好的自己。心智提升的七个阶段：①自我觉察；②自我反思；③掌控情绪；④知行合一；⑤专注忘我；⑥无我立场（利他）；⑦找到自己（开悟觉醒）。

四级觉察，觉察自己的意识流明。觉察自己的语言、行为和情绪是不是处于高流明状态，是不是积极向上的状态。心理学家大卫·霍金斯博士通过实验发现，人类各种不同的意识层次都有其相对应的能量指数，这种意识能量层级即意识流明。流明是一个变量。人的身体会随着精神状况而有强弱的起伏。因此自我管理就是要不断进行心性修养，锻炼自己的灵性和精神的修为，提高心力和意识流明。"二百流明搞定自己，三百流明带好团队。"

1981年李安进纽约大学电影制作研究所念研究生，虽然在就读期间已经拍了一些短片获得经纪公司赏识，但毕业之后，李安并没有什么工作机会，失业长达六年。外界普遍的印象是，李安在这6年里当全职家庭主夫，带带孩子、写写剧本，家庭收入全靠太太林惠嘉支撑。虽然身处逆境，但李安一直没有放弃心中的梦想。失业6年后，李安终于创作出《推手》和《囍宴》两份剧本，获得了当时一场大赛里的优良电视剧本首奖及二奖的肯定。后来李安逐步开启拍摄电影之旅并成为著名导演。李安共获得过3次奥斯卡奖项。2000年，他凭借电影《卧虎藏龙》首次获得奥斯卡最佳外语片奖。2005年，他凭借电影《断背山》获得奥斯卡最佳导演奖，成为首位获得该奖项的非白人导演。2012年，他凭借电影《少年派的奇幻漂流》再次获得奥斯卡最佳导演奖。

北宋文学家苏东坡的文学成就和才华让人敬仰，他的乐观人生态度和热爱生活、善于发现生活快乐的能力更值得我们学习和借鉴。苏东坡从政40年，被贬谪流放了33年。最高时，他做过朝廷部长、皇帝秘书，最低时，他做过副处级民兵团副。但他"人生有味是清欢""竹杖芒鞋轻胜马，谁怕？一蓑烟雨任平生"的超逸，"粗缯大布裹生涯，腹有诗书气自华"的自信，"人有悲欢离合，月有阴晴圆缺，此事古难全"和"不识庐山真面目，只缘身在此山中"的思辨，"此心安处是故乡"的达观，"胜固欣然，败亦可喜"的凡事尽力而为后顺其自然的洒脱，都值得我们好好学习。他发明的"东坡肉"更接地气，至今仍是老百姓很爱吃的一道菜。

正如罗曼·罗兰所说："世界上只有一种真正的英雄主义，那就是认清生活的真相后还依然热爱生活。"逆境是一种考验。"水到绝处是风景，人到绝处是重生。"大寒节气海报："守得住岁月，等到花开。稳稳地，向暖而行。"快乐是一种心态，幸福是一种能力。快乐是一种认知，也是一种方式方法和行为模式。快乐带来愉悦,也有利于健康。只要用心去感受和调整,就会找到快乐密码,遇见更好的自己。其实,只要用心去体验繁花似锦、秋叶静美、人间烟火、星辰大海……快乐一直都在我们的身边。

3.培养抗挫能力,攻坚克难

人无千日好,花无百日红,无常是常,逆境来了怎么办?如何战胜自己,战胜逆境?冯唐给出十字箴言:"看脚下,不断行,莫存顺逆。"人生充满了无数的变数,但只要我们保持积极乐观的心态,就能在困境中找到希望,迎接艰难的挑战。变数是生活的一部分,它们考验着我们的适应能力、灵活性和心理韧性。无论我们多么聪明和有能力,都无法预测未来的每一个转折。因此,我们需要保持谦逊和学习的态度,不断提升自己的人生智慧和抗挫能力。抗挫能力就是抗逆力,是个体面对逆境时能够理性做出建设性的选择和处理逆境的能力。抗逆力高的能够以积极健康的态度去面对逆境。抗逆力可以通过学习、经历而不断增强。稻盛和夫:"真正塑造人格的不是天资和学历,而是所经历的挫折和苦难。"当遇到危险和挑战,人的反应要么战要么逃。当面对困难和挫折时,人们的反应一般有两种,积极面对和消极沉沦。因此,培养抗挫折能力,首先要觉察自己对逆境的反应,如果是勇敢面对积极应对甚至愈挫愈勇那自然好,如果产生焦虑、慌乱、逃避、绝望等应急反应和冲动也是正常的。这时候既不要自怨自艾，也不要无所作为。在面对挑战和冲突时，保持冷静和明智，情绪稳定，不因小事而情绪失控。要专注聚焦，抓住主要矛盾和矛盾的主要方面，集中精力解决关键问题。在遇到挫折和压力时，控制自己的情绪，不被愤怒和焦躁支配，而是冷静思考解决办法。遇到挫折和逆境，不妨先调低目标，降低预期，等渡过难关再逐步加码。或把大目标分成若干容易实现的小目标，以时间换空间，通过量的积累实现质的飞跃。腾讯创始人马化腾："事情都是一点点细致做出来的。一定要把目标放到最低，过完这关再说。创业中，大多数人跟你一样面临各种小坎，很多人会分心、贪婪，然后落后。他们贪，等你埋头过完自己的坎，你就跑到他们前面去了。"要学会在忙碌和压力之间找到平衡，保持生活的平衡和效率。有效处理人际关系中的矛盾和问题，积极寻找解决问题的方法。客观分析不利条件和有利因素，并采取行动加以转化和改变。可以改变的去改变，不能改变的去改善，不能改善的去承担，不能承担的就放下。找准切入点和突破口，进行攻坚克难。从容易的能改变的做起，不断扩大战果，不断提升自己心力和能力。从而累积战胜困难的经验，培养逆境奋起的勇气，提升抗挫折能力。一位资深职场人："无论遇到什么困难，总会有好办法。不要放弃，相信自己，就能找到战胜苦难的办法。即使遇到超出能力范围的事，只要尽全力去做，就能得到上天的帮助。"

4.主动沟通交流，启发思维

一个人在重大困境和挫折面前，往往感到无助和困顿，甚至陷入被负面情绪控制的第三通道陷阱，走不出来。这时候要主动与他人沟通交流，可以是同事、领导、亲人和朋友，也可以是心理医生或其他人。自己一个人看问题容易只盯小事和细节，有时把小问题放大想成大问题，把简单的问题复杂化。借助他人的视角看自己、分析症结也许更客观。遇事、遇坎、遇劫难，借智、借力、借东风。思想与思想碰撞会产生新的思想，智慧与智慧交流会产生新的智慧。老话说得好，"三个臭皮匠顶个诸葛亮。"身处逆境，主要靠自己，但外援也很重要。有时需要主动与他人一起商量找到解决问题的思路、方案和办法，突出重围，摆脱困境。比如，自己身体不适可能是个小问题，但老琢磨往往容易放大问题，小题大做，甚至成了心理负担。这时候去看一下医生或与亲朋好友聊一聊，问题就清晰明了了。思路清晰了，思维提升了，再大的困难也能够迎刃而解。要具有同理心，注意倾听和表达，理解他人的感受、情感和需求，并积极寻找帮助他人的解决方案。人字的结构一撇一捺，就是互相支撑。平时在人际交往中做一个受欢迎的人，关键时候就会有朋友鼎力相助。每个人身上多多少少都有一些小疾小病，工作也绝不可能尽善尽美、一帆风顺。人要在战术上重视敌人，在战略上藐视敌人，要学会与困难同行，与疾病共存，逆风飞翔，勇敢迎接生活和职场中的风风雨雨，做到风雨兼程。

5.目标图景清晰，坚毅笃定

昨天的风雨淋不湿今日的头发，明天的太阳却可以温暖今日的梦想。面对挫折和逆境，要有主动告别过去、憧憬未来的意识，保持归零心态，一切从头再来，建立清晰的未来图景和目标。巴菲特："过去的事就让它过去，人生只能朝前看。"人一半是豁达，一半是欲望。豁达面对过去和逆境，而对未来则要保持欲望和热情，并不断对自己进行鼓励和奖赏，防止消极情绪和心灰意冷。要有自己独立的思想和正确的价值观，不盲目从众，保持独立思考的能力。不满足于现状，愿意离开自己的舒适区，不断学习和进步，以适应快速变化的环境，具有较强的毅力、心理韧性和适应能力。如果工作丢了，失业了，可以再找。可以重新制订求职计划、职业规划，包括更新简历、浏览招聘网站和用人单位招聘信息、学习新技能、拓展职业面等。如果由于各种原因领导或高管职务没了，我们要及时调整心态。从另一方面想无官一身轻，而且相应的责任也小了。我们还可以重新审视自身职业的空间还有哪些没有得到发挥，自己有什么想做而过去没有时间和精力做，下步努力的方向及实现路径。人生其实就是不断遇到问题、解决问题，遇到麻烦、解决麻烦的过程。工作也是不断解决问题、解决麻烦，循环往复。在此过程中，我们的内心逐渐变得越来越坚强，心力和能力越来越能应对各种变化。仰望天空，脚踏实地，理清思路，砥砺前行。"在黑暗中前行，心灯不能灭；在逆境中前进，心气儿不能减。"只要不断勇敢探索和行走，即使当前很暗淡，走着走着总会遇见光明。

6.培养逆商领导力，带领高能团队

逆商是一个管理者走向成熟的重要标志，韧性领导力是每一位管理者的必修课。逆境对经营管理者和领导者的考验和要求更高。除了领导自身要面对逆境，还要带领团队走出逆境。当自身和企业处在逆境面临危机，经营管理者要先审视自己，是思维混乱让我们迷茫，还是能力欠缺使我们受阻；是战略方向出现偏差，还是队伍建设出现问题。只有找准原因和根源，才能有的放矢，增强在逆境中奋勇前行的力量。在面对危机和逆境时企业经营管理者往往会面临四个重要考验：需要在混沌中洞见未来方向；需要拥有超强的信念与决断力；需要构建完善的领导者思维体系；需要具备丰富的经验和充足的社会资源。德鲁克认为："管理者的五大核心任务是：设定目标；分配任务；激励和沟通；绩效评估；

培养人才。卓有成效是管理者能够而且必须做的事情。怎样做到卓有成效：时间管理、注重贡献、发挥优势、分清主次、做出高效的决策。"提升经营管理者逆商领导力，要处理好三个关系：一是自己和自己的关系，勇敢面对，积极乐观，聚焦关键；二是自己和环境的关系，逆境奋起，排除干扰，顺势而为；三是自己和团队的关系，加强调研征求众人意见，抓住核心和少数骨干商量对策，三思而行做出正确决策。当管理者逆商领导力提升了，就能在复杂的商业环境和经营压力下无惧困难，不怕顺逆，坚定信心，以无与伦比的韧性，赋能团队，同舟共济，攻坚克难，化危为机，带领团队达成卓越目标。

六、悟商管理

北京百悟科技有限公司创始人、董事长张瑞海写的《悟商》(清华大学出版社) 一书，提出了什么是悟商、如何提高悟商以及悟商的应用和实践的指导观点。张瑞海认为："悟商是一个人对客观世界一切现象的理解和反省程度。悟性水平的高低可用'悟商'来度量。悟商是主动去感受体验并积极领悟这个世界，它涵盖了人对一切事物的理解，并通过刻苦的真实实践或虚拟实践提高感受世界万象的能力。悟商最重要的一点就是领悟主动性。"悟商的提出源于张瑞海深读的《道德经》对宇宙本源、人性本质、万事万物演化规律等方面深入的洞察与揭示，"悟商"理的层面主要源自《道德经》五千字箴言以及其中包含的大道规律。通过对宇宙万象的观察、体悟、理解，总结出能高度概括这些表面现象的数的关系与《道德经》理的逻辑，从而悟透事物间的本质规律，将这种更深层次的理解投射到新的事物上，获得看待事物与解决问题更高层级的角度，这是悟商从现象到本质再回归现象的架构体系。"悟商"是量的累积，是对知识和现象反复的理解和演练；也是质的飞跃，是渐渐内化于心的一种悟性能力。

悟商是人生的一大智慧，是智商、情商、逆商等各种商的融合升华。智商代表了人对客观物质世界的理解程度。情商代表了人对情感世界的理解程度。逆商侧重于衡量一个人在压力、困难、挫折和挑战下的应对和适应能力。悟商代表了人对主客观世界的理解和反省程度。智商和情商等都可以通过提高悟商来提高。提高悟商，就是提高感受、体验这个世界的主动程度和思维层次。人在领悟的过程就是在思考，只要主动去观察和感知这个世界，从身边的事情得到启发，积累优秀经验或吸取失败的教训，就可以在这种实践中使智商和情商得到进步和提高。人本身也有一个"含金量"的问题，善于思考、思维层次高、悟性好的人"含金量"就高，"无形资产"就多，管理自己创造价值的能力就强。作为职场中人，我们要通过知己、知彼、知世界不断觉察、思考、升华，提升自己的思维层次，让自己的知识、经验、创造力、文化道德修养为组织和社会服务。悟性是中华民族由来已久的突出文化品性，是中国哲学思想的精华。这在儒释道的思想中早有精粹的表现。今天，我们更要对客观世界一切现象主动感知和理解，主动觉察思考、主动反省领悟，提高思维的主动性和自律性，锻炼自己的领悟力。通过变化的现象，掌握确定的规律，把握正确的趋势，顺势而为。字节跳动和今日头条创始人张一鸣："我大部分时间在自我修炼，顺便创造点财富。我独处时最喜欢干两件事，一个是发呆，一个是学习。我的发呆并不是不想东西，我的发呆是以发呆的神态想东西，想各种有意思的东西，想各种可能性，想各种情况的极端情况，想各种组合。我会看很多书，有的会去系统学习。"海尔集团首席执行官张瑞敏曾说："人生最重要的是悟性和韧性。企业最优秀的员工不是智商最高的，学历最高的，而是最有悟性的。"

如何提高自己的悟商？老子《道德经》悟思精髓："道法自然""天下万物生于有，有生于无""道生一，一生二，二生三，三生万物"。一悟生百悟，百悟归一悟。悟商要通过循环、循环、再循环，通过不断实践来提高。因此，要强迫自己主动思考、学会感悟、懂得反思、巧妙实践。实践包括自己直接经验的真实实践，也包括间接经验的虚拟实践。通过推演和反思别人或历史上的实践，来思考、感悟和反思，透过现象看本质，找到正确的应对和处理方式方法，不断革新变好。读万卷书，不如行万里路；行万里路，不如阅人无数；阅人无数，不如名师指路；名师指路，不如自己领悟。晚清四大名臣之首的曾国藩是践行悟商的杰出代表。他原本天赋不高，六岁入塾读书，前后考了七次才以倒数第二的成绩考上秀才；二十四岁中举，连续参加了三次会试才考中个赐同进士出身。同时期的名臣大儒中，他的天资最不出众。左宗棠就曾评价他"欠才略""兵机每苦钝智"。他的学生李鸿章曾当他的面称他"儒缓"，说他做事反应太慢。虽然他资质平庸，年轻时也浮躁，性格上也有很多常人身上普遍具有的缺点和毛病。但是他痛自反省，立志自新，自我修炼，通过主观努力改变了自己，从而改变了人生。我们大多数人都资质普通，无法比拟单纯依靠天赋取得成功的人，所以想要取得成功，就必须要有曾国藩这样的悟商。改易品性的难度很大，那我们应如何去培养自己的悟商呢？自古理学就认为每个人都有圣人之志，都可以通过自我磨炼成为圣人。而自我磨炼总比从父母那里遗传一个好的天赋要容易得多。从当下开始，如果我们立志改变自己，改变思考事物的方式，提高思维主动性和自律性，锻炼自己的领悟力，像曾国藩那样对自己的肉体和心灵无休止地进行革旧和洗新，像王阳明倡导的那样做到知行合一。知，是内心觉知；行，指实际行动。知行合一,是理论与实践相结合。"为者常成,行者常至。"王阳明说:"知者行之始,行者知之成。"他强调要知,更要行,知中有行,行中有知,所谓"知行合一",两者互为表里,不可分离。知必然表现为行,不行则不能算真知。因此,在学习工作中我们要坚持升维思考降维落地,知行合一。既要不断学习思考,知时明势,知道明术,又要勤于实践,狠抓执行,以行践知,以实求知,这样才能厚积薄发,正向循环,取得实效。只要有决心和毅力,就一定可以改变自己,从而改变命运。

《道德经》第四十一章:大方无隅;大器晚成;大音希声;大象无形;道隐无名。具有悟性思维的中华民族充满希望;具有悟性思维的企业生生不息;具有悟性思维的个人前途无量。

第五章
向上管理

一、什么是向上管理？

著名管理学家杰克·韦尔奇的助手罗塞娜·博得斯基将自己14年的助理生涯整理成册，著书立说。提出了"向上管理"（managing up）的概念。在她看来，管理需要资源，资源的分配权力在你的上司手上，因此，当你需要获得工作的自由资源时，就需要对上司进行管理，实际上是与上司进行最完美的沟通。

向上管理，是从战略上配合上司的作风和目标，并将其与自身的作风和目标融合起来，从而能够有所作为，辅助上司并实现个人的职业目标。即为了给你、你的上司和公司取得最好成绩，有意识地配合上司一起工作的过程。如果再扩展一下，向上级机关和外部监管部门的请示汇报和沟通工作也是向上管理的一部分。

向上管理不完全等同于向上沟通。两者存在内涵的差异，前者的内涵要大于后者。但也不尽然，中国语言文字的丰富性在于字词有指代和转换作用，因此向上沟通也可以理解为或等同于向上管理。因向上管理这个话题在现实中比较敏感，我个人认为，在国内的职场把向上管理表述为向上沟通更为贴切。

有组织和团队，就有领导和部属，有领导和部属就存在向上沟通的事情。可以说，向上沟通也好，向上管理也罢，这是职场中一个绕不过去的重要话题，尤其在现实中，无论你是管理干部还是普通员工，都无一例外地会遇到向上管理的问题。职场人光有才华是不够的，情商也非常重要，有些事只能做不能说，有些事只能说不能做。有时作为部属还要经得起批评，受得住委屈。归纳起来就是做事要进，做人要收，"光而不耀"，多做少说，做事有底线，做人有边界，加强沟通协调，提升职场的成熟度。

二、如何进行向上管理？

德鲁克先生认为，下属应该关注上司的特点、长处，这并不是指无原则地跟随或者阿谀奉承，这样做的目的是要"帮助上司有效地工作并且取得尽可能好的业绩"，因为

"这也符合下属自身的利益"。德鲁克认为"辅佐上司8大原则":①不要低估上司;②不要让上司感到意外;③上司是你赖以发挥才干的第一人;④上司也是平凡人;⑤问上司如何才能使他更有绩效;⑥让上司了解你期望什么;⑦用上司之长;⑧补上司之短。

北京大学教授陈春花在《向上管理,与你的老板互相成就》一文中写道:所谓向上管理,我的定义是"为了给你、你的上司和公司取得最好成绩而有意识地配合你的上司一起工作的过程"。由定义可见,向上管理的核心是建立并培养良好的工作关系。陈春花教授认为,向上管理,简单地说,就是迎合上司的长处,尽量避免上司的短处,自问:"我/我的下属怎么样做才能使得上司的工作较为顺利?"为了实现建立并培养良好的工作关系这个核心目标,陈春花认为,做好向上管理,主要包括五个方面:①要建立和谐的工作方式。和谐的工作方式要求采用双方能够接受的形式处理问题、交流看法并明确各自的职责。这种关系类似于团队角色的关系,每一个人的角色都是不可替代的,各自更关心的是荣誉,而不是权力;是责任,而不是地位;是互补,而不是彼此的差异。②要不断提升相互的期盼。相互期盼,对于提升各自的能力和管理效果是最关键的因素。③要确保信息流动顺畅。组织管理中,最困难的是组织信息管理。管理不好组织信息是组织失控的根本所在,因为一个组织所要传达的信息是一个隐性因素,同时,组织信息本身又是组织状态这个系统的描述。向上管理的一个构成方面就是信息流动。④要有诚实和可靠的关系。如果你和上司之间只能用一种状态来描述的话,那就是诚实可靠。向上管理是相互依赖的关系,不是管理与被管理的关系,是配合和协作的关系。作为下属,永远不让上司觉得难堪:事前警告他、保护他,以免在公众前受到屈辱;永远不要低估他,因为高估没有风险,低估会引起反感或者报复;对上司不要隐瞒。这些都是形成诚实可靠关系的要求。⑤要合理利用上司的时间与资源。上司的时间与资源都是要争取的内容。

管理课培训师王俊华认为,辅佐上司有8个要素:

①自动报告你的工作进度。——让上司知道

②对上司的询问,有问必答,而且清楚。——让上司放心

③充实自己,努力学习,才能跟上上司的脚步,了解上司的言语。——让上司轻松

④对上司保持起码的尊重。——让上司受敬

⑤虚心接受批评,不犯二次错。——让上司省事

⑥不忙的时候,主动帮助他人。——让上司有效

⑦毫无怨言地接受任务。——让上司满意

⑧对自己的工作,主动提出改进措施。——让上司进步

王俊华认为,向上管理有"三个要点""四个关键词"。"三个要点",即获得信任、储蓄影响、向上沟通。"四个关

键词",即明义、暗利、愚忠、隐功。明义——道义的事情,要做在明处,让大家都看见,而且要以领导名义去做。一个下属做事情的时候,要时刻记得以领导名义奉行道义,倡导高尚情操,有功了不居功,特别是把道德教化的功劳、苦劳、疲劳都归于领导。这叫作树领导形象。暗利——帮领导争取合法利益的事情要做在暗处。愚忠——越是有本事的人越是要表现自己的忠诚。古往今来,忠诚的最好姿态是什么呢?是以愚为忠。在执行领导意图的时候,就是要放弃自己的聪明,停顿自己的智慧,甚至办傻事,装糊涂。唯有此,才见赤胆忠心。隐功——有了功劳要善于隐藏,不张扬不卖弄。领导的眼睛雪亮,完全不必向领导表功;群众的眼睛也雪亮,在群众面前要尽量把功劳都归于领导。如果真的很不幸,群众的眼睛都看不到,那么也没有关系,领导一见你宁可把自己隐藏起来也要维护领导威信,那他一定会对你信任有加、赞赏有加的。如果更加不幸,领导的眼睛一直关注不到,作为部属应当淡泊明利,心胸坦荡,不去计较得失。路遥知马力,日久见人心。

职场中人,大多数既是下属的领导,又是领导的下属,都面临向上管理和与上司沟通的问题。也许有人认为自己听上司吆喝脚踏实地把活干好就是对上司最大的尊重和支持。持此观点也是对的,但仅此是不够的。向上管理就是化被动为主动。向上级机关和外部监管部门的请示汇报和沟通工作也是向上管理的一部分。

一是向上管理的根基是出发点正确。向上沟通不是投机取巧，也不是投其所好，更不是玩弄权术和在领导之间搬弄是非以及向领导打小报告、告黑状，甚至指鹿为马汇报不实情况；而是为工作需要向领导汇报真实客观的情况和结果，让领导了解他（她）关注的信息，争取领导的支持和解决问题。有时为领导决策提供方案和参考。

二是了解领导的性格特征和管理风格，提前进行预测和有针对性地向上沟通，防止出现平时不烧香、临时抱佛脚的急促和被动局面，尤其是要有换位和升维思考的意识。学会经常问自己四个问题：假如我是我的领导会希望部属怎么做？对这件事会怎么处理？会如何调配资源解决问题？会喜欢怎样的汇报沟通方式？

三是靠谱才能赢得信任。一个人靠不靠谱，其实就看这三点：凡事有交代，件件有着落，事事有回音。

四是善于向领导或上司借力。老大难老大难，老大出面就不难。请领导出面帮谈重要客户，适时安排领导与重要客户一起用餐，请上司在重要会议上动员（或总结）讲话等等。

五是有为才能有位。在自己工作的领域要专注专业，做本职工作的专家。这样才能为领导决策提供有参考价值的信息依据和科学合理的建议。

六是理解上司的用人之道。大的领导大多有三种思维：

一是系统性思维，二是创造性思维，三是设计性思维。领导用人一般都从大局和能胜任出发。面对信息不对称和客观现实，努力做到不理解也要执行，在执行中理解。

三、对正职领导如何向上管理？

向上管理是一个比较敏感的话题，但实际工作中我们经常要面对，这是一个绕不过去的敏感话题和很重要的实践。多年的工作实践让我意识到，向上沟通非常重要，必须认真对待和实践。尤其要根据领导和主管风格采用不同的方式方法。我曾先后在10多位正职上司领导下开展工作，主要在以下四个方面进行努力和尝试。

首先，向上管理主要目的在于汇报请示工作，信息畅通最为关键，让一把手时常对关心的工作在视觉或意识范围内掌控。要针对一把手领导的风格采用相应的沟通方式。一般来说，"汇报工作总分法，请示工作选择题，不能让领导做填空题"。坚持定期通过短信、微信或当面向领导汇报最近做了哪些工作及下步的工作安排，让领导知道我们在干什么，怎么干，同时一些重要的工作也提前汇报和请示领导，以求获得他（她）的支持和指导。

其次，要日积月累对单位的忠诚，获得领导的信任。通过认真做事、踏实做人、提升执行力和工作效能来储蓄影响。在重要的事项上要事先提出合理化建议，最后决定让领导拍板决策，切不可自作聪明而以下犯上。尤其对领导交办的事接手有表态、中途有反馈、完成有回音。

再次，通过积极正向充分的沟通获得领导的好感和支持。请示汇报重要工作最好当面请示。请示着急的事情，先发个短信（微信），十分钟左右再跟个电话。一般的工作则发个短信（微信）即可。不要事无巨细牵涉领导精力。

最后，工作要干出符合领导预期的成绩。要跟着领导的思路和导向，抓好本部门（本岗位）职责工作和目标任务。能出成绩、能打硬仗才更能体现部属的价值。我在武警福建总队工作期间，有一位总队领导曾经说：" 上级送给下级的最好礼物是公平公正，下级送给上级的最好礼物是工作干出成绩。"这对我们向上沟通很有启迪意义。

前段时间有一位分公司领导问我："当你的上司比较重视结果，往往只让你汇报结果，而你过程付出大量的时间和精力，结果却不够理想，如何向上汇报？"这个问题，让我想起一个成语故事。相传曾国藩率领湘军与太平天国作战，屡吃败仗，曾国藩上书朝廷，言及屡战屡败，经李元度把"屡战屡败"更改为"屡败屡战"，以显示曾国藩率领湘军奋勇无畏的作战精神。后多指虽然屡次遭受挫折失败，仍然努力不懈。虽然结果是败，因为汇报时把"屡战屡败"改成"屡败屡战"，境界立马不一样了，屡败屡战精妙地汇报了愈挫愈勇的过程和精神，受到朝廷的嘉奖和后人的称赞。这也启发了我们向上管理时汇报工作的思路和角度。同样是汇报结果，可以把同比、环比以及同业数据、集团系统内的情况进行结果类比，分析宏观环境因素、监管政策调整的影响等等。当然汇报这些的前提是客观、真实，不要让领导觉得你在找借口，尤其是有多大的领导就有相应的智商和觉察水平，部属的辛勤付出和平时努力一般跳不出领导的眼睛和内心。勇说职场视频号："领导早晚会提拔的7种人：①领导接电话，懂得躲开的人；②领导说错话，装作没听见的人；③遇到困难，从不哭喊的人；④在领导立场思考问题的人；⑤一心为公，创造价值的人；⑥上班早到，下班晚走的人；⑦领导开会，提前到场的人。""道虽远，不行不至；事虽难，不为不成。"向上沟通也好、向上管理也罢，要有担当意识和虚怀若谷的心态，献策而不决策，到位而不越位。

此外，如何对协助一把手分管的领导如副职领导进行向上沟通？一是多尊重。协助一把手分管的副职领导虽然是副职，但是更直接的领导，必须多尊重。有的人格特征是偏重直觉和行动力强的表现型，有的是看重成果与效率的支配型，有的是习惯协调与关怀他人的友好型，还有的是理性和谨慎的分析型。不管性格怎样，尊重是最大前提和公约数。不可耍小聪明。一般来说不要绕过副职不通气直接向一把手请示汇报工作。除非副职领导明确表态或授权，或者是一把手直接找到我们或直接交代工作。二是常汇报。常汇报就是要经常汇报请示工作,就是多沟通和通气,以获得副职领导的理解、支持和认可,就是让领导了解你做了什么、怎么做的。有些细小的工作副职领导直接拍板了,有些则是让副职领导一起修改把关方案,提交一把手拍板或单位党委研究。因此常汇报沟通是让分管的副职领导全面了解情况,并且他会为所分管的部门做好上传下达和指导帮助,使信息更加透明,工作更加顺畅。三是求平衡。对于分管的副职领导,也要通过认认真真做事、踏踏实实做人储蓄影响。通过积极正向充分的沟通获得领导的好感。尤其要注意协调副职与正职之间的关系。当副职对某人某事的看法和意见与正职不一致或相左时,要做好充分的沟通、阐述和平衡工作。委婉但清晰告诉副职正职的意见或交代我们部门的事项,有时则是把副职领导的意见反馈给正职,给正、副职领导思考酝酿和完善方案及决心的时间。四是出成绩。领导最关心的是"一出一不出",即出成绩不出差错。也就是说副职领导对所分管的工作都想出成绩,所以把工作做好了而且不添乱就最大的支持和拥护。

四、向上管理的平衡与灰度

很多职场人可能会遇到几个这样的棘手问题:①领导

不满意、不认可你的某一次意见建议或部门提交的一个方案；②几个领导意见不一致，你不知听谁的；③领导有时绕过你给你的副手、助理或其他部属交代某项工作；④员工的多面很难用优秀还是不优秀非此即彼来评价。

管理是一门科学，领导是一项艺术。实际工作中，管理并不是非错即对、非黑即白那么简单。好的管理既讲原则又讲弹性，是原则性与灵活性的结合。管理中最重要最难的是中间的灰色，灰色管理是在黑与白的管理之间寻求平衡。任正非曾经说过："我们常说，一个领导人重要的素质是方向、节奏。他的水平就是合适的灰度。一个清晰的方向，是在混沌中产生的，是从灰色中脱颖而出的，方向是随时间与空间而变，它常常会变得不清晰。并不是非白即黑、非此即彼。合理地掌握合适的灰度，是使各种影响发展要素在一段时间里达到和谐。这种和谐的过程叫妥协，这种和谐的结果叫灰度。"任正非还在《管理的真相》一书中谈道："明智的妥协是一种让步的艺术，妥协也是一种美德，而掌握这种高超的艺术，是管理者的必备素质。"尤其是向上管理的过程中，很多情况是在做妥协和平衡的工作，这也是职场成熟度的标志。

向上管理（沟通）的5点体会：①要尽量与上司目标保持一致。②要了解上司的性格特征和工作风格。③要保持信息畅通（如：微信沟通和汇报工作注意三点：1.发和回不简单草率；2.不发语音；3.热情、真诚）。④要抓好上司交办事情的闭环管理。⑤要主动复盘向上管理的得与失，不断加以改进。

一是从工作出发，以退为进，以大局为重。由于信息不对称，或领导考虑问题的角度不一样，遇到意见建议不被采纳、方案被否定，应先从自身找原因、求改进。作为下属要多反求诸己。

二是因上司而变，多方协调中求平衡。见人说人话见"神"也说人话，不饶舌、不搬弄是非。堂堂正正做人，明明白白做事。

三是学会让步妥协和灰度管理。既不要当面"好好好、是是是"，背后依然故我，也不要当面对抗，更不要背后应付了事。不与平行部门发生激烈的冲突。

保持积极、理性、宽容和开放的心态，消除莽撞和武断，多理解领导的难与权衡达变，多想领导的对和丛林智慧，多站在上级机关和外部监管部门角度考虑问题，多学习别的平行部门或同业的优点和长处，多听同事的不同意见，多提有思想、有见地、有深度、有灰度的建设性意见建议。坚持原则性与灵活性结合，多维思考，逐本舍末，知满守空，知强守弱，知白守灰，适当让步。有担当、求平衡、获共赢。

工作中，我们经常遇到跨平行部门的沟通协调问题。

要有意识应用升维、换框、有效沟通等工具对跨部门工作进行沟通协调，做到"三个负责"：为最终成果负责、为工作衔接负责、为人际关系负责。首先，重视跨部门的沟通协调。一个单位工作是一盘棋、一个整体，虽然各部门职责有分工，但有些工作经常需要互相配合。如果不重视和及时沟通协调就容易形成无形的"部门墙"，影响工作效率和效果，也影响单位组织目标的达成。协同力也是领导力的重要组成部分。认知上要多从"我"到"我们"，行动上多从"我们"到"我"。跨部门沟通协调搞定关键人很重要。一般由部门一把手之间面对面沟通比较容易达成共识、扩展认知或求同存异。有时，具体经办人对具体经办人也好沟通。其次，为他人着想，换位思考。通过升维、换框和换位思考比较好沟通。当别的部门、同事找我们会办配合工作时，我们要积极主动。久而久之，找对方配合工作也变得容易。平时与其他关联多的部门多走动联络感情，加以软性管理协调也很重要。平时多走动，战时好协同。第三，用事实和数据说话。当意见有分歧时，尽量反复沟通磋商，并用数据说话，多分析利弊得失。只有出于公心，分析透彻，才能打动对方，争取支持。深度倾听、有力提问、有效反馈，"复杂问题简单化，简单问题数字化，数字问题流程化，流程问题框架化"。第四，善于借力用力，四两拨千斤。遇到部门之间分歧大的工作，谈不拢的可以通过邮件把经过吸收对方观点合理部分进行修改的方案再发给对方重新征求意见，同时也留下管理痕迹。只要时间允许部门之间可以反复磋商，切不可一有分歧就去找分管领导打小报告或拿领导压对方。当然，遇到疑难杂症，请领导出面也有必要，但要慎用，不到万不得已尽量不用。有时通过第三方部门或找具体拿方案或审方案的经办沟通，迂回沟通或由下至上协调，往往起到事半功倍的效果。

华福证券计划财务部谢融："以我个人为例，我接手公司的计划财务部工作一年多了。由于工作性质，我与主管们的沟通成为工作中一个重要的环节，这些主管既包括公司内部的领导，也包括公司外部的监管部门的领导。接下来，跟大家分享我的一次'向上管理'的'失败'经历。在公司某个会议上，我提交了8个工作议题。对于这8个工作议题，首先，我按照议题的重要性排序，并按照重要程度准备议题的汇报材料；再次，我站在'主管'的角度，判断其为果断型的领导，也就是'直觉行动派的主管'，并根据该主管的类型和偏好有针对性地准备这8个议题。刚开始汇报进行得比较顺利，直到进入第6个议题。第6个议题是关于下属子公司提成的二次分配问题。在我看来，该问题并非重要问题，因此我将其排在第6位，也没有对该问题进行过多准备。当领导问起某个提成比例时，我大脑一片空白，一时语塞。直到会议结束，静下心来，我才想起那个提成比例是多少。而面对直觉行动派的主管，我也没有机会再弥补这个失误了。事后，我对这次工作汇报进行了反思：第一，做任何工作都要严谨细致，确保万无一失；第二，不要妄想管理你的领导，要回归到工作的本源，管理好你的工作，方能管理好你的领导、'以不变应万变'。结合我自身的工作经历，我认为：所谓的向上管理，其本质是如何与自己的上级相处，包括工作汇报和日常接触。对领导类型的判断只是我们与领导相处的一个大致的判断，如果要形成一个和谐的工作关系和长期的良性互动，前者的关键在于领导布置工作的完成情况，后者的关键在于礼节的把握和尺寸的拿捏。这也就是我们的'自我管理'和'修心'。当我们真诚地面对我们的主管，同时脚踏实地地把工作做好，才可能真正实现'向上管理'的理想状态。"

第六章
终身学习

一、一万小时定律

任何人做一件事,只要经过一万小时的锤炼,都能从普通人变为某一领域的顶级人才,这是一万小时定律。格拉德威尔在《异类》一书中指出:"人们眼中的天才之所以卓越非凡,并非天资超人一等,而是付出了持续不断的努力。一万小时的锤炼是任何人从平凡变得超凡的必要条件。"换句话说,如果想成为某个领域的专家,就需要一万小时的磨炼。据此推算,如果每天工作8个小时,一周工作5天,那么成为一个领域专家至少需要5年时间,这是理想的状态。若去掉节假日和其他非专注工作时间,一般需7年时间才能达到一万小时。如果每天业余时间学习3个小时,那需要10年时间凑够一万小时。所以中国有句古话:"十年磨一剑"。

国际知名钢琴家郎朗3岁开始学钢琴,7岁上小学时开始每年练琴6个小时,17岁成名,22岁时,郎朗成为继霍洛维、鲁宾斯坦之后世界钢琴界的又一领军人物,直接印证了一万小时定律。郎朗自出道开始,无论是采访还是做综艺,每当被人问及"如何弹好钢琴"时,他总是将"努力、勤奋"挂在嘴边。他说,虽然天赋很重要,但能一屁股坐下来练习更重要!他说,自己连续30年,都保持每天练琴8个小时的习惯。

一万小时定律和国内外名人、大师一万小时实践成功的案例给我们职场人的启示是明确和深远的。一是选对主攻方向。无论是工作还是学习,首先要从心设定目标并保持专注聚焦。选你所选,爱你所爱,无怨无悔。当你有一个大目标,还可以分成若干小目标,更容易逐步达成。如果从事工作正是你感兴趣和可以发挥优势的,那么只要用心专注投入时间和精力,若干年后你就会成为这个领域的行家里手。如果目前你所从事的工作不是你的兴趣和特长所在,那么除干好本职工作之外,利用业余时间,每天3个小时学习你感兴趣和有用的,聚焦自己想做的事情,通过10年长期有效的学习积累,你依然可以成为该领域该方面的专家。爱因斯坦说:"人的差异产生于业余时间,业余时间能成就一个人,也能毁灭一个人。"人与人的差距,就在于业余时间如何利用。每天业余可利用的时间有3个小时左右,北京这样的超大城市花在路上通勤时间长，业余可利用的时间一般也有2个小时以上。谁把业余时间利用好了，就能够有所建树，成为人生赢家。

二是持之以恒。数学家华罗庚："勤能补拙是良训，一分耕耘一分才。"武汉大学副校长周叶中有句话："人与人最小的差距是智商，最大的差距是能否坚持。"我十分赞同华罗庚和周叶中的观点。要相信坚持的力量，"笨鸟先飞，滴水穿石"。只要功夫深，铁棒也能磨成绣花针。因此，我们要自觉把工匠精神用到工作学习之中。

三是不断总结提升。学习某项技能和某领域的本领，不仅需要长时间的学习训练，还要不断总结反思和提升。心理学家把人的知识和技能分为层层嵌套的三个圆形区域：最内一层是"舒适区"，是我们已经熟练掌握的各种技能；最外一层是"恐慌区"，是我们暂时无法学会的技能；二者之间则是"学习区"。只有在学习区里面学习，一个人才可能进步。通过定期回顾、复盘和比较避免低层次简单重复。通过用心、动脑、融会贯通，不断在"学习区"使劲用力，才能学好、学精、学透、学出新高度，取得新成就。

一万小时定律告诉我们，成功没有捷径。即使有捷径也需要长时间打磨。作为普通人，我们只要坚持不懈、持之以恒地投入时间和精力，即使成不了名人、大师，也会在行业、职场领域或平凡岗位取得不平凡的成就。

褚时健的职业人生就是一个典型案例。褚时健虽已离世，但他不畏艰难，敢于挑战，面对挫折永不言败的精神让人难以忘怀。在他九十年的人生旅程中充满了坎坷曲折和奋斗与传奇，被尊崇为"对中国企业界影响深远的企业家"。1928年，褚时健出生于云南一个贫苦家庭，青年时期，褚时健参加过游击队，当过区长、区委书记，被打成过"右派"，下过农场。36岁时褚时健被任命为新平县曼蚌糖厂副厂长。1979年，褚时健被调任至一家倒闭的玉溪卷烟厂担任厂长。在他的带领下，通过引进先进设备和技术，改革生产流程，玉溪烟厂不仅扭亏为盈，更成为中国乃至亚洲的烟草业翘楚，他也成为"中国烟草业的领军人物"。然而，在其事业如日中天之际，他却因贪腐罪名成为囚徒，其家庭也因此受到牵连。一时间，他从云端跌落谷底，声誉尽毁。然而，褚时健的生命里没有绝望这两个字。2002年重获自由后已74岁，然而年逾古稀的他决定重返商场，开启新的征程，投身于橙子种植业。褚时健与妻子马静芬一起在云南哀牢山租下2400亩荒地，开始在深山中研究种植橙子的技术。刚开始褚时健不懂种植技术，于是他买了大量关于橙子种植的技术书籍，白天忙果园，晚上忙看书学习。有一次，听说城里来了一位种植专家，他就去门口蹲守，拉着对方聊种橙子，学习专业技术。多年的商场打拼，让褚时健明白只有重视质量，狠抓技术，控制成本，共享利益，才能走得更长远。于是他精确计算每亩果园应该种植多少棵才更效率提高果树挂果率,还采用标准化作业方式对橙园进行精细化管理,实行标准化种植。从橙树种植开始,到水源浇灌、土壤比例、病虫妨害、果树剪枝、开花控制等全部把控,尽量做到标准化、精细化、制度化。凭借着他一贯的坚韧不拔、不断创新和精益求精的精神,褚时健经过十年磨剑再次在商界崭露头角,将一个个人的梦想转化为了现实。经过十年如一日的精心培育,他终于打造出了"褚橙"这个知名品牌,褚橙上市不久就收获了极好的口碑,火遍全国。在他84岁时,他成为亿万富翁,再次成为全国瞩目的焦点,被称为"中国橙王"。

"人生总有起落,精神终可传承"。褚时健的故事,让人不得不敬佩他的毅力和坚韧,以及他内心深处那股永不言败的动力。褚时健的人生,不仅仅是对后人的启示和教育,更是一种精神传承,告诉我们,无论遭遇何种困境,只要有信念,有毅力,就能够创造属于自己的辉煌。《人民日报》:"余生很长,不必慌张。太阳下山,还有月光。人生要全力以赴,但请记住,峰回路转,来日方长。"

二、深度学习

深度学习的概念最早源于人工神经网络的研究,是人工智能（AI）的一个分支，它教神经网络学习和推理。1976年著名学者费伦斯·马顿和罗杰·萨尔乔将深度学习引入教育和学习领域，引起人们的广泛关注，相关研究逐渐兴起。自20世纪90年代以来，认知科学、脑科学等领域开始飞速发展。在易变（volatile）、不确定（uncertain）、复杂（complex）和模糊（ambiguous）的VUCA时代和ABCD［人工智能技术（AI）、区块链技术（block chain）、云技术（cloud）、大数据技术（big data）］的科技时代，每个人都生活在一个日益复杂且不断变化的环境中，信息来源变得更加多样，学会学习、终生学习便显得尤为重要。北京师范大学教育学部课程与教学研究院教授、博士生导师张春莉和山东理工大学教师教育学院讲师王艳芝公开发表的文章《深度学习的五个基本特征，促进深度学习的五个阶段》中提出："深度学习，核心在于发挥学生在学习中主体性和主动性，主要呈现出高层次（深度学习的目的）、整体性（深度学习的内容组织方式）、意义关联（知识的转化与重构）以及社会性（深度学习的途径与结果）的基本特征。"作为职场中人，我们要学会学习、终身学习，这是人与人之间拉开差距的核心密码。面对新的工作环境和技能要求，如何快速融入并适应新岗位，成为我们职场人必须面对的问题。学会学习关键是要学会深度学习，让学习更加专注、有效。

1.从工作出发，主动学习

学历是工作岗位的入场券，但不是比赛成绩。无论是本科生还是硕士研究生，学校所学的大多为专业理论知识，而且是有限的。随着时代的发展专业知识不断更新迭代。因此，学习成为职场人工作的一部分。比如，同一大学毕业在同一城市打拼，在同一公司当普通员工，而过几年差距就拉开了，原因可能是多方面的，但学习能力方面的差距是主要因素。原中国建材集团有限公司董事长、中国企业与改革发展研究会会长宋志平经常对企业员工讲一句话："把时间用在学习上，把心思用在工作上。"参加工作后首先心里要有信念和目标，自己期望未来3到5年后成为怎样的人，或者说在职场要承担什么样的角色，而这种角色需要什么样的能力，怎么通过努力工作和主动学习去获得职业的硬技能和软实力。其次，从工作需要出发，凝心聚焦、心无旁骛钻研业务，补缺补漏。主动参加企业各种培训，考取岗位资格证书。主动浏览企业网站，学习业内大咖、专家的成功案例和工作经验。主动向身边同事学习，取他人之长补自己之短。三是业余时间主动学习工作相关专业知识。减少无效社交，多看书、听书，用书充实工作的信度和效度，用书滋养自己有趣的灵魂。四是科学用脑。管理注意力，提升记忆力。微信视频号无脑博士孙不二认为："提升学习能力关键是通过科学用脑来管理注意力，提升记忆力。策略方法有五个：第一，管理注意力。远离干扰项保持注意力。运动锻炼增强注意力，专项有针对性训练保持注意力。第二，控制节奏。人的注意力会有起伏。要注意劳逸结合，保持工作学习和休息的节奏韵律。第三，刻意重复。重要的话说三遍，高频出现的容易记住。第四，睡足睡好。好睡眠对注意力和记忆力至关重要。第五，乐于试错。要敢于挑战一些不太有把握的事，刺激大脑活跃度，犯一些小错，更能吃一堑长一智。"我很赞同上述这段话的观点。这些方法对于在校生和各个年龄段的职场人都适合。努力工作也好，深度思考也罢，都要讲究科学的方法，这样才能达到事半功倍的效果。

2.边干边学，有效学习

著名教育理论家约翰·杜威倡导的"做中学"蕴含着深度学习的思想。《毛泽东选集》关于中国革命战争的战略问题中指出："学习不是容易的事，使用更加不容易。""读书是学习，使用也是学习，而且是更重要的学习。从战争学习战争——这是我们的主要方法。"物有甘苦，赏之者识；道有夷险，履之者识。毛泽东指出："通过实践而发现真理，又通过实践而证实真理和发展真理。从感性认识而能动地发展到理性认识，又从理性认识而能动地指导革命实践，改造主观世界和客观世界。实践、认识、再实践、再认识，这种形式，循环往复以至无穷，而实践和认识之每一循环的内容，都比较地进到了高一级的程度。"从其中我们可以领悟到：实践是认识的基础，能动反映是认识的本质，主观与客观的统一是认识的根本任务；通过对客观事物认识形成意识，意识影响思维；思维能动性形成认知的创造性和方法论。辩证唯物主义认识论基本规律就是职场人学习实践的底层逻辑。作为职场中人的我们大多在学习中实践，在实践中学习。在实际工作中我们经常会遇到各种各样的新情况新问题，不管会与不会，不管以前遇没遇到过，都要迎难而上先顶上去，不会就现学，收集资料，请教能人，解决问题。先揽瓷器活，再找金刚钻。边干边学，边学边干。只有迎难而上，攻坚克难，问题才会迎刃而解。想都是问题，做才有答案。在打仗中学习打仗，在工作中学习工作。吃一堑长一智，打一仗进一步，做一个项目得一个项目。职场中还有一个大家心照不宣的事实，每个单位都有一些岗位是"关系户"。师傅领进门，修行靠个人。不管是通过什么渠道先上车，但也要后补票。自己不能吃老本，而要尽快熟悉情况，边干边学，成为岗位的行家里手。

3.正思反省，跨界学习

跨界学习，深度学习，理清思路，能帮助我们透过纷繁复杂的现象看到本质，找到工作的方向和对策措施。孔子说："学而不思则罔，思而不学则殆。"要不断学习，善于思考，既拓宽视野，又内观觉察。"像少年一样好奇，像记者一样敏锐，像哲学家一样不断探究。"既要学习专业知识，又要学习数字化知识、管理知识和哲学思维，还要在学习工作实践中不断总结复盘和换位思考，把"知、觉、悟、行"贯穿到工作学习中，做到知行合一。换位思考，能让我们从不同的视角看到更大的世界；换位做事，能寻找到更好的方案解决问题；换位做人，体现同理心和思考的温度，能够体谅和理解别人。比如在人际交往中，反思自己待人接物上的不足，通过观察身边的人和事，主动思考总结和改进，就能改进自己的人际关系。一是要从空间上进行换位思考。多从不同角度看问题，多思考几套解决问题的方案。在比较中选优。二是从时间上进行换位思考。以终为始，先定计划，明确目标。聚焦使命责任和实现路径，并全身心投入自己和组织最重要的原则、价值观、关系和目标中。以始为终，一开始就高标准严要求，开好局起好步，围绕主题，直奔目标，积跬步至千里，汇江河成大海。三是从人际上进行换位思考，从不同的人和从不同文化背景成长的人的角度去看待事物。经常应用同理心倾听、欣赏式反馈和头脑风暴式征求意见，坦诚与人相处互帮。设身处地、推己及人地耐心倾听并理解他人的想法和情绪，感同身受地明白和体会他人的处境及感受,恰当地进行沟通并回应其需求,力所能及地帮助别人。激发他人,激活组织。四是从角色转换上进行换位思考,即从岗位轮换上进行换位思考。屁股往往决定脑袋,位置往往决定立场。落实重要岗位轮岗和干部交流及多单位、多岗位锻炼。五是从体验上进行换位思考。体验换位可以理解沉浸式体验即带入感和抽离的切换。比如旅行的意义不是从自己待腻的地方到别人待腻的地方,而是短暂地疏离熟悉的环境和人文,去感受陌生的环境和人文,换位体验和感受不一样的外面世界。抑或静静地待着,思考人生的哲学、意义和工作、生活的智慧,挣脱熟悉环境和现实对我们的囚禁和禁锢,摆脱惯性思维,防止落入窠臼。

跨界学习也是深度学习的重要方法。许多世界500强企业把人才分为"T"型、"π"型和"梳子型",而近年跨界人才即"π"型和"梳子型"人才越来越受欢迎。人民日报夜读篇章有段话:"跨界学习其实是锻造一把钥匙,打开不同的大门,看到不同的风景,尝试接触陌生的领域,用多元化的视角帮自己打开思维。掌握的知识越多,你的潜力也会越容易被挖掘。"北斗三号卫星系统总设计师林宝军就是跨界学习和事业成功的样板。林宝军本科是学汽车发动机的,硕士学计算机,博士研究高能物理。做了15年的神舟,又做了15年的北斗,所学所做一直在变,但心中用知识解决问题报效国家的信念和目标从未改变。

三、精进增值

1.量的积累，质的飞跃

量变到质变是事物发展变化的基本规律。《荀子·劝学》："不积跬步，无以至千里；不积小流，无以成江海。"没有一定程度的量的积累，就不可能有事物性质的根本变化，即质变。竹子刚开始四年只长高3厘米，甚至不如旁边的小草长得快，而从第五年开始以每天30厘米速度生长，仅需6周左右的时间就可长到10多米。竹子定律启发我们，人生需要积累、蹲苗和储备，需要眼前的默默坚守和积淀，需要长期的坚持和毅力，才能做到厚积薄发。学习、工作、成长亦是如此。知识和经验的学习积累是我们学习工作的一部分。当我们不断学习知识，一点一点地积累到一定程度时，就可能从知识量的增加到能力质的提升。现如今许多领域的知识更新周期很快，新知识层出不穷，未知待探索的领域更是无边。学习的圈子扩得越大，圈外未知领域就越广，但正是不懈的努力及坚持、学习的积累和圈子的扩大，你才有可能成为圈内某个领域某项工作的行家、专家。参加工作后，我们应当每年参加一次分公司（分行）为期数天的线下集中培训。每2—3年参加一次总公司（总行）为期数天的线下集中培训，互动学习，交流提升。工作3—5年后，主动报班提升一次学历，在职、脱产均可。也可以跨界学习"双硕士"，或选学与当下工作强相关的专业。在学习过程中不仅可以接触到学校所教的理论和前沿知识，还可在与同学互动中扩大交流圈和朋友圈、人脉圈。我的一个朋友是一名优秀的公职人员，学识渊博，工作出色。他坚持终身学习，先后获得了一个学士、两个硕士和一个博士学位，目前还在读一个在职博士。《道德经》："合抱之木，生于毫末；九层之台，起于累土；千里之行，始于足下。"中国工程院院士孙宝国，参加了四次高考，第四次才考上大学，后来不仅当上了校长还评上了中国工程院院士。"恶不积不足于亡身，善不积不足于成名"。职场人的跃升也一样，是一个积累渐进的过程。我们须持续投入时间和精力努力工作学习，积累经验、培养技能。方向正确，日有所进，假以时日，定会带来质的提升。

为中国跳水队赢得31个世界冠军的"跳水女皇"、国际裁判郭晶晶："成功就是强迫自己坚持下去。运动员想要达到最高的目标，非常不容易，需要持续保持最佳的竞技状态，更是难上加难。在这中间，我们需要耐得住寂寞，忍得住枯燥，克服种种困难。可是即便如此，我依然选择了坚持。因为有的时候，大家不是看到了希望才去坚持，而是坚持下去才会看到希望。当国歌奏响，国旗升起的那一刻，脑海里回放着过去的一幕幕,在逆境中坚持到底,不言放弃。大家的相互鼓励,相互支持,成就了中国跳水梦之队。希望通过我们的故事能给到各位勉励。激发你们的梦想,活出精彩人生。"

2.借势而为,乘势而上

《孙子兵法》中说:"顺势而为,借势而进,造势而起,乘势而上。"人不是生活在真空里,个人的发展离不开组织环境和社会环境。光低头拉车、埋头苦干是不够的,还要抬头看路,清醒地沿正确的方向砥砺前行才是可取的。一个人无论是职业选择还是工作学习努力的方向都要从宏观形势、社会发展趋势、行业前景、市场需求、政策导向和公司发展的战略和导向以及自身的资源禀赋、专业能力和兴趣特长等方面去思考和策划,并不断调整自己的方向。时代的势能,尤其是形势的力量、大势的能量对顺势而为的人的助力和放大效应是惊人的,正如《商君书》中的一句话:"飞蓬遇飘风而行千里,乘风之势也。"一个人从识势、借势到取势、乘势,是一个主动积极的"借势而为、乘势而上"的过程,要巧借"外部性",放大自己的能量场。人生如棋局,下棋看大势。不要过于纠结和在乎一个子、两个子的得失,而是要看走势巧布局。如果能够看到大势所趋,遵循规律来发展提升自己,并自觉站到风口上,个人的能量会被放大,就更容易突破圈层，突出重围，实现有效的跃升。因此，作为职场人要想在职场中脱颖而出，仅仅依靠个人能力和勤奋是远远不够的，需要学会借势而为、乘势而上，深入分析行业发展趋势，公司的战略规划以及客户资源经验等等。善于利用周围的资源和机会，为自己的职业发展助力，更快地实现自己的职业目标。当然，职场也并非总是顺风顺水，也会有低谷和逆境的阶段。顺境修力，逆境修心。面对逆境时要学会转念换框，调整心态，积蓄力量，逆风飞翔。要提高逆商，透过当前逆境看到未来的顺境，迎难而上，攻坚克难，甚至转危为机，化腐朽为神奇。关关难过关关过，事事难成事事成。熬过艰难时分，人会更加成熟，事情也会顺流而下，"轻舟已过万重山。"

3.换道超车，华丽转身

传统的职业发展理论主要是关注和研究线性发展，而随着时代的进步职业非线性发展成为可能。换道超车是一种更高维度的思维方式。弯道超车注重的是在既定路径上不断探索和尝试，顺应局势求突破。而换道超车则意味着毅然决然地跳出既定的赛道和惯性，寻找一条更优的道路。这需要我们具备一定的冒险精神、创新意识、批判性思维和杀伐果断的行动力。一是换道，先要提升思维、挑战自我、自信破茧。把柱状思维和线性思维调整为非线性思维和饼状的发散思维，才能思考寻找到新的赛道、更多的可能和努力的方向。信心是黄金。"人之所以能，是相信能"。当目前工作遇到瓶颈而自己的潜力得不到发挥、当自己能力有质的提升而目前的岗位无法提供相应的工作机会和价值、当换道更能体现和创造价值等时，就要勇敢换道。成功大多是给积极进取、自信坚定、知行合一的人留着的。二是换道，要找准道。要另辟蹊径，找到高价值且适合自己的"新赛道""新平台"。如跨行业、跨领域、跨文化等。俗话说："树挪死，人挪活。"职场中人要积极参加内部竞聘、转型调岗、岗位轮换和跳槽等方式，找到更加有价值的组织和岗位。当前从工业时代向数字化智能时代跨越过程中，新的技术对社会就业、职业全方位变革，许多单位都面临着"智改数转"的数字化转型的问题。人工智能和机器人对一些简单基础工作岗位和危险工作的替代，也需要职场转换职业赛道、升级自己的系统。科技创新、"智改数转"不是选答题，而是必答题。企业数字化转型岗位内部也新设、新增许多数字化转型相关岗位。线上和线下联动的新岗位、新赛道也开始显性化。三是换道，更要砥砺前行。要用智慧和汗水作为驱策力，先在新赛道迅速站稳脚跟，并不断发力、不断超越。"路漫漫其修远兮，吾将上下而求索。"职场之路虽然充满艰辛和挑战，但只要我们怀揣梦想、勇于挑战、努力前行，就一定会完成职场蜕变，实现华丽转身。我的朋友王总大学毕业后到某文化传媒公司从事文秘工作，后跳槽到一家股份制商业银行某分行办公室从事行政工作，边干行政边学习金融业务和营销技能，3年合同期满后跳到一家城市商业银行任支行行长助理，又过3年她被另一家城市商业银行挖走担任支行行长。现如今她已成长为某证券公司北京分公司的总经理。我作为王总职业成长的见证者，确实看到了她身上积极进取、勇敢追梦、自信笃定和知行合一等优秀品质。通过银行离职后系列视频低调走红的生活自媒体刘超2.0分享了自己成功转型的案例。刘超大学毕业后到商业银行工作。在银行工作14年后37岁的他从银行离职换道转型在广西南宁当网球教练。刘超从银行离职后勇敢追梦，寻找人生的新可能。他走了不一样的路，也看到了不一样的风景，努力活成自己想要的快乐人生。目前他网球教练事业开始风生水起。

4.名师指路，贵人相助

职场和人生都会遇到"四种人"：名师指路、贵人相助、亲人支持、小人（敌人）刺激。职场的成功离不开"四种人"，尤其是名师指路、贵人相助。孔子说："三人行，必有我师焉，择其善者而从之，其不善者而改之。"曾供职于外经贸部、中国建设银行、中国投资银行、国家开发银行和中信银行的焦世经说："任何人如欲有所成就，必须具备'本人努力、高人指点、贵人相助、他人监督'四大要素。

而且，经历、阅历、挫折，是成长中的三种添加剂，没有它们，无法成熟，更无法成功。"名师贵人不仅能够帮助我们指点迷津，打通思路，让我们醍醐灌顶、豁然开朗，而且在关键时候提携拉一把，甚至扶上马送一程。人的一生中需要名师贵人，有的人遇到得多，有的人遇到得少。这不是运气的问题，需要我们反求诸己从自己身上找原因。正能量总会聚拢正能量。名师贵人本身就是正能量，必然"同气相求、惺惺相惜。""天雨虽宽，不润无根之草；佛法虽广，不渡无缘之人。"只要人品端正、积极主动、努力上进、感恩知足，向上向善，主动连接贵人，就会有名师指路、贵人相助。在工作学习中遇到不懂、不理解或学得慢的时候，请教领导、资深同事、高人、牛人、大咖专家等，无疑是最佳捷径。我们只有不断向比我们优秀的人学习，才能快速成长起来。父母等亲人是我们一生中最重要的贵人。小人和敌人对我们的嫉妒、诋毁、伤害往往能刺激我们更加努力、更加成功。任正非有一句名言："小成功靠朋友，大成功靠敌人。"有的时候，你的敌人或身边的小人虽然让你难受，但也在时刻鞭策和逼迫着你，让你感到危机，让你不断发挥潜能、不断进步。

5.强强联合，耦合增力

掼蛋是一种起源于江苏淮安，目前在许多地方比较流行的扑克智力游戏项目。与队友搭档配合是玩家在追求游戏胜利过程中非常重要的一环，也是强强联合、耦合增力的具体实践。在群体心理学中，人们把群众中两个或两个以上的个体通过相互作用而彼此影响从而联合起来产生增力的现象，称为耦合效应，也称为互动效应或联动效应。事实上磨合效应也是一种耦合效应，只是一种比较特殊的形式罢了。在学习工作中，这种耦合效应更加明显。比如，在一个积极上进、团结和谐、组织氛围浓厚的优秀团队，我们自己也会变得越来越优秀。相反，在一个互相拆台、明争暗斗、内耗严重的团队，难以创造高绩效。自己还时而被团队负能量的人带偏节奏，影响身心健康。同样找到一个或若干好的工作搭档、队友或合伙人，就会形成正向的耦合效应，产生联动作用，行成合力的倍增效果。史蒂芬·柯维《高效能人士的七个习惯》第四个习惯是双赢思维，人从幼小的依赖，到成年后的独立自赖，再到工作事业中自觉互赖，通过团队合作、开诚布公、积极互动和高效能运营获得社会公众领域的成功。职场是一个合作的平台，而非角斗场。朱熹与蔡元定"悬灯相望"互相学习、互相勉励的故事流传至今。团队中人或合作伙伴，大家要秉持合作共赢的态度，工作学习充分交互，集思广益，取长补短，求同存异，互敬互惠，互相补台，知识显化，能量放大，会产生"1+1>2"的双赢或多赢效果。当尽了很大的努力，仍然难于形成耦合增力的效果，甚至起反作用，我们就要及时止损，尽快离开气场不合的低效能团队，远离负能量的人和事。

6. 与AI共舞，借智发展

2024年6月，360董事长周鸿祎发布短视频透露：360人工智能（AI）精准预测了2024年高考语文作文三套试卷题目。随着AI的发展，它越来越成为职场人的得力助手。未来在许多领域，AI和机器人将成为我们的"新同事"。微软称，AI正在普及整个劳动力队伍。每个公司、组织都有机会应用AI技术，以推动决策、协作并最终取得业务成果。2024年1至6月微软用AI工作者的数量翻番，已有75%的知识工作者用AI工作。中国培训发展研究中心全国优秀导师梁睿在2024年公益系列大讲堂中，讲了题为《AI如何助培训师2个小时完成课程开发》的公开课。听了很受启发。我本人也是单位内部讲师，过去做一个PPT课件至少要2—3天。从选课题、找资料、写文案再到做PPT，时间可能更长。而梁睿讲的AI助力培训师从选课题、萃内容、搭结构、制课件到配材具，五步成课。通过"文心一言""通义千问""Kimi（月之暗面）""阿里通义听语"和"秘塔AI搜索"等AI内容生成工具，输入文本并搜索制作、修改成自己想要的有趣、有料、有面、有效的课件，效率高、图文并茂。在2024年百度世界大会上，百度创始人、董事长兼首席执行官李彦宏振奋地向全球宣布："'妙哒',一个不需要写代码就能实现任意想法的AI软件。我们将迎来前所未有的只靠想法就能赚钱的时代。"百度用"妙哒"无代码编程、多智能体协作,把软件开发门槛降到0。这也表明AI应用的时代确实来了。以上AI助力工作的例子告诉我们,除了人的创意、情感和创造力难以替代外,很多简单重复的劳动将被人工智能和机器人替代。尤其是AI机器的记忆和存储能力人永远无法超越。AI数字时代,越来越多的"AI员工"上岗,未来你的很多同事可能不是真人。有的人认为随着AI的发展,知识学习变得不那么重要了。认为再学也学不过"机器",于是干脆就投降或半放弃了。我认为上述观点有失偏颇。替代不等于取代,人有很多更重要的事要做。人的思考能力、搜索能力和觉悟升华需要大量的信息作为支撑。而知识改变大脑信息处理单元,你要给大脑喂知识、喂数据,这样才能不断提升和进阶,才能实现认知和思维的升级。知识改变大脑,也改变命运,这句话没有过时,反而是我们积极迎接AI等新技术革命和数字化时代来临应有的态度。如何让AI辅助你,而非取代你?硅谷知名计算机科学家吴军博士认为,AI(人工智能)=IA(智能增强)+II(智能架构)+AA(自动算法)。一是智能增强,要利用人工智能智能增强帮助你提升工作效率;二是智能架构,社会需要一个非常大的智能架构,如果你参与到这其中本身就是一个受益者;三是自动算法，现在有很多开源的东西可以用，你善于利用智能算法，你的工作效率就提升了。

小米科技有限责任公司创始人、董事长、首席执行官雷军："淘汰你的永远不是AI，而是会用AI的同行。"我很赞同这个观点。不思进取、安于现状、不学习和使用新技术的人和企业会逐步被时代淘汰和抛弃。一个人优不优秀、职场能不能成功，可以主要看两点：第一是爱不爱学习，第二是自不自律。学历代表过去，能力代表现在，学习力代表未来，自律代表意志力。作为职场人，我们在脑勤、手勤、脚勤的同时，要善于借用先进科技工具，"让无人机成为我们的僚机"，做到人机结合，增强脑力、手力和脚力，倍增提升各项能力，实现高效率、高效能的工作学习目标。实际学习工作中，我们不仅要学习知识技能，还要知道使用科技工具获取搜索相关知识的方法、路径和渠道；不仅要培养解决实际问题的能力，还要培养提出问题的能力；不仅要培养信息数据萃取的能力，还要从大量信息数据中分析抓取趋势的洞察能力。通过科技赋能，借智发展，实现快速跃升增值的职业目标。

案例3

任正非的职业人生传奇

2024年10月22日,华为纯血鸿蒙系统正式发布,标志着华为继自研芯片后自主创新领域又迈出了里程碑的一步。近年来,华为在受外部封锁打压的情况下,自主创新、自强不息,王者归来,在5G、云计算、人工智能、物联网等前沿技术领域取得了显著成果,5G技术、AI芯片等,为全球通信行业设立了新的标准,成为中国企业、中国精神的标杆和典范。2024年华为实现了业绩的稳健增长,净利润率显著提升,技术创新和市场拓展均取得显著成果。经过30多年的艰苦努力,任正非成功地将华为公司带到了通信行业的巅峰,使其成为世界第一的通信巨头。现如今华为成为中国乃至全球科技产业领军企业,然而任正非及其带领的华为所经历的艰难困苦是常人难以想象的。任正非的故事,是一个在逆境和挫折中不断奋斗并取得成功的传奇。

1944年10月25日,任正非出生于贵州安顺市镇宁县,父亲是中学教师和校长,母亲是中学老师。兄妹7人,任正非排行老大,7个子女只靠父母两个人的工资,日子过得比较艰难。他在贫困的逆境中不断成长。19岁那年任正非考上了重庆建筑工程大学。大学毕业后，任正非参军入伍到基建工程兵00229部队。他先后参与东北辽阳化纤总厂等建设，历任技术员、工程师、副所长（技术副团级）。是金子总是会发光，优秀的人到哪都优秀，干什么工作都出类拔萃。这期间任正非发明了我国第一台空气压力天平（浮珠式标准压力发生器）等，填补了2项国内空白。1978年3月，33岁的任正非出席了全国科学大会。10月18日，《基建工程兵》第四版用大半个版面刊登报道00229部队任正非事迹的新闻特写《任正非》。1979年12月，中国建筑工业出版社出版了任正非编著的《浮珠式标准压力发生器》一书。1982年，38岁的任正非成为中国共产党第十二次全国代表大会代表。军旅生涯的磨砺进一步锻炼塑造了他不畏困难、行事果断、雷厉风行、坚韧刚毅的性格和行事风格。1982年国家整建制撤销基建工程兵，38岁的任正非以副团级干部身份转业到深圳南海石油集团的后勤服务基地工作。此时，任正非的第一任妻子孟军已经是南油集团的高层领导。孟军出身于四川的干部家庭，两人育有一子一女，儿子名为任平，女儿则是如今广为人知的孟晚舟。后来任正非在商海中遭遇了重大挫折，被骗走了200万巨额资金。因此，他失去了在国企南油集团的职位。同时，他的婚姻也走到了尽头，与妻子离了婚。在困境中，他孤身一人在深圳的简陋棚屋里开始了新的生活。

这个时期的任正非可谓一无所有。没有充足的资本，没有广泛的人脉，没有丰沛的资源，没有先进的技术，也没有丰富的市场经验，却有着不屈的精神和坚定的意志。就是在这样的背景下，他创立了华为公司。1987年，任正非携手合作伙伴，共同筹集了21000元资金，在深圳湾畔的两间简陋小屋中，成立了华为公司。起初，华为以HAX交换机的代理业务起步，赚得了初始的资金。然而，任正非深知，仅依靠代理并非长久之计。他怀揣着远大的抱负，决心要研发出华为自己的产品。唯有掌握核心技术，才能确保公司在激烈的市场竞争中屹立不倒。为此，任正非组建了一支研发团队，并委任华中科技大学硕士毕业的郑宝用担任团队负责人。经过不懈努力和研发，HJD48交换机成功推向市场。在短短一年的时间里，华为实现了惊人的1亿元销售额，员工数量也从最初的寥寥数人迅速扩展到100人。初步实现了从代理产品到自主创新的跨越。

任正非在通信制造业中崭露头角，然而他也面临着诸多强大的竞争对手。当时，中国通信市场欧美、日韩的业界巨头占据了显著的优势。任正非巧妙地运用了《毛泽东选集》"农村包围城市"的战略，瞄准了那些国外公司未曾涉足的农村市场，稳扎稳打，逐步蚕食并最终占据了城市的市场份额。华为始终将售后服务视为重中之重，始终坚持以客户为中心的原则。无论是荒凉的沙漠还是贫瘠的高原，只要客户有需求，华为的员工都会不分昼夜，迅速响应，确保问题得到及时解决。在应对国外竞争的同时，国内的竞争对手同样不容忽视。当时，国内通信产业呈现出四足鼎立的格局：巨龙、大唐、中兴和华为，被业界合称"巨大中华"。市场如战场。任正非多次在公司内部讲"三胜"：心胜、谋胜、战胜。正是任正非则骨子里透着一股韧性和倔强，热衷于主动竞争"狼性"精神，不断寻求突破的领导风格带领华为脱颖而出。

据《创业励志人物》介绍，华为在国内站稳了脚跟，便开始四处征战。进入俄罗斯市场，挺进非洲拉美与英国电信携手合作，成功开拓了荷兰与德国市场，并最终进军美国。2002年，华为在德克萨斯州设立了子公司，这标志着华为与当地的"地头蛇"企业即将展开一场激烈的竞争。在美国电信市场中，思科公司以其卓越的名声和强大的实力傲视群雄。然而，华为的产品在性能和技术含量上与思科不相上下，价格却低了20%。这一年，华为在美国市场的销售额实现了70%的惊人增长，这一成绩让思科倍感压力。面对华为的崛起，思科采取了诉讼手段，指控华为侵犯了其知识产权。任正非深知，思科的真实意图并非追求赔偿，而是企图遏制华为品牌在美国市场的持续增长势头。他果断指出："唯有敢于战斗，才能达成和解；即便小有失利，也胜过退缩不前。"在首次交锋华为失利的情况下，华为敢于亮剑。

2003年3月17日，华为再次站上法庭，与思科展开激战，最终双方打了个平手。到了2004年下半年，双方正式签署了和解协议，结束了这场纷争。华为与思科的这场较量被誉为"世纪之讼"。虽然从表面上看，双方似乎难分伯仲，但实际上，华为在战略意义上取得了胜利。这次较量不仅使华为在美国市场稳固了地位，还极大地提升了其品牌知名度。同时，"世纪之讼"也验证了任正非坚持研发的决策是正确的。此后，华为更加坚定了产品研发的核心地位，每年将销售收入的10%—15%用于研发，以确保技术的领先地位。华为始终保持着对研发的执着追求，从通信到企业网，从云计算到手机，始终紧跟市场步伐，打造核心竞争力。任正非不仅为企业制定了明确的发展战略，还大胆引进了西方先进的管理体系，将其融合到自身的管理中。并邀请中国人民大学的教授团队进行管理咨询，结合自身实际出台了《华为公司基本法》，提升了企业的管理水平和软实力。

在创业过程中，任正非也经历过多次心力交瘁的艰难时刻。2000年左右，华为面临了多重危机，公司处在风雨飘摇之中。任正非曾说："2000年左右，我经常半夜吓醒，每个月都要发3个亿的薪水，真怕哪天发不出来怎么办。创业30年，只有痛苦、痛苦，还是痛苦。把我变成一名忧郁症患者，多次想了结此生。直到2006年在内蒙古一家小饭馆吃饭，一群牧民小姑娘在唱歌、跳舞。我在想，他们那么贫困还在热爱生活，为什么我不能活下去。那天我流了好多泪。"正是对生活的热爱和反思支撑任正非走出抑郁困扰。事实也证明任正非没有被困难和挫折击倒，而是以顽强的毅力扛起责任，带领华为人逆风飞翔，涅槃重生。任正非与身处逆境的员工对话时提醒说道："一生走得很顺的人，你们要警惕一点，你们可能把华为公司拖进陷阱……（华为）录用一个干部，最主要是要考虑这个人是不是在外面受过重大挫折，而且这个人已经认识到这个挫折，已经改进了，这就是宝贵的财富。"华为的核心价值观之一就是以奋斗者为本，长期艰苦奋斗，倡导和激励艰苦奋斗。相比于身体上的艰苦奋斗，任正非更强调的是思想上的艰苦奋斗，他认为尽心做事和尽力做事是两个根本性的概念，尽心才是思想上的艰苦奋斗。

在华为多次受到国外科技霸权无理打压和技术封锁时，包括女儿孟晚舟被美国、加拿大扣押1028天期间，任正非和华为始终没有妥协。任正非和他带领的华为人怀揣着为民族工业独立而战的豪气，自立自强，自主创新，浴火重生，百炼成钢。任正非身上散发着不畏艰难困苦愈挫愈勇的强烈的干劲和冲劲，也深深感染和影响了20万华为人和无数中国人。任正非多次讲道："领导要在茫茫的黑暗中，把自己的心拿出来燃烧，发出生命的微光，带领队伍走向胜利。和平是打出来的。我们华为人要用艰苦奋斗、英勇牺牲，打出一个未来三十年的和平环境。让任何人都不敢欺负我们。我们在为自己也在为国家。为国舍命，日月同光，凤凰涅槃，人间共勉。"

一个优秀的领导者，除了为团队指明方向，更要读懂人性并精通管理之道。在这一点上，任正非堪称杰出的企业家典范。他个性鲜明、智慧非凡，带领华为在国内外战场上屡获佳绩，却始终保持着清醒的头脑，不被掌声和鲜花所迷惑。任正非说："以众人之私，成就众人之公。只要钱分好了，大部分管理问题都解决了。"华为实行全员持股激励机制，让员工共享企业的价值创造，实现既拿工资，又拿分红。任正非本人只占华为0.48%的股份。尽管任正非以决策果断、行动力强而闻名，但在日常工作中，他却保持着低调务实的作风，处事严谨且平易近人。有一次，几位华为的基层干部因出差报销不便，在电梯内表达了对财务管理的不满。就在他们到达七楼时，恰巧遇到了任正非。由于他们的声音并不小，任正非听到了他们的抱怨。这几位基层干部心中忐忑，担心会遭到批评。然而，令人意想不到的是，半个月后，公司竟然推出了一套全新的财务系统。原来，任正非不仅听到了他们的意见，还亲自推动了财务系统的改进。这一举动让基层干部们对任正非的大度和宽容赞不绝口。

任正非是中国著名的企业家和慈善家。曾入选《时代》全球一百位最具影响力人物，《财富》中国最具影响力的50

位商业领袖排行榜第一,改革开放40年百名杰出民营企业家,亚洲百大商业人物和深圳经济特区三十年30位杰出人物等荣誉榜单。但任正非把荣誉看得很淡,为人更是谦和低调。任总尽管有能力过上奢华的生活,但他却选择了朴素而平凡的生活方式和终身学习及保持年轻的心态。任总说:"如果你一定要问我的爱好。也许有时就是看看书、上上网,看看年轻人讲的话,这样我和年轻人说话的时候,他们知道我懂他们的语言,他们也就愿意和我喝咖啡了。我在网上学习网络语言,年轻人的语言体系我能理解,就可以和年轻人说到一起去了。"他的衣着简朴,不拘小节;出行时,他从不带上司机和助理,甚至出差或外出时也不乘坐专车;在食堂用餐时,他也亲自动手取餐、打饭。这种朴素的生活态度展现了他内心的淡泊和低调。正如《任正非传》所述:"任正非是一个集低调与张扬、谦卑与强势于一身的非凡人物。他凭借独特的个性、卓越的智慧和坚定的意志力,在中国企业的发展史上留下了不朽的篇章,也为世界科技领域做出了卓越的贡献。"任正非在中年时开始创业,早年的贫困生活和军旅生涯铸就了他不屈不挠的韧性和"狼性"精神。正是这种毅力和精神,使他带领的华为公司成为业界的翘楚。如今,已经80岁高龄的任正非依然坚守在工作岗位上,这种自立自强、终身学习、永不言败的毅力和精神无疑是我们学习的榜样和楷模。任正非的卓越领导力、务实的工作作风、坚韧不拔的意志和守正创新的精神成为中国企业家标杆和典范。

2024年10月14日，华为创始人兼CEO任正非与国际大学生程序设计竞赛（International Collegiate Programming Contest，ICPC）主席、教练及获奖选手座谈。座谈时任正非先生引经据典、信手拈来，针对不同国家选手的提问，任正非谈到了不同国家的特点，同时还对教育、人工智能、大国纷争、年轻人创业、企业发展等话题发表了看法，信息量极大。80岁的任正非像个智者，座谈会纪要发布后再次惊艳到很多人。

任正非认为，世界走向人工智能的潮流是不可阻挡的。"由于芯片、算力等各种技术的发达，促进了智能时代的到来，就像英国发明了火车、纺织机械、轮船一样，它产生了时代的转折点。现在这个时代的转折点是人工智能的应用。如果有机会去参观中国的天津港，从装船、运输、堆垛，包括通过海关，一百多平方公里的土地上，几乎没有一个人。炼钢是很苦的，火很烤，现在炼钢炉前没有人，轧钢机前也没有人；以前要舀出钢水来检验钢铁的成分，现在戴眼镜就可以判断钢水是否合格。说到煤炭，几百多米深的地下，可以用人工智能挖煤了。""这个时代一定会降低对人力的需求，但是创造的总财富增加了，可以养活被裁掉的人。被裁掉的人不干活，少拿点钱；干活的人多拿钱。社会总价值由于技术进步是在增加，而不是在减少。任何国家只有可能在总财富增加的情况下完成对社会财富的合理分配，这是一个社会问题，我们讨论的是技术问题。"任正非认为，从当前世界发展对人类共同的挑战来看，人工智能的迅猛发展有利于社会，也对社会产生了压力。企业担忧的是如何让技术促进社会进步，社会的平衡问题需要政府来解决。

但他同时也表示，人工智能的"自我再造"仍是早期话题。"尤瓦尔·赫拉利说会产生灵魂，他的书太超前了，讲的是两千年以后的事情，可能是说人工智能会产生智慧灵魂。如果人工智能可以自我再造的话，我们人类怎么办？前沿到底前到哪里去，我不知道。但我认为，三十年内不会出现，还是要靠人来创造这个世界，只是用人少了。"任正非说。

提到科学边界，任正非表示，不管这个世界如何纷争，理论是公开的，因为科学研究是没有国界的，有国界的是工程与技术。他提到，华为在全球设有研究中心，通过这些中心促进不同国家间的文化交流和技术共享。他表示，"美国是科学技术非常发达的国家，这得益于它的开放和包容。两百多年来，美国从一个非常落后的国家变成一个非常发达的国家，在于其开放性、包容性，全球人才都到美国去创新，带来文化多元化、社会多元化，以及科学技术的多元化，创造了伟大的美国。美国给全世界的所有国家、所有公司树立了榜样,那就是必须开放,如果封闭起来就要落后。华为要向美国学习开放性、包容性。"

谈到对年轻人的创业建议,任正非坦承,创业不是好玩,是生活被逼无奈才创业的。如果年轻人想创业,那就要为了自己的理想无怨无悔,哪怕沦为乞丐。字节跳动的创始人在创业之初也很艰难,东一榔头西一棒子,走半天走不出路来,差点就陷入非常困难的境地,但是最后字节成为世界上最伟大的公司之一。谈到华为,任正非表示:"我们还在挣扎中。我们内部讲话与跟你们的聊天,完全不是一个量级,我们内部讲话还在讲怎么克服很多困难。"

任总还分享了自己对教育和人才培养的看法,认为学生应发现自己的优点并围绕其成长,不必要追求全面发展。他鼓励年青一代积极面对挑战,为社会贡献力量。任正非表示,"我认为小孩一定要快乐,一定要有点精气神,在快乐中自我发现自己的潜力。教育系统对小孩也要宽容一些,允许他们适当的差异化。""昨天有人告诉我,现在有些10岁左右的小孩,左手ChatGPT,右手豆包,用两种人工智能的模型讨论一个问题,自己与自己打,这样的小孩不就有可能是未来的天才吗?""我们的社会要让各种各样的孩子快乐地成长,每个小孩应该在音乐、舞蹈、体育上选择有一样爱好,这不就非常好吗?教育一定要让孩子拥有快乐的精神,快乐不是以金钱为中心。绝大多数人在工作中都快乐,而不是去比较金钱，给自己心里造成压力。"

任正非表示，华为将尽我们的能力继续支持这样的比赛。

不仅仅是ICPC，还有其他的大学生世界竞赛，如数学、物理、化学、信息……更多学科方面，我们将继续组织和参加这样的活动，为社会的发展做出一点贡献。"这类活动是有利于世界的，也有利于促进公司内部的血液循环。一杯咖啡吸收宇宙的能量，我们可以互相吸收能量。我们共同来为繁荣世界的发展做一点努力。"

任正非和华为的情怀和格局、梦想和追求、韧性和笃行、狼性和创新成就了中华有为的传奇，值得我们学习、尊敬和弘扬。

下篇　组织赋能

第七章　文化引领　思想赋能

第八章　以人为本　培养赋能

第九章　目标激励　考核赋能

第十章　对抗熵增　管理赋能

第十一章　创新升级　科技赋能

组织赋能五个核心关键:

1. 文化引领,思想赋能。

2. 以人为本,培养赋能。

3. 目标激励,考核赋能。

4. 对抗熵增,管理赋能。

5. 创新升级,科技赋能。

人和职场、人和组织不是硬币的两面,而是一个互利共生的生命体,是对立统一的生态系统。这种共生共荣的关系使得个体与组织双方在价值共创中都获得成长和进步。人类是地球的主人。是人的劳动创造了当今的世界。人类的发展进步,是由众多个体及组织的价值创造和成长进步汇聚而成。组织的发展离不开员工的劳动付出和智慧贡献,员工履职尽责、爱岗敬业、努力进取、劳动创造推动了企业持续、健康发展。人的发展离不开自身的努力，包括职业选择和个人成长等，也离不开组织发展和社会进步带来的加持、赋能和红利。组织为员工提供薪酬福利的同时，也为员工提供了岗位实践和锻炼成长的机会以及情绪价值等。而社会系统犹如巨人的肩膀，为个体提供更高的台阶和起点。人是组织的基本细胞。组织因目标而存在，因人而发展。把人组织好才是好组织。组织的管理方式、工作环境对员工个体人格完善、能力提升和职业发展都有重要影响。人本身也是场景、是"小宇宙"，组织应当给员工成长和发展的机会，并激励员工多承担责任，发挥潜能，贡献智慧，创造价值。因此在员工职业全生命周期进阶成长过程中，组织赋能尤为重要。

赋能是指赋予个人或组织更大的能力或能量。它最初源于管理学中的"empower"，与授权联系在一起使用。现在，赋能通常被理解为赋予能力或赋予能量。也有人认为赋能有两层意思，一是赋予能力，二是激发潜能。赋予能力，指的是通过培训、教育、引导、环境改变等方式，使个人或组织在技能、认知等方面得到了提升，获得新能力或增强现有能力，以便更好地应对挑战、实现目标。赋予能量，在心理学和管理学中，赋能也常被理解为给予他人正能量，激发其内在动力，更积极地面对工作和生活。激发潜能，指的是管理者尽可能地为个体或组织创造一个优质环境，提供更有利于他们高效创造价值的工具，激发出员工创造的兴趣和积极性，拥有持续创造的原动力。组织赋能是一个管理概念，旨在通过提供必要的资源、信息、工具和支持，帮助个人或团队提升能力、增强自主性，从而实现更高效、更有成效的工作表现。其核心在于激发个体或群体的内在潜力，使他们在工作中拥有更多的权力、责任感和创造性。一个好的环境拥有着深厚的文化氛围，在这种文化氛围的加持下，组织就能够吸引更多人才的加入。在工作中，组织和员工之间相互赋能，共同进步，创造出更大的价值。

在具体实践中，组织赋能包括以下几个方面。赋权与决策自主权：通过选人用人和授权的方式，赋予干部员工更多的决策权，允许他们在自己的职责范围内灵活处理工作任务，做出相应决策，增强责任感和能力感及担当意识。提供培训与发展机会：企业为员工提供系统的培训和职业发展机会，如技能培训、领导力开发课程、教练技术和岗位历练等，以提升员工的工作热情、专业素养和综合能力。资源与工具的支持：为员工提供充足的资源和先进的工具，如技术设备、工作环境、信息资源和软件工具，以提高工作效率和成果。鼓励创新与风险承担：营造一种鼓励创新创造、宽容失败的企业文化，支持员工提出新想法、新方案，并大胆尝试。建立沟通与反馈机制：建立开放透明的沟通渠道，让员工及时了解公司的战略目标、发展方向及其在其中的角色和贡献，同时管理者应及时给予员工反馈，肯定其成绩，并提供建设性意见。通过这些策略和方法，组织赋能能够显著提升员工的工作动力、敬业精神和满意度，同时带来诸多组织层面的积极效应，如促进团队内部的合作和沟通，提高整体工作效率和团队凝聚力，帮助企业更好地适应外部环境的变化，保持竞争优势，实现可持续发展。本篇从五个大的方面分章节进行阐述：文化引领，思想赋能；以人为本，培养赋能；目标激励，考核赋能；对抗熵增，管理赋能；创新升级，科技赋能。

第七章
文化引领　思想赋能

一、使命、愿景、价值观

企业存在的起点是业务，终点是增值，目标是生存和发展。企业通过业务组合和产品结构，形成某个社会问题的解决方案，满足客户的需求，从而形成价值创造和增值服务的闭环。每个企业都有价值的选择、未来的期许和理念的形成，从而形成企业独有的使命、愿景、价值观、战略、客户、规划、计划、目标、任务、考核、制度和流程等等。使命、愿景、价值观构成企业文化的三个重要支点。"使命"是一个哲学内涵，是关于企业核心的基本问题的回答，明确了企业存在的意义和价值以及所应承担并努力实现的责任，是企业前行的发动机，能引导其专注核心业务，持续为客户创造价值。"愿景"是企业对未来的展望，定义想成为什么样的公司,设定了企业整体发展方向和未来长远图景化的目标,能激发员工动力和对客户的吸引力。"价值观"是企业所崇尚的核心理念(经营理念、管理理念、行为理念),塑造了自上而下的行为准则,增强员工忠诚度和团队的凝聚力,成就客户,相伴成长。

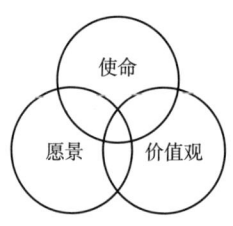

华为之所以成为世界级伟大的公司,是因为其使命、愿景和核心价值观充满了正能量。华为使命:聚焦客户关注的挑战和压力,提供有竞争力的通信解决方案和服务,持续为客户创造价值。华为的愿景:丰富人们的沟通和生活。华为核心价值观:成就客户、艰苦奋斗、自我批判、开放进取、至诚守信、团队合作。

兴业银行——好银行,助生活更美好。其使命、愿景、价值观也深受好评。兴业银行使命:真诚服务,共同兴业。兴业银行愿景:一流银行、百年兴业。兴业银行价值观:理性、创新、人本、共享。

笔者曾受邀参加中粮集团与中英人寿合办的人力资源峰会,听到阿里集团钉钉公司副总裁白惠源介绍阿里巴巴文化与管理创新时谈到阿里的政委体系。据白惠源介绍，阿里政委的创意来自马云老师观看《历史的天空》和《亮剑》时的感悟。两部电视剧都体现了相同的几点：一是政委是军队的灵魂，在团队凝聚力和战斗力方面起到有力保证作用；二是政委能打枪、懂政策，也就是既懂业务又懂人力资源政策；三是政委通过自身的影响力，对军事主官的领导力建设起到了积极的作用。当然，阿里政委体系引入的业务背景则在于电商企业飞速发展带来的层出不穷的人员管理问题。

政治委员制度在国外的发展始于18世纪意大利共和国雇佣军。列宁将其引入无产阶级革命军队中。美国军队与此不同的是，虽然没有政委，但是美军有随军牧师负责军队的精神辅导。我党我军借鉴苏联红军政委制和在国民革命军中党代表的经验，实行军事主官和政委"双长制"。政委的核心价值体现了两层含义，一个是保障党对军队的领导，另一个是要发挥精神激励作用，保障战争动员的专业化和军队的稳定性。

前不久，笔者专门找阿里云的一位营销团队负责人聊起阿里的政委体系。他说，阿里政委的主要职能相当于HRBP，但相对于普通HRBP又有不同特点，这里面不少地方体现了明显的军队政委的特点。政委明确定位为"二把手"，负责在组织和人才上匹配和辅助业务主管，但对主管要发挥业务制衡、引导和改造作用。阿里集团的事业部会配总政委或大政委，一些团队配小政委，他们称为HRG。政委还是阿里招聘时的"闻味官",目的是选用与阿里味道一致、价值观相同的人。阿里员工价值观考核占据50%,政委在这方面发挥重要作用。政委要保障基本价值观和规章的贯彻执行,在选人、用人和组织文化方面具有一票否决权,同时政委具有一定"特权",比如绕开业务主管召开人员会议听取意见等。政委对业务的理解在阿里是明确提出的,而且要求以10%—30%的时间投入其中,尽可能参加一些业务例会并提出专业意见。同时,要将50%—60%的时间投入员工访谈,了解员工并保障团队士气。此外,政委也是一个巨大的"司令"储备库,有了对政委业务方面的明确要求,政委可以根据需要方便地转变成为团队业务主管,也有利于快速保障团队的"又红又专"。反之,对一些年龄偏大、业绩下滑但工作经验丰富的业务主管也可改任政委。

　　阿里选择政委体系是企业特定发展阶段和文化价值观的创举,起到了非常重要的作用和积极的意义。但在某种程度上对企业的管理和运作能力等也提出了更高的挑战,因为涉及内部权力分工协作、对大批高素质人员的要求、对政委身兼多种职能的要求以及决策效率下降等。

二、企业战略

　　战略一词来源于希腊语,其含义是指"将军指挥军队的艺术"。在中国，战略一词历史久远，"战"指战争，"略"指谋略。我国《辞海》将其定义为筹划和指导战争及非战争军事行动全局性的方略，泛指对长远的、全局性的、高层次重大问题的筹划与指导。战略=战争+谋略。商场如战场。中旭教育集团总裁王笑菲认为："战略是站在未来思考现在，战略不是未来做什么，而是做什么才有未来。"企业战略是企业根据外部环境及变化，依据本身资源禀赋和实力条件选择适合的经营领域和产品，形成核心竞争力，并通过差异化或优势项在竞争中取胜的整体规划。企业战略是企业各种战略的统称，包括发展战略、营销战略、人才战略、品牌战略、融资战略、技术开发战略等。企业战略还可分为公司战略、职能战略、业务战略和产品战略等几个层面的内容。中国企业特别是一些上市公司和优秀的民营企业从起步和成长期的"跟随战略""模仿战略"，当发展到成熟阶段或跑到无人区后开始重新梳理定位企业战略，坚持"自主创新"和"回归本源"。

安索夫（Ansoff）出版了第一本有关企业战略的著作《企业战略论》，成为现代企业战略管理理论的研究起点和标志。企业战略是指企业根据环境的变化，本身的资源和实力选择适合的经营领域和产品，形成自己的核心竞争力，并通过差异化在竞争中取胜。企业战略是设立远景目标并对实现目标的轨迹进行的总体性、指导性谋划，属宏观管理范畴，具有指导性、全局性、长远性、竞争性、系统性、风险性六大主要特征。企业战略是对企业各种战略的统称，其中既包括转型战略、人才战略，也包括营销战略、品牌战略等等。企业战略是层出不穷的，但基本属性是相同的，都是对企业的谋略，都是对企业整体性、长期性、基本性问题的计谋，是企业的经营理念和根本发展策略。

近年来，在北京大学光华管理学院和清华大学五道口金融学院进修的许多企业家把《毛泽东选集》和《孙子兵法》作为企业经营的宝典，其中最主要的就是把毛泽东和孙武的战略思维应用到企业经营之中。华为之所以成为优秀的公司，主要是实行正确的企业发展战略。其中技术研发战略、人才战略和全球化发展等战略被实践检验为正确的战略选择。

企业战略制定从社会某个领域需要解决的问题出发，并根据自身的财务状况、技术能力、人力资源、组织结构和企业文化等，确定自己经营使命和方向目标及实现路径。在不确定的外部环境中，寻找确定的发展目标与实现路径，构建企业可持续发展的竞争优势。同时企业还需要灵活应对市场环境变化，这可能包括新技术、消费者需求的变化或竞争对手策略调整。经营管理者需要清晰传达这些目标，并激励员工为实践这些目标而努力，同时员工也需要具备相应的技能和动力，以便在战略实施过程中发挥更大的作用。《组织行为学》(第四版)(陈春花、曹洲涛、宋一晓、苏涛等编著)中提到:"组织是为了实现具体目标而从事系统化的努力的人的组合。组织因目标而存在,因人而发展。"企业组织"五要素":①目标(战略);②资源(土地、资本、人力等);③结构;④流程;⑤制度。

企业战略=长远目标+实现路径。王成在《战略罗盘》一书中写道:"在一定程度上,战略的定义可以非常简约,就是这样一个公式:战略=战+略。'战'就是决定在哪竞争,'略'就是决定如何竞争。这两个维度交叉一起,共同决定了一个组织的战略定位。""有了清晰的战略,才有伟大的组织,战略决定组织,组织跟随战略。""战略按照时间顺序可分为事前规划的战略,自发涌现的战略,事后总结的战略。好的战略往往不是规划出来的,而是进化出来的。"郭春林哲学课分享道:"战略有三层九点:第一层,理念、愿景、方向;第二层,环境、目标、竞争;第三层,资源、效率、效益。"

《华为基本法》的第一条就用一句话清晰概括了华为的战略:"华为的追求是在电子通信领域实现顾客的梦想。""使华为成为世界一流的设备供应商。""我们是以优异的产品、可靠的质量、优越的终身效能费用比和有效的服务,满足顾客日益增长的需要。"

兴业银行近年来提出了"1234":1条主线,以轻资产、轻资本、高效率为方向，稳中求进，加快转型；2个抓手，商行+投行坚持以客户为本、商行为体、投行为用；3项能力，持续提升结算型银行、投资型银行、交易型银行建设能力；4个重点，强化重点分行、重点行业、重点客户、重点产品的战略作用。战略和数字化转型要求，擦亮绿色银行、财富银行、投资银行等"三张名片"，积极布局普惠、科创、能源、汽车、园区等"五大新赛道"，既锻长板，又补短板，因时而谋、因地制宜、因客而变，走高质量发展之路。坚持长期主义，做难而正确的事，打造价值银行。

近年来招商银行业务发展稳步攀升，资产规模和盈利能力开始超越国有商业银行，市值在国内银行中跻身前三，品牌价值排全球银行前十，光芒日益耀眼。一家股份制商业银行为何有如此荣光？业内公认，应该归功于招行十几年前开始的零售转型战略。2004年，招行开始了一场以零售为重点的战略转型，打造的零售经营管理体系：①打破存款膜拜，将对分行的考核由储蓄改为AUM，开启了财富管理的新时代。②靠资产业务托底。③举全行之力获客。④收益率是硬道理。⑤分层集中经营客户。⑥构建发达的大脑。前几年招行根据形势的变化提出了轻型战略（用科技手段降低资本消耗）。现如今招商银行又提出建设价值银行战略，因客而变，续写荣光。

美国的富国银行于1852年开始经营驿站马车业务，这家银行长期实施人才战略,成为全球排名靠前的银行。从优秀走向卓越的秘诀就是"先人后事",从CEO到基层主官都以极度的热情和有序的方法完成"人才充足率"的目标。他们重视"人才充足率"不亚于"资本充足率"。

三、企业文化

什么是企业文化?文化是相对于政治、经济而言的人类全部精神活动及其活动产品,是人类生存发展的文明标识。不同的社会环境孕育和产生不同的文化。企业文化也称组织文化,是指在一定的社会、政治、经济、文化背景下,企业生产经营实践中所创造或逐步形成的价值观念、行为准则、作风风气和团队氛围等的总和,是一个企业由使命、愿景、价值观、战略目标、制度规范、工作流程、仪式符号、作风风气、人际关系、处事方式等组成的企业特有的文化形象。企业文化是一种管理文化,其核心是企业的精神信念和价值观,重要支点是企业使命、愿景、战略和制度规范等。

企业文化是在一定的条件下,企业生产经营和管理活动中所创造的具有该企业特色的精神财富和物质形态。企业文化是企业在生产经营实践中逐渐形成的,为全体员工所认同并遵守的,带有本组织特点的使命、愿景、宗旨、精神、价值观和经营理念,以及这些理念在生产经营实践、管理制度、员工行为方式与企业对外形象的体现的总和。文化是一个人、一个企业的精气神，是文明而化之。企业文化以企业为本，不仅包括组织员工开展丰富多彩的"吹拉弹唱"的职工素质文化，更主要的是一种管理文化。企业文化是企业的灵魂，是推动企业发展的不竭动力。它包含着非常丰富的内容，其核心是企业的精神信念和价值观。企业要想吸纳和留住优秀人才，首先要构建企业文化，阐明企业的价值主张，通过企业文化所产生的亲和力和凝聚力将认同或具有共同价值观念的人才凝聚在一起，从而产生巨大的战斗力。良好的企业文化和正确的价值观是组织长久发展的根本。中国著名的经济学家于光远说过："关于发展，三流企业靠生产，二流企业靠营销，一流企业靠文化。"这一论述已成为众多企业管理者的共识。腾讯的企业文化价值观是"成为最受尊敬的互联网企业"。华为公司致力于向客户提供创新的满足其需求的产品、服务和解决方案，为客户创造长期的价值和潜在的增长。华为的企业文化，总结提法比较多，有人说狼性文化、创新文化，但我比较推崇的是华为公司的以下几点：一是远大的追求、求实的作风；二是尊重个性、集体奋斗；三是结成利益共同体；四是公平竞争、合理性分配。

　　娃哈哈集团创始人、董事长宗庆后因病逝世，不仅掀起80后、90后乃至00后的集体回忆杀，也让娃哈哈的企业文化和品牌形象迎来高光时刻，更加深入人心。娃哈哈的企业文化具有红色文化、家文化、奋斗文化和创新文化等诸多标识。①宗旨使命：健康你我他，欢乐千万家。②企业愿景：成为业绩一流、责任恒久、基业长青的饮料及大健康的龙头企业。③核心价值观：凝聚小家、发展大家、报效国家。④企业精神：励精图治，艰苦奋斗，勇于开拓、自强不息。⑤工作作风：拉得出、打得响、过得硬。⑥座右铭：先将诚信施诸千人，才得以取信于人。现如今，宗庆后的女儿宗馥莉接过接力棒，带领近三万名娃哈哈人秉承"正直、专业、奋斗、创新"等理念，用一双双勤劳的手努力工作创造美好生活，为公司的发展和国家的强盛砥砺前行，再创佳绩。

　　在竞争激烈的零售市场中，河南许昌一家叫胖东来（胖东来商贸集团公司）的商超企业凭借独特的企业文化和管理脱颖而出。不但在互联网线上零售巨大冲击中站稳了阵脚，还成为当地最受居民欢迎的实体店，被称为中国超市天花板。一本被胖东来称为灵魂基石的《胖东来企业文化指导手册》成为承载和传播胖东来企业文化的重要载体。手册以"快乐家园"概念开场，引导每一位加入胖东来的伙伴找到归属感。手册不仅限于规章制度的宣贯，更在于弘扬一种以人为本，追求公平、自由、快乐与博爱的价值观。手册详细阐述了从招聘录用、工作时间管理、考勤制度，到薪酬福利分配等一系列关乎员工切身利益的政策，确保每个环节都体现了企业对员工的尊重与关爱，激发了员工内在的热情，鼓励他们成为爱的传播者，将工作视为创造幸福的过程。手册不仅是一部内部规范，更是一个激发员工潜能、增进团队凝聚力、打造和谐企业文化、赢得市场认可的行动指南。手册让企业文化不再停留在口号层面，而是实实在在地渗透到企业的每一处细节，将抽象的文化理念转化为员工具体行为准则和工作氛围，成就了一个个充满活力、富有幸福感的胖东来人，鼓励他们成为顾客的朋友、爱的传播者，从而也铸造了胖东来这一独特的企业文化符号和品牌形象。

兴业银行三十五年发展壮大的历程可歌可颂、可圈可点地方很多。尤其一以贯之的企业文化是我们的宝典。我们过去经常提兴业银行的文化是内部关系简单和高效率的家园文化。兴业银行的使命：真诚服务、共同兴业；兴业银行的愿景：一流银行、百年兴业。兴业银行的核心价值观：理性、创新、人本、共享。兴业的精神是：务实、敬业、创业、团队。兴业银行的治行方略：从严治行、专家办行、科技兴行、服务立行。这些都是兴业银行三十多年经典的提炼和总结。兴业银行开展成立三十周年纪念系列活动时，其中一项就是对兴业银行的企业文化手册进行修订。企业文化手册修订项目组对我进行访谈时，我也赞美了这件事意义重大，并提出部分修订建议。其中一个建议是把兴业的精神"务实、敬业、创业、团队"修订为"务实、敬业、创新、团队"，因为创业是兴业银行成立和成长阶段的企业精神特质之一,而现如今兴业银行经过三十年的发展已经跻身全球银行三十强行列,"创新"已经成为重要的基因。因此,"创业"应改为"创新"更为贴切。

那么,什么是兴业银行的文化内核或者说精神内核,我认为是:拼搏、简单、创新、共享。

一是拼搏。拼搏就是爱拼会赢,就是爱岗敬业,务实肯干,团结进取,就是紧跟时代脉搏的创新拼搏和认准目标永不放弃的韧性。兴业银行发源地和总行的管理层在福建,所以也传承了"海纳百川、爱拼会赢"的福建精神,传承了闽人闽商素有的拼搏、务实和韧性的基因与特质。

二是简单。简单就是上下级和内部关系简单,摈弃烦琐礼节,改进作风,提高效率;就是专注做事本身,关系和谐、注重实效,内部沟通成本低,集中资源一致对外。合规是简单的保证和前提。合规就是审慎经营、稳健经营,这是兴业的优良传统,也是监管合规的要求。总行党委多次在工作会上提出的合规制胜、专业制胜,目的也是让银行行稳致远,百年兴业。

三是创新。创业初期,出身"草根"的兴业银行以"主动服务、优质服务"为突破口,获得客户的认可和同业称赞,成功立足市场。这一时期兴业人展现了"坚韧不拔、敬业奉献、爱拼会赢"的创业精神。"二次创业"时期,兴业银行先后在上海、深圳、长沙和北京等地设立了分行,完成了向区域性银行的转变，兴业人展现了"敏锐、果敢、进取"的特质。引入外资，登陆资本市场。并购、新设逐步拓展信托、租赁、基金等业务，在商业模式上不断创新，摘得"同业之王"桂冠，发展成为有影响力的全国股份制商业银行，进而成为大型银行集团。在这一时期，兴业人开拓进取，敢为人先，持续创新，追求卓越，寓义于利，展现了饱满的激情与活力。当前，国内外金融经济形势发生了新的变化，监管机构和政策进行了调整，做强金融、科技金融和金融业进一步对外开放成为新趋势，兴业人唯有拥抱变化、敢于探索、不断创新，并赶上数字化转型等技术革新的时代浪潮，才能驰梦新时代，奋勇立潮头。

四是共享。共享就是海纳百川、共同兴业，共享创造成果。兴业银行是中国首家赤道银行，就是国内银行第一家按照世界银行环境保护标准与国际金融公司的社会责任方针形成的赤道原则，对贷款融资项目进行社会性评估，积极倡导绿色金融，积极履行社会责任和企业公民义务，真诚为客户服务，做有温度的金融，助生活更美好。兴业银行还大力倡导员工与企业共同成长，银行与客户共同兴业，企业与社会共同进步。倡导以人为本、团结互助、关心员工的身心健康和成长，注重员工的教育培训，培养员工团队精神和终身就业的能力。把员工作为企业的合作伙伴而不是简单的雇用关系。以综合业绩为主的分配考核激励机制。员工个体价值丰富了兴业银行组织（平台）智慧集合，兴业银行平台支持了员工的创造和个人发展。积极倡导为想干事、能干事的员工提供干成事的平台。

兴业银行的文化是"一流银行、百年兴业"的基石，是引领实现"一流银行集团、百年兴业梦想"前行的力量。

兴业银行北京分行在总行企业文化框架下，广泛调研，挖掘分行潜力，明确提出了"简单、奋斗、敬畏、家园"的北京分行企业文化内涵，编制了《企业文化手册》，启动了分行企业文化墙建设。同时设立了行长开放日和行长信箱，让言论更开放，让一线情况充分反映，让一线问题得到加快解决，营造了风清气正、比学赶超的组织文化氛围。

第八章
以人为本　培养赋能

一、把人组织好才是好组织

因为工作的缘故，我们经常思考雇主品牌建设和组织价值的问题。员工为什么要选择应聘到一个单位工作？因为单位这个组织平台对员工有价值或者说能够帮助员工实现自我价值。中国诚通资产管理有限公司原原党委书记、执行董事兼总经理张宝文说过："员工职业发展的核心需求和愿望主要有两点：一是长工资，二是长本领。作为企业经营管理者既要引导激发员工基于情怀和使命感的精神力量，也要读懂人性，顺应人性。"组织为目标而存在，因人而发展。组织发展与员工成长和价值实现相辅相成。员工之所以具备想干事、肯干事、能干事、干成事的品质，是因为组织有健全的晋升通道和完备的激励机制和公平公正的文化氛围。组织，为客户和员工创造价值,为企业创造未来。员工,为组织创造价值,为自己创造未来。"组织是个整体,包行了三层意思:个体的选择、群体的影响和组织给予的责任。"企业履行社会责任就是好企业,把人组织好才是好组织。员工对组织主动投入热情和智慧就是好员工。组织存在的意义就在于组织中员工群体通过劳动分工、劳动组合创造出远大于员工个体创造出的价值之和。组织的价值主要体现在以下五个方面:

第一,平台价值。单位为员工提供了平台和组织支持,包括职业机会的价值、公司品牌和头衔的价值、单位平台背书的价值、信息的价值、赋能的价值、智慧集合碰撞的价值、分工合作互学互助的价值、支持服务的价值,文化价值观引领的价值等。平台的价值主要体现在培养和赋能员工,使他们成长为优秀的职业经理人,同时也为优秀的职业经理人提供施展才华的舞台。

第二,经济价值(薪酬福利)。薪酬是单位支付给员工的劳动报酬。薪酬包括薪和酬,即货币性薪酬和非货币性薪酬两大类。货币性薪酬包括直接货币薪酬、间接货币薪酬和其他货币薪酬。其中直接薪酬包括工资、福利(过节费、伙食费等)、奖金、津贴等;间接薪酬包括"五险一金":养老保险、医疗保险、失业保险、工伤及生育保险、住房公积金等,好的单位还增加了"一险一金":补充医疗保险和企业年金(公务员称为职业年金),称为"六险二金"或"五险二金"；其他货币性薪酬包括带薪年假、培训考察、团建旅游、病事假等。企业组织一般都"以岗定薪、薪随岗变"，根据岗位等级（职等）来确定薪酬等级。薪酬等级包括薪等和薪档。有些企业营销人员薪酬等级与业绩情况进行按月、季、年浮动挂钩，有的则按业绩进行提成。非货币性薪酬是指无法用货币等手段来衡量，但会给员工带来心理愉悦效用的一些因素。包括工作、社会职务和其他方面。

第三，成长价值。组织中最重要的是人，最核心的是员工。组织管理的核心价值，需要回归组织赋能与激活人。数字时代，组织必须学会驾驭不确定性，让组织成员不断成长，持续拥有创造力。组织为员工提供工作岗位和职业经验积累和个人成长跃升的机会。工作方面包括工作经验、工作成就、挑战感、责任感等；社会方面包括社会地位、人脉积累、个人成长、实现个人价值等。

第四，情绪价值。情绪价值是组织或个人对他人情绪的影响能力及影响情况。主要为正面影响，但也不能忽视负面影响。《咬文嚼字》编辑部公布的"2023年十大流行语"中，情绪价值位列其中。正的情绪价值，能给人美好感受和体验，激发正面情绪和正能量，树立积极、阳光的个人形象，激励个人成长，形成和谐向上组织氛围。组织的关怀、领导的关心、和谐的组织氛围、良好的人际关系、同事友谊、舒适的工作环境、弹性工作时间等，可以较好地影响员工身心健康，增强员工的归属感，还能够激发员工的创造力和想象力。相反，消极情绪（负面情绪）则可以导致人际关系紧张甚至破裂，对个人和组织造成负面影响。一些企业工会在关心关爱员工方面做了大量卓有成效的工作。职工之家俱乐部、母婴室和员工体检、员工餐等等都给员工带来良好的体验和感受。

第五，ESG 的价值。ESG 是英文 Environment（环境）、Social（社会）、Governance（公司治理）的缩写，是一种关注环境、社会、公司治理绩效而非单纯的财务绩效。在国际层面，ESG 理念反映了投资和商业实践从短期利润最大化逐渐转向长期价值创造的趋势。近年来投资者和企业开始认识到，将 ESG 因素纳入考量不仅是对社会和环境负责，更是创造长期价值的关键。在中国 ESG 实践的发展同样体现了价值创造的转变。随着国家"创新、协调、绿色、开放、共享"的新发展理念的提出以及"双碳"目标的确立，中国企业开始将 ESG 理念深度融入其业务战略中。中国企业正在从以增长为主导的传统商业模式，向更加注重可持续发展和长期价值创造的模式转变。ESG 实践不是线性过程，而是一个各要素相互依赖并相互影响的动态系统。作为一个综合性概念，ESG 通过影响企业的战略、运营和内部管理等方面，促进企业的可持续发展，并在此过程中创造价值。ESG 不仅回应了全球环境问题和社会挑战，也为企业带来了新的增长机会和竞争优势。

经国务院批准，2024年环境、社会和企业治理（ESG）全球领导者大会于10月16日至18日在上海举行。本次大会的主题为"推动全球ESG合作、发展与共赢"，由中信集团与新浪集团联合主办，新浪财经与中信出版集团承办。来自全球的与会嘉宾共同探讨可持续发展的路径和全球变革的动力。上海市委书记陈吉宁出席大会开幕活动并致辞。中信集团董事长奚国华在致辞时倡议中国企业通过积极参与国际标准制定，助力增强中国ESG体系影响力。会上还发布了"践行可持续发展之路——2024年上海ESG发展报告"。

《财富》杂志发布"2023年《财富》中国ESG影响力榜"，此次共40家中国企业上榜，兴业银行为唯一上榜的股份制商业银行。该榜单重点围绕与行业性质高度相关的议题，通过行业内部和跨行业比较，同时采用数据和案例相结合的原则，全面评估企业在环境、健康、平等等事关人类福祉的重大议题方面的信念力和行动力，从而鼓励和带动更多中国公司共同探索持续且包容的增长之路。据兴业银行行长陈信健介绍，2022年兴业银行将董事会战略委员会调整为战略与ESG委员会，明晟（MSCI）ESG评级连续第四年蝉联中国银行业最高评级A级。同时作为中国首家"赤道银行"，兴业银行积极践行赤道原则，在为项目提供融资时核查其环境和社会风险，截至2022年年末，兴业银行适用赤道原则项目共计1346笔，所涉项目总投资51740亿元。此外，兴业银行还于2022年8月明确将生物多样性保护作为可持续发展战略的重要组成部分，成为国内首家制订并推出生物多样性保护方案的金融机构。近年来，兴业银行积极响应"双碳"战略、共同富裕、科技创新的时代召唤，持续擦亮绿色银行、财富银行、投资银行"三张名片"。兴业银行还积极布局普惠金融、科创金融、能源金融、汽车金融、园区金融"五大新赛道"，积极让利实体经济，与客户共渡难关，在服务实体经济高质量发展中不断增强自身高质量发展新动能。2024年7月31日，中共中央、国务院印发《关于加快经济社会发展全面绿色转型的意见》（以下简称《意见》），在中央层面首次对加快经济社会发展全面绿色转型进行系统部署，对绿色转型工作提出全面转型、协同转型、创新转型、安全转型四方面要求。作为国内绿色金融先行者，兴业银行认真落实《意见》部署的重点任务，围绕价值银行建设目标要求，持续擦亮"绿色银行"名片，优化资源配置，丰富绿色金融供给，拓展服务金融"大文章"，协同推进降碳、减污、扩绿、增长，推动经济社会发展全面绿色低碳转型。截至2024年9月，兴业银行绿色融资余额2.12万亿元，绿色贷款余额9138亿元。兴业银行在改善环境、保护员工、支持社区等方面均做出了努力并取得了一些成效。作为中国多个年度最佳雇主，兴业银行传承"家园文化"，成为全国总工会首批"提升职工生活品质"试点单位之一,创新推出"兴声"平台,倾听员工心声,解决实际问题。同时,持续加大员工能力培训,提高员工终身学习能力,近年每年培训相关经费支出达1亿多元。

在关注、关心和改善社会和环境及劳动者工作条件方面,各级工会和民间组织做了大量和卓有成效的工作。近年来,根据全国总工会的要求,各地工会组织积极推进以户外劳动者为主要对象,以工会劳动者驿站为主要载体的服务体系,推动改善外卖骑手、快递员、环卫工人、建筑工人等户外劳动者工作条件。截至2024年已建成工会驿站18.42万个,覆盖服务职工群众1.47亿人,平均每天服务户外劳动者327万人次,年服务超10亿人次。打开手机地图,搜索"工会驿站",附近站点一目了然。走进这些遍布城市大街小巷的工会驿站,户外劳动者可以在这里驱寒避暑、饮水就餐、手机充电、读书阅览等。各地工会持续推进工会驿站建设,不断完善服务设施,丰富服务内容,提高精准化水平,用暖心服务切实提升劳动者的获得感、幸福感、安全感。据全国总工会网站公开发布的信息显示,为了更加便捷、智能地服务广大职工群众,2024年,全国总工会开展工会驿站"新双15工程",重点在提高工会驿站的服务质量与内容、增加开放时间上下功夫,积极向8小时之外延伸服务。"新双15工程"明确,在动态保持全国工会驿站数量18万个左右基础上，2024年年底，在全国推树15%的工会驿站成为最美工会驿站、打造15%的工会驿站升级为24小时智能化驿站，努力把工会驿站打造成工会服务劳动者的亮丽品牌。

金融的政治性和人民性既是服务国家战略，也体现了金融为民的思想，还体现了ESG的价值。而金融为民既体现金融普惠和服务实体经济以及促进共同富裕的本质要求，也体现了保护金融消费者的合法权益。据北京秉正银行业消费者权益保护促进中心（以下简称"北京秉正中心"）主任赖惲介绍，北京秉正中心成立于2016年12月15日，机构性质为民办非企业单位（现称"社会服务机构"），是按照国务院办公厅2015年11月印发的《关于加强金融消费者权益保护工作的指导意见》以及原中国银监会2016年提出的"在京、沪、蓉、深四地试点组建银行业纠纷调解和仲裁中心"的工作要求，在原中国银监会、原北京银监局以及北京市有关部门的大力支持下成立的全国首批银行业纠纷调解机构试点单位，业务主管单位为国家金融监督管理总局北京监管局，登记管理机关为北京市民政局。北京秉正中心的主要工作职能有：投诉处理、纠纷调解、多领域跨部门合作、广泛参与的社会监督、承办委托等。自成立以来，北京秉正中心以"公平、诚信、理性"为宗旨，以"共建理性金融"为己任，以"秉诚信之道、正权益之公"为理念，充分发挥桥梁纽带作用，促进银行业金融机构与银行业消费者之间、银行业金融机构相互之间的信息沟通、争议解决和互利共赢。

赖恽介绍，2018年北京秉正中心成为"金融知识宣教志愿服务基地"，2020年成为"北京市法治宣传教育示范基地"。2020年12月15日，北京秉正中心被纳入北京市高院特邀调解组织名录，与北京金融法院、北京互联网法院以及区人民法院等19家法院建立诉调对接工作机制。组建专业队伍，提升调解工作质效。北京秉正中心建立了由118名行业兼职调解员、18名业内专家、8名业外专家组成的调解队伍。其中，兼职调解员主要负责信用卡、贷款、基金、保险、服务等类型案件处理；18名业内专家在诉源治理、矛盾化解工作中发挥要案咨询、类案研究、行业培训、专业发声等作用，助力提升首都银行业矛盾纠纷化解质效；8名业外专家主要负责处理贷款类、信托类、股权质押类等各类复杂业务。北京秉正中心对于行专调解有着自己的理解。"调"即为"言"和"周"，"解"即为"牛有角""尖如刀"。调解就是坚持庖丁解牛般的工匠精神，用全面细致的沟通，去化解尖如刀的矛盾。行专调解，兼具了人民调解、行政调解、司法调解、仲裁调解的优势，能够为纠纷当事方提供专业、便捷、低成本、权威性的纠纷化解服务。业务开展中，我们遇到的所有矛盾都绕不开两点，要么为钱，要么有气，但终究逃不过一个"理"字。北京秉正中心所做的调解就是帮助纠纷当事人平心、定意，心平气和地坐下来，在具有专业知识和调解技能的调解员的帮助下对纠纷案件抽丝剥茧，让当事方把话说清楚，把理讲明白，"谈笑间阴霾尽扫，情理握手抒怀"。发挥行专优势，多方施为助力和谐。在金融知识宣传教育方面，北京秉正中心积极践行"预防为先，教育为主"的理念，多措并举普及金融知识，累计覆盖上亿受众，使社会公众金融素养得到进一步提升。北京秉正中心还制作了逾200种的原创金融知识宣传物料，其中不乏针对老中青不同年龄段受众的教育读物，通过"进校园、进社区、进农村、进商圈"等多种途径向社会公众投放、推广。两款宣传海报、两部动漫被原中国银保监会推荐全国宣传使用。在投诉处理方面，北京秉正中心建立了CALL-CENTER投诉处理客服中心，开通010-88689968热线、微信公众号平台、电子邮箱三大途径受理消费者的各类投诉和咨询，并且由专业人员负责接听和解答，提升消费者在金融活动中的获得感、幸福感、安全感。在调解工作方面，北京秉正中心自成立以来共处理消费者投诉、调解申请及咨询引导事项逾23万件，努力解决消费者"急、难、愁、盼"问题。为了进一步落地"让信息多跑路、让群众少跑腿"的便民要求，北京秉正中心通过"北京法院多元调解平台"流程化、标准化处理诉调案件，实现了金融纠纷"多元调解+司法速裁"一站式解决，搭建起金融机构与消费者快速协商解决纠纷的桥梁，提升了金融纠纷化解效率。

组织的价值主要体现在上述的平台价值、经济价值、成长价值、情绪价值和ESG价值等五个方面。员工个体的价值有劳动的价值、创造的价值、为组织和同事贡献个体智慧的价值、帮助和启发他人的价值，员工身后社会资源的价值等。把人组织好才是好组织。员工对组织主动投入热情和智慧就是好员工。企业组织是一个由管理人员、员工组成并遵循一定的文化价值观按照一系列内外部的规章制度管理运行的机构。本质是通过一系列方法工具，实现组织的战略目标，同时让管理者和员工自我价值可以实现。组织氛围、组织架构、组织活力对员工来说都很重要。

在当今易变、不确定、复杂和模糊的VUCA和人工智能、区块链、云技术、大数据的ABCD时代，战略生态化、组织平台化和人才合伙化渐成趋势，需要我们不断思考组织与人才的关系。华为的"三个一切"（一切为了前线，一切为了业务，一切为了胜利）成为很多企业学习的标杆。中人网曹渊勇认为："通过研究企业的元动力、胜任力、生产力、驱动力，实现提高企业战斗力，激发组织活力、提升管理者水平，吸纳、激励和保留核心人才。"组织良性的状态应当是单位和员工互相成就。个体：回到真实的自我。组织：创建良好氛围，持续实现目标获得高绩效。一个好的组织应该是持续发展的组织，是开放包容的组织，是有温度的组织，是绽放人性的组织，是与员工分享发展成果的组织，是让员工有获得感和幸福感的组织。

北京大学教授陈春花曾说过:"现在的确是一个英雄辈出的时代,我们现在看到很多年轻人实际上非常非常强大。但是,还有一个很重要的部分就是一定要集合智慧,我们要用更多的人在一个更强的组织当中发挥作用,我们才可以应对不确定性和拥有美好的未来。"

现在人才对组织的依赖越来越低,组织对人才的依赖越来越高。作为企业组织不但要想方设法提高对客户的黏性,也要想方设法提高对员工尤其是关键人才的黏性。如何发挥组织平台对员工个体的支持和激发作用?管理过四个世界500强公司(华润、中粮、中化和中国化工)的宁高宁是一位非常具有影响力的中国企业家。宁高宁在《清华管理评论》杂志上发表了一篇文章,主题是企业创新转型的动力系统。在文中宁高宁提出,要通过建立科学的"动力系统",来最大限度地满足员工的内在需求,最大可能地激发员工的动机,让他们有足够动力来进行工作和创新。他把企业创新的动力系统归纳为四个具有递进关系的要素,分别是:原始动力系统,立体动力系统,职业动力系统和信仰动力系统。

一是原始动力系统,从企业管理角度说,就是"严格纪律约束下简单直接的物质激励"。比如计件工资制度。这种动力系统在早年的制造业中很流行,因为它可以形成简单直接的激励。但是,"从推动创新能力角度来看,原始动力系统是最弱的。"因为这种系统更加强调纪律性而不是创造性。

二是立体动力系统，指的是公司设计出多维度、系统化的激励机制，以及多种激励和奖惩手段来满足员工的多样化需求。这些需求包括安全需求、社交需求、成就需求等。但是，立体动力系统的主要激励形式，仍然是物质激励。立体动力系统引入了目标、业绩、评价、奖励等现代管理手段，同时考虑到长期利益和短期收益，因此被很多人认为是符合现代经济人特征的企业激励体系。但是，宁高宁认为，这个动力系统对推动创新的作用仍然不明显。因为只要仍然依赖物质激励，就会导致"员工依然会较为重视中短期可预期的物质回报，很少愿意为了较长周期和较大风险的企业创新工作投入时间、精力和资源"。

三是职业动力系统。从员工需求角度来讲，职业动力系统主要满足的是自我尊重和认可的需求；从管理角度讲，主要以精神激励手段为主，比如荣誉激励、信任激励和授权激励。必须要注意的是，职业动力系统必须建立在物质回报的基础上。根据宁高宁的观察，当人的收入达到一定程度之后，对当下收入的关注程度会下降，这时候更多体现出的就是类似于自我挑战、自我探索等追求。如果一个组织中有职业追求的员工很多，那么这个组织就具备了更多的创新可能性。

四是信仰动力系统。从管理角度来看，信仰动力系统对企业文化要求很高。宁高宁的解释是："信仰通常表现为一种强烈的信念，乃至一种对某个事物的固执信任。在企业里也可以理解为一种情怀、格局、价值观，愿意用较长时间的投入去实现一个更大的追求，让自己的人生经历更丰富多彩、更有意义。"在他看来，信仰动力系统在推动创新上，也是最强的。

把人组织好才是好组织。组织中最重要的是人，最核心的是员工。组织管理的核心价值，需要回归组织赋能与激活人。数字时代，组织必须学会驾驭不确定性，让组织成员持续拥有创造力。组织因目标而存在，因管理而提升，因人而发展。组织形式、管理模式、激励方式是组织能力的基本构成。世界华人管理大师、"杨三角理论"创立者杨国安教授认为："企业的持续成功=战略方向×组织能力。"企业成功离不开战略，而战略的落地和推动，更需要过硬的组织能力。《华为增长法：激活组织活力的逻辑和实操方法》谈到，"华为通过一系列的策略和措施来激活组织的活力，从而实现持续增长。主要逻辑有四个方面：一是客户导向；二是迭代进化；三是价值创造与分配；四是平凡人创造非凡业绩。实操方法有以下五点：一是企业文化与价值共识；二是绩效管理；三是个体激活；四是团队激活；五是组织激活。华为轮值董事长孟晚舟要求二十多万人华为人做到"四零五带七抓"。"四零"：①零借口；②零拖延；③零返工；④零扯皮。"五带"：①凡是工作，必带目标；②凡是目标，必带计划；③凡是计划，必带方案；④凡是方案，必带检查；⑤凡是检查，必带结果。"七抓"：①抓团队；②抓沟通；③抓激励；④抓考核；⑤抓培训；⑥抓制度管人；⑦抓流程管事。华为及其管理层激活组织活力的做法和要求，成为许多企业学习的标杆和榜样。激活组织、赋能个体，提升各级干部的经营管理能力是核心关键。

企业单个人才不足以支撑企业的核心竞争力，群体人才队伍形成群体效应才是企业的核心竞争力。组织赋能是确保组织有效性、经营有效性的关键因素。企业不仅要关注显性指标——财务指标，更要关注隐性指标——导致财务结果的关键驱动因素，诸如客户类、内部流程类和组织学习发展类指标。华为轮值董事长孟晚舟在一次演讲中说道："华为最大的财富是：①人才存储；②思想存储；③理论存储；④工程存储；⑤方法存储；⑥内部流程和管理高效有效的存储。这是华为亮丽财报背后的真正价值。"经营管理者要经常思考和解决以下几个问题：①员工能力和工作岗位要求如何匹配；②员工能力如何提升以适应职业发展；③员工能力如何经过团队学习、知识显化等耦合为组织能力；④如何构建良好的生产关系，凝心聚力，发挥不同业务系统、不同人才高效协同，创造"乘数效应"，形成群体效应等。当群体人才队伍拥有同一个使命、同一个愿景、同一个价值观，同时专业能力强，生产关系、劳动组合和工作分工科学合理，所形成的群体效应是巨大和高效的。

组织群体是由个体组合而成的。能力决定价值，管理决定质效，细节决定成败。陈春花在《激活个体》一书中提到："在互联网时代，管理本身更需要强化，而不是淡化或者去管理化。因为个体价值的崛起，更需要平台与引导，创新与创造力如何转换成真正的价值需要加以推动，而价值观演变剧烈更需要明确价值判断。'我'如何成为'我们'，'个体价值'如何成为'整体价值'，是管理新范式必须解决的命题。"在企业中，人是第一生产力，但管理是生产关系。通过绩效管理和考核激励以及制度流程优化，激发员工的工作热情、劳动投入和智慧贡献，让大家在持续获得业务成功的基础上，同步获得个人能力的成长，实现组织和个人的协同共生、相伴成长。

二、人力资本与价值管理

面对纷繁复杂的国际国内形势，面对利率市场化和新一轮科技革命及产业变革，商业银行等金融企业也进入了低速增长、精细管理的发展阶段。2023年11月1日，国家金融监督管理总局发布了修订后的《商业银行资本管理办法》，于2024年1月1日正式实施，对银行业带来重大而深远的影响。为做好资本新规落地应对工作，强化资本成本理念。资本成本管理已成为当前和今后一个时期商业银行的关键词。人力资本管理近年来越来越引起大家的重视。人力资本管理不是一个全新的系统，而是建立在人力资源管理的基础之上，综合了"人"的管理与经济学的"资本投资回报"两大分析维度，将企业中的人作为资本来进行投资与管理，并根据不断变化的人力资本市场情况和投资收益率等信息，及时调整管理措施，从而获得长期的价值回报。

1.激活人的价值创造

市场的竞争，某种程度就是人才的竞争。如何吸引人、培养人、留住人，为想干事、能干事的人创造好的平台环境，是一个企业发展的永恒主题。华为创始人任正非一手抓"以客户为中心"，一手抓"以奋斗者为本"，这就是"战略引领、人才驱动"的核心要义。人力资源管理的战略功能和价值体现显而易见。HR既要在"H"上下功夫，又要在"R"上做文章。HR转型不仅需要HR自身转型为HR高手，还需要让直线经理成为HR高手，更需要让企业家成为HR高手。人力资源工作有六大模块：①人力资源规划；②招聘与配置；③培训与开发；④绩效管理；⑤薪酬管理；⑥劳动关系。人力资源主要忙七件事：选、用、育、留、奖、惩、退。人力资源管理八大核心职能：①人力资源规划与定编、定责、定岗；②招聘（招募）；③选人用人（甄选);④薪酬福利(基础薪酬、浮动即可变薪酬与福利);⑤组织发展(培训与开发);⑥绩效管理(考核与绩效面谈);⑦惩戒与辅导(员工纪律处分是用来使员工行为发生所期望改变的积极过程);⑧劳动关系。

中国人民大学人力资源教授、华夏基石管理咨询集团董事长、《华为基本法》起草人之一彭建锋在《人力资本价值管理时代需要思考的六大命题》中谈到,企业经营管理最终要回归到价值理念上来,以创造价值为核心。而人力资本成为企业价值创造的主导要素。人力资本价值管理以激活人的价值创造为核心。现在许多企业开始更加重视人力资本价值,尤其是人力资源效能的管理。人效背后是企业做聚焦,放大竞争力。人效带动管理层经营意识和生意思维。人效管理是牵引组织健康与组织韧性。人效管理倒逼管理意识和领导力的提升。人效管理帮助企业关注资源价值最大化。

彭建锋认为从理念层面来看,以人力资本价值为核心的管理时代将体现出以下八个特点:第一,人力资本成为企业价值创造主导要素,企业家和知识创新者成为企业价值创造的核心力量和主要源泉。第二,资本和劳动不再是剥削与被剥削关系,而是平等的合作伙伴关系,需要相互尊重、认可与合作。第三,剩余价值由资本独享到共享,最终实现货币资本、人力资本的价值平衡。第四,同股不同权,人力资本拥有了超越货币资本更多的决策权和话语权,人力资本与货币资本一起参与决策，共同定义价值。第五，人力资本内涵的外延化，人力资本不单纯是员工还有粉丝；员工、客户、股东身份互换，企业家和知识创新者既是资本家又是知本家。第六，人力资本价值管理以激活人的价值创造为核心，让每个员工实现价值创造，有价值的工作，实现自我管理，这就是真正回归人本位。其实价值创造是人类自我发展的本质发现。创造和创新过程中，人本身是价值创造的根本对象。第七，股东、客户、员工形成价值共生系统，不光是股东价值决定一切，而是共创、共享、共治的治理生态。第八，人人都是价值创造者，人人都是价值分享者，人人都是价值共同治理和参与者。

中国人民大学人力资源战略教授、MBA中心主任周禹认为，六个方面的抓手是不断在提升我们中国企业人力资本价值的战略之举，包括结构价值、流量价值、权益性价值、创造性价值、持续性价值和数据性价值。周禹认为，创造性价值就是指现在正如火如荼的内部创新与创业。所以我们说权责性下沉、众创化激活，也是众多企业在做的事。以华为为例，分几大类：一类模式是权责下沉、管理重心下沉、组织权责倒置，充分赋能授权。一线把资源调动起来，由过去的从上至下变成从前至后，是前—中—后联动的组织流程过程。比如华为的组织结构就是典型的事业部制。现在的组织结构越来越不成问题了，因为最佳实践证明，组织结构无非就是事业部制、大区制、混合制。组织结构不重要，其背后支撑的流程很重要。结构是静态的，业务流程是动态的，就是具体的事情要怎么做。为什么在全球扩张这么快，有70%都来自全球化的业务？是什么机制在支撑他？我们从结构和机制的角度总结了一下。华为的组织结构是事业部制的，这个组织怎么运行呢？它经过了两个阶段的迭代。第一个阶段，它提出组织构架不能是死的，要活。这个"活"是以客户价值为导向的。大家都认为华为是狼性组织，这只是华为20世纪90年代的说法。事实上，它也存在变和不变。早期，为了生存下来，要强调狼性；然后讲狼狈，强调合作；然后是研发学乌龟、产品学尖毛草、组织学蜘蛛，什么有用学什么。比如学蜘蛛，蛛网怎么织？他认为，我们组织这么多平台，这么多部门，怎么动？怎么串联？只有一个逻辑：按照客户价值来串联。所以他们当年所有的组织都围绕着客户最看重的五要素：产品的稳定性；售后服务；客户财务的保护；资本、成本战略；还有技术的领先。所以，所有的组织围绕这五个客户价值来做，编织成为一张网，只要客户有要求，我们马上就要动，要敏锐得像蜘蛛一样，这是华为的1.0版本。后来经过进化，变成了今天周禹总结的，前端铁三角、中端重装旅、后端大平台的三段论，这是华为在结构和人才上的一个机制。在他们的每一单业务的前端，是铁三角组织，可以随时到全球任何一个地方行动。这个铁三角一旦看到客户，看到需求，就把他们锁定、咬住、粘着。任正非曾经说过：让听得见炮声的人做决策，让前线呼唤炮火。领导用通俗的语言传达出来，管理者要把它变成机制。针对这个铁三角实现"四权授让"，即商务权、功能权、交付权和资源调动权，这就是铁三角为什么只派三个人的原因：第一个人是客户经理，客户经理通常是财务或者是技术出身，在与客户、直接终端面对面互动的时候，所有的商务权，主要是指定价，谈价格的权利，都交给客户经理决定。你在现场，你就有权拍板，客户提出一个新的价格需求，按照过去的组织模式，业务员要向组织打报告，财务部门要审、要算，其他部门要批、要会签，总经理办公会要通过，最后说这个价格不行，但是也来不及了。在铁三角里，这个客户经理说行就行，可以当场决定，不需要来回汇报。功能权授予解决方案专家，他是一位软件工程师，对客户所提出的功能的要求有决定权。交付权授予交付专家，这是一位硬件工程师，他有交付权，产品化的成型。这三个权利分别授让给这个铁三角的三个点，他们在一起面对客户的时候，只要他们认为可以，当场就可以做出决策。这三个人谈判完成以后，不是把合同拿完就走的，这三个人始终要粘在客户身上，贯穿这个项目的始终。在这个过程当中，谈客户的时候，以客户经理为主角，在实施的时候，以解决方案经理为主角，在交付的时候，以交付经理为主角，而在这三个阶段，另两个人自然转换身份为配角，全力为主角提供支持。同时，他们还可以向中后台调动资源。后台部门全部平台化，向中台和前台提供相应的产品与服务，所以他整个的资源流和预算流是在整个前中后台之间的传递，而不是从上至下的分解。

2.选人用人与优化队伍

五千年国史，是国以才立的历史；一百年党史，是业以才兴的历史。1840年鸦片战争后的一百年（1840—1940年）旧中国一路向下，积贫积弱。在中国共产党的领导下中国发展从谷底奋起，在新的一百年（1940—2040年）一路攀登向上。可以说中国发展正在经历一个大大的"V"字。党的十八大以来，习近平总书记进一步把人才工作摆在极端重要位置，深刻指出，"综合国力竞争说到底是人才竞争"，"国家发展靠人才，民族振兴靠人才"，"发展是第一要务，创新是第一动力，人才是第一资源"，"创新驱动本质上是人才驱动"，"必须把人才资源开发放在最优先位置"。在新思想引领下，党中央全面深入推进人才强国战略，推动新时代人才工作取得历史性成就、发生历史性变革。许多企业越来越重视人才队伍建设。兴业银行近年提出建设"数字化、专业化、综合化、国际化、复合型、高端型、工匠型"等七型人才队伍。

人才是最宝贵的战略资源，是推动各项业务创新发展的核心要素。如何吸纳优秀人才、选人用人、优化队伍结构和促使员工能力转型提升是企业普遍存在的课题和挑战。

坚持"以人为本，人才为先"，持续优化组织软环境与硬待遇，"筑巢引凤"。"引进合适的人干合适的事"，为企业发展的各个阶段提供持续的员工招聘和人才供应。吸纳引进志同道合、能力互补、资源匹配的人才，既要解决数量缺口，又要解决质量缺口。引进有专业水平和资源禀赋的优秀经营人才，引进有创新思维和理工科背景的数字化转型人才，引进回归本源、合规经营的优秀管理人才，引进志同道合、踏实肯干的优秀实干人才。社会招聘和校园招聘同步发力。社会招聘要做到人岗匹配。人岗匹配主要指学历、年龄、专业、工作经历和业务资源与所招岗位相匹配，做到人事相宜。校园招聘重点关注目标院校、专业等核心要素，确保招聘质量。既要用帽子、票子吸引人才，又要用事业、价值、制度和文化留住人才，为想干事能干事提供干好事的平台。企业的战略决定组织，组织支撑战略，好的战略需要对的员工去执行。在激烈的市场竞争中，谁抓住人才谁就会赢得先机。拥有优秀人才的企业，就会有强大的驾驭市场能力和创新能力，而优秀人才也需要一个好的组织平台来激发潜能和发挥价值。全球排名靠前的美国的富国银行，从优秀走向卓越的秘诀就是"先人后事"，从CEO到基层主官都以极度的热情和有序的方法完成"人才充足率"的目标。有企业还提出了人才链和资金链的对应概念，并认为人才链断裂就是资金链断裂的根本原因。人才链断裂的标志是公司关键岗位上配备的是不胜任的、没有竞争力的或者不适合的人员，而继任者培养短时间跟不上。人才链断裂有很长的"潜伏期"，不易被发现，在两三年后开始发作，会导致企业发展停滞，甚至一蹶不振。深圳市创银嘉信企业管理咨询有限公司创始人、董事长王峰："引不进、选不准、用不好、长不快、调不动、送不走。人的问题无法解决，企业的长期发展也就无从谈起。"

企业最重要的资产是人才，人才是推动企业发展的核心要素。马民哲曾在其《平安心语》一书中写道："人为先，策为后。没有合适的人，再好的策略也没有意义。"人员招聘与配置是人才队伍建设的第一步，其宗旨是"引进合适的人干合适的事"，实现组织对员工数量和质量的需求与人力资源的有效供给相匹配。从战略、业务、人力、科技四个方面，立足当下，着眼未来，平衡业务发展、科技投入与人数配置的关系。优化与战略转型相匹配的人才配置体系，进一步加强编制核算精细化程度与业务结构匹配度。强化数字化思维，提高科技和绿色人才占比、加强科技运用。目前商业银行招聘的岗位类型一般分为4类：综合管理类、金融科技类、营销类、运营保障类。招聘渠道分为社会招聘、校园招聘两种。大多数商业银行现在以校园招聘为主，部分股份制商业银行和城市商业银行比较重视社会招聘，社会招聘和校园招聘比例一般为各占50%。校园招聘就是招聘应届毕业生，招聘的岗位类型一般也是上述4类，岗位名称一般为：业务类管理培训生、金融科技类管理培训生、营销类（客户经理助理、理财经理助理、客群专员等）、运营保障类（柜员等）。各商业银行人员补充以校园招聘为主，而社会招聘重点主要为营销类人员。有的股份制商业银行注重引入产品类、科技类人才；有的股份制商业银行则注重补充业务团队长层面人才和营销类员工，对工作经验要求较高，且实行末位淘汰制，每年根据编制顶格招聘补缺。

商业银行某分行某年度人力资源工作的策略，关注"三个匹配"，即人与岗位匹配、人与团队匹配、人与组织匹配。人与岗位的匹配是指一个人是否具备岗位所需的知识、技能、经验、核心素质等。人与团队的匹配是指一个人的价值观、工作方式、个人习惯与特点是否与团队成员和团队氛围匹配。人与组织的匹配是指一个人是否具备组织当前战略所要求的素质、是否具备组织文化所要求的素质、个人的需求是否与组织的供给匹配。在人力配置体系中从重数量转型为重质量、优化结构。各级负责人把引人放在与做业务同等重要的位置，定期安排面试，找人选人，在找适岗的人之外，可以同时了解同业的行业工作动态、培养潜在客户、塑造企业的品牌形象、提高入职后的员工忠诚度等。建立人力资源沙盘，有计划、有针对性地招人、引人。落实阵地战，盯住对标引人，快速实现业务平移。加大对金融重点院校以及理工科院校毕业生的经营、管理及理工科专业背景的数字化和绿金人才的引进。加大对目标人才流失率的分析，坚持问题导向，提升分行中后台对经营单位支持力度和服务保障效率，落实好员工福利待遇、工会活动和企业文化建设等，营造员工安居乐业的良好内部环境，增强员工的归属感。

人才是最宝贵的战略资源，是推动各项业务创新发展的核心要素。当前国内外经济金融形势复杂多变，特别是互联网等新技术带来的支付革命以及利率市场化、金融脱媒的冲击和影响，新型金融服务模式不断涌现，市场不确定性日益凸显。我国金融业人才队伍建设普遍面临如何吸纳优秀人才，如何选人用人，如何优化队伍结构，如何促使员工能力转型提升的课题和挑战。引进优秀人才之后，如何做到人岗匹配，实现职得其人、人尽其才，是人才队伍建设的一大课题。如何用人决定了一家企业的健康度。企业管理者要时刻牢记，自己的工作最重要的事情是创造企业的价值（经济价值、社会价值）、绩效和利润。企业员工需要始终直瞄靶心：绩效、晋升和成长。

员工与企业之间是一种共生关系：只有员工不断为客户创造价值，企业才能获得可持续性成长；而员工只有在企业提供的平台上，通过奋斗才能获得物质与精神回报，并实现自我价值。因此，选好配好人才，只是人力资本创造价值的有效投入阶段，接下来就是要通过实战来兑现成果——获得有效产出。在价值创造的过程中，绩效评价和能力评估是至关重要的两个方面，也就是国内外优秀企业最常用的绩效——能力"九宫格"。把绩效管理称为企业最基础的动力管理系统——通过目标评价与奖励来激发员工的工作动力。这套基础的动力系统很重要，但作为员工的价值评估还不够。道理很简单，即使你给再高的目标激励额度，如果这位员工的能力水平很低的话，绩效管理目标依然会落空。因此，我们必须要考虑另外一个评价维度——能力评价，就是衡量此人是不是具备在某个岗位创造价值的基本能力。员工既要有动力，还要有能力，才能为客户持续创造高价值。企业应面向新时代、面向新环境、面向战略转型，建立新的人才体系，打造一支立场坚定、数量充足、本领高强、开拓创新的高素质人才队伍，以人才引领创新，以创新驱动发展。建立完善内部竞聘选拔机制和激励机制，构建横可进出、纵可升降的用人体系，为员工的职业生涯发展提供平台和支持。积极倡导以价值观、业绩和能力为标尺的用人导向和内部关系简单的企业文化。选人用人要坚持目标业务为导向。制定好业务导向、岗位职责、薪酬、考核、升降、奖惩等机制，用机制激励人，用制度管好人。坚持业绩、能力双维度，做到"六能"：员工能进能出、绩效能高能低、干部能上能下。按照"以事定岗，以岗定人"的要求，坚持外引内生双轮驱动,以事择人,选贤任能,人岗匹配,人需匹配,人事相宜。企业要建立完善内部竞聘选拔机制,知人善用,能者上任,功者受禄。对本职工作岗位业绩突出、能力较强、作风优良的员工大胆使用,及时进行表彰奖励,形成能者上、优者奖、庸者下、劣者汰的良好局面。

坚持价值导向。既选用培养年轻干部,又选用各个年龄段干部并发挥其作用,60后、70后、80后、90后"四代同堂",00后开始登上职场,既形成梯次,又同台良性竞争。让优秀人才脱颖而出,价值得到体现,让"摸鱼"混日子和"滥竽充数"的南郭先生无处遁形,自然淘汰。解决好员工个人成长和希望与分行发展目标相向而行,激发广大干部员工创业热情和工作激情,提升关键岗位、团队负责人和广大员工敬业度、高效能和业绩达标率。既选用专业型人才,也发挥员工背后资源的作用,做到人尽其才,才尽其用。坚持底线思维。建立健全崇尚实干、带动担当、加油鼓劲的正向激励体系。坚持党管干部原则,坚持正确的选人用人导向,推荐选拔干部既注重实绩、又严把政治关、能力关、作风关、廉洁关,做到"五关"(政治关、实绩关、能力关、作风关、廉洁关)关关过硬。

兴业银行董事长吕家进在全行人才工作会议上指出:"一个时代有一个时代的主题,一代人有一代人的使命。当前,第四次工业革命深入展开,数字时代已然来临,百年变局加速演进，中华民族伟大复兴进入不可逆转的历史进程。新时代呼唤新金融，新金融需要新人才。我们要有告别过去的勇气，克服过去小富即安和骄傲自满情绪，增强危机感和使命感，重整行装再出发，面向新时代、面向新世界、面向战略转型，建立新的人才体系，打造一支立场坚定、数量充足、本领高强、开拓创新的高素质人才队伍，以人才引领创新，以创新驱动发展，为战略转型和经济社会发展贡献更大的力量。"华为说，"人才不是企业的核心竞争力，对人才的管理才是企业的核心竞争力，人才是需要经营的。"对人才管理，需要从体系优化、选贤任能、结构优化和人才能力发展多个方面进行探索和实践。

诸葛亮识人七法：一是问之以是非而观其志；二是穷之以辞辩而观其变；三是咨之以计谋而观其识；四是告之以难而观其勇；五是醉之以酒而观其性；六是临之以利而观其廉；七是期之以事而观其信。曾国藩识人用人有"三用三不用"。"三用"：吃苦耐劳者可用；勇于拼搏者可用；简单朴素者可用。"三不用"：表现力过强的人不可用；遇事爱走极端的人不可用；才高德薄者不可用。

诸葛亮识人七法、曾国藩的"三用三不用"的识人用人观，对我们当今选人用人仍有参考价值。在选人用人过程中，既要重视业绩和能力两个维度的"选用育留"，也要加强管理。要加强干部队伍作风建设和价值观的引领，引导大家守住做人、处事、用权的底线，确保"忠诚、干净、担当"成为党员干部的职业素养和人生底色。

某股份制商业银行职业发展双通道。某股份制商业银行现行的行员分类是前不久开始修订执行的《关于印发〈××银行薪酬管理制度〉的通知》。全行员工职等分为1—23职等，分为两大系列：一是管理系列：高级管理人员：20—23职等；高层管理人员：15—20职等；中层管理人员：11—16职等；基层管理人员：7—12职等；管理岗位员工：3—11职等；操作岗位员工：1—7职等。二是专业技术系列：①专业技术系列设置科技、风险、资金、产品、营销、运营支持等，每个专业技术系列可设置一个或多个子系列。各子系列按相应的管理办法进行管理规范。②专业技术系列由低到高依次为助理、初级、中级、高级、资深5个层级，每个层级对应3个职等，由低至高依次为1—15职等。③原则上各专业技术序列资深人员占比不高于5%，高级人员占比不高于15%，中级人员占比不高于30%。

如何优化队伍结构？目标决定组织的方向，人才决定组织的潜力，结构决定组织的规模与效率。用好定岗、定编、定责的"三定"政策，提高人员配置效率，提升经营管理的有效性和高效能。企业经营效率高低取决于人员配置的效率。人员配置应紧紧围绕企业战略目标和工作任务、经营指标，在对所需员工数量、类型、岗位、职责等进行科学合理分析的基础上,确定适合发展需要的人员数量编制、岗位设置、干部配比和职责界限,确保精干集约、人事相宜、人岗匹配、高效运转。

企业整体编制员额规划和使用。①任务指标法。根据任务指标来测算人力投入数量和结构,一般用同比测算。②财务比例定编法,确保人均利润不降,或一个时间段内不降。人员编制与财务指标挂钩,能够确保人员投入产出的效率,从而确保战略重点方向持续得到人力资源持续投入。③业务对标法。通过对标同业银行同类型业务、规模及所处阶段投入人力情况进行回归分析。本部内设部门定岗、定责、定编。④标杆对照法。对照系统内、当地同类型同业内设部门人员编制员额数量及结构。⑤流程优化法。根据工作流程要求确定岗位和编制数。优化劳动组合,精简高效设岗定编,防止人浮于事和空转、自转、无效运转,提升工作效率。⑥关键因素法。选取影响的工作量和关键因素进行量化定编。比如总经理、副总经理、总经理助理,按照每个部门标配一正一副一助理,但不一定都配满。助理可兼任科室经理。而业务科室和业务管理岗则根据职能、工作量和工作饱和度进行定编。通过岗位职责说明书、工作日志,测算工作饱和度和胜任力模型。

加强干部员工纵横交流和岗位锻炼。实行"活水"机制,鼓励员工内部跨条线、跨机构转岗。尤其业务管理岗转营销、柜员转营销,给予内部转营销岗位的员工同外部招聘员工一样的保护期。鼓励本部干部下沉到经营机构和营销一线去历练。鼓励交叉持牌,混业经营。公私联动除了组织推动外,关键要用好考核指挥棒,要有业绩互折互算互认和鼓励交叉持有牌照等机制保障。

加强后备干部队伍建设,形成合理的人才梯队。建设后备干部尤其是经营机构后备干部人才库,培养继任者,确保随时能够补空补缺。

在经营管理实战中考察选拔干部。让德才兼备、业绩好、效能高的干部得到重用,树立正确的用人导向和风清气正的行风正气。要提倡以人为本、团结互助、关心员工的身心健康和成长,关心关爱员工,把员工作为企业的合作伙伴而不是简单的雇用关系,增强员工的归属感和获得感。

3.学习型组织创建与培训赋能

员工需要一个事业成长和心灵愉悦的良好组织生态环境。在良好的生态环境中,员工既有身为组织一分子的自豪感,又有与企业相伴成长、共赢未来的归属感,还有"国之大者""企之要务"的使命感,踔厉奋发,勇敢前行,为企业持续发展贡献自己的智慧和力量。作为组织要不断思考如何创建学习型组织,如何对员工进行愿景、价值观引领,如何对员工进行培养赋能,让员工个人的成长和希望与企业发展目标相向而行。如何引导员工能力转型提升？建设学习型企业生态型组织，为员工成长和职业发展创造条件。帮助引导员工做好学习成长地图和职业规划，稳定广大干部员工的心理预期。落实企业培训体系和岗位资格考试和牌照管理，鼓励"一专多能"、交叉持牌，培养复合型人才。用好总、分培训学习平台，为广大员工能力转型提升创造条件。发挥组织和团队的集体智慧，变依靠员工个体单枪匹马单打独斗为组团营销、合理分润，形成团队的整体合力。坚持问题导向。有什么问题解决什么问题，问题突出首先解决什么问题。落实低产能机构和员工的帮扶机制，通过SWOT分析模型，寻找解决问题的措施办法，做到"一点一策""一人一案"，锻长板，补短板。正确处理拴心留人和合理转岗淘汰的关系，用奖罚机制，调动员工干事创业的积极性和创造性。人才合理流动才能实现人才动态优化配置。充分发挥组织平台集合智慧的作用，让员工个体能力得到充分发挥。兴业银行提出"5+N"（5：党建、科技、业务、风险、领导力；N：如公司金融、零售金融、金融市场、计划财务、人力资源等各种专业领域等）培训体系的要求，抓好员工培训培养工作，帮助员工提高专业能力，提升工作业绩。尤其对数字化、专业化、综合化、国际化、复合型、高端型、工匠型等七型人才，都要积极开展专业培训，让原有的队伍尽快镀金、上手、创新，以大规模员工提升为高质量发展加油助力。

北京麒诺教育科技有限公司专注于企业人才发展和效能提升，助力职场人更加有效地工作。公司的价值是让客户看到学习的价值。公司创始人、董事长耿光强以身作则、热爱学习，以"万般皆下苦，唯有学习乐"为宗旨，每年阅读上百本书籍，参加各种线上线下学习。公司专门拿出5%的利润作为学习基金，用于员工的购书、考证和各种学习方式，让公司伙伴从学习中收益，从而为用户提供更好的服务。

学习型组织创建与培训赋能可以从以下几个方面发力。

一是进行深入细致的培训需求调研和分析，挖掘培训需求。找到培训利益相关者，挖掘业务部门的痛点、困境、指标压力的关键点和员工真正岗位需要及通过培训要解决的问题，加强对特定人群、岗位和需求进行有针对性的培训，帮助业务部门解决实际问题。倡导混合式学习理念的深圳市创银嘉信企业管理咨询有限公司创始人、董事长王峰："组织里有三种人，自燃的人、点燃的人和阻燃的人，多数的人是需要点燃的，培训是点燃的有效手段之一。学习就是要点燃心中的火，激发眼里的光，保护行动的热。细水长流才能静水流深。"

二是设计好培训内容、流程和方法论，规划培养项目。发挥培训咨询、诊断、萃取、提升的作用，分析业务瓶颈的原因及对策，梳理业务成功的价值链，用培训推动新产品、新业务落地，用培训解决业务增长难题。或者说，在培训过程中通过理论提示、问题研讨、萃取解决方案和实践落地以及嵌入业务工作场景再研讨探究和优化萃取业务解决方案，推动培训转化并持续迭代，有效突破过去的瓶颈，带来业绩不断提升。

三是拓宽培训培养渠道。培训活动从单一的课堂活动扩展到整个学习生态链，建立企业"读书会""学习分享沙龙"等。既发挥课堂的主阵地作用，又利用网络技术加以补充和提升效率。充分利用企业内部线上平台，如兴业银行的"兴知"App学习平台、平安银行的"知鸟"App学习培训平台等渠道和手段，线下线上齐发力。

四是培训的重要落脚点应该为学会技能和方法论，并在实践中会应用懂操作。让优秀的员工、具有专业特长的员工和销售业绩好的人来当内部讲师和导师，带好徒弟，教授和分享输出个人案例及实际工作成果。在实操技能尤其是应用新技能新业务方法上，导师和单位主管及团队负责人的传帮带和督促引导至关重要。

五是加强岗位资格与牌照管理。岗位资格牌照是对从事岗位工作员工基本技能和专业能力的认证，是工作胜任的基础评价标准，更是各岗位干部、员工合规履职，防范风险的第一道防线。如某股份制商业银行及其北京分行某年度牌照科目类型：总行岗位专业初级考试：设立有17门考试科目，分别是计划财务、会计管理、风险管理、审查审批、法律事务、合规内控、同业金融业务、金融市场业务、企业金融与投行业务、外汇业务、企业金融客户经理、网络金融、信息科技、信用卡业务、零售业务、零贷经理、柜员。其中，已建立专业序列岗位的相关人员应通过相应层级专业序列考试获得参评序列资格，根据各专业序列有关规定执行。北京分行岗位资格考试认证主要包括三类：分行业务牌照考试；企金信贷主办资格牌照/零售信贷主办资格牌照/同业业务综合牌照；全行通识风险类培训考试。员工牌照持牌及考试要求：根据总、分行岗位资格牌照相关管理规定，员工须及时参加考试并获得所在岗位的总、分行牌照。对于未及时持牌、无故缺考、考试作弊等行为，将按照规章制度对个人及所在机构进行问责处罚。

4. 教练技术与激发潜能

20世纪90年代，教练技术从体育场训练运动员的方式移植到了企业管理领域，在企业管理过程中扮演着重要角色，企业教练应运而生。企业教练是一种有效的管理工具，能使被教练者洞察自我，发挥个人的潜能，有效地激发团队并发挥整体的力量，从而提升企业的生产力。教练技术与培训的区别在于：教练技术不是知识，也不是理论，而是一门技术。除了类似导师带学生、师傅带徒弟外，还有赋能等综合管理技术的应用。教练技术已成为欧美企业家提高生产力的有效管理技术。"企业教练"最大的特色是强调企业领导人的发动机作用,他不再是单纯地做决策、管理和顾问,更重要的是作为企业教官,即教练。可以说,教练技术是各级管理者领导力的重要组成部分。

赋能,顾名思义就是给谁赋予某种能力和能量,通俗来讲就是,你本身不能,但我使你能。它最早是心理学中的词汇,旨在通过言行、态度、环境的改变给予他人正能量。赋能这个词用在管理学中,一方面是指各级管理者通过教练技术,给员工赋予能力和能量,发挥员工个人的潜能,激发团队发挥整体的力量;另一方面是指企业由上而下地释放权力,尤其是员工们自主工作的权力,从而通过去中心化的方式驱动企业组织扁平化,最大限度发挥个人才智和潜能。现在很多企业高管开始意识到,未来组织最重要的功能已经越来越清楚,那就是赋能,而不再是管理或激励。而教练技术是各级管理者最重要的赋能方法论。

英国的约翰·惠特默在《高绩效教练》书中提出了教练技术GROW模型中的四个步骤,即G:目标设定,R:现状是什么,O:你有什么选择,W:你会做什么。《高绩效教练》提到,绩效=潜能-干扰,直接点出了开发潜能是提升绩效的关键。他认为领导要学习教练技术,启发引导下属自我觉察,克服内心博弈,排除干扰,激发潜能,提高绩效。教练启发、激发和挖掘潜力,由被教练对象自己来决定自己的问题是什么,有哪些解决方案,最终该怎么做。打工皇后、微软中国区前总裁、商业教练吴士宏写了一本书《吴士宏：教练领导力》，她认为，每位管理者都应该掌握一门新的工具，即教练领导力。管理者要像教练一样激发、赋能团队，激发下属潜力，激发团队主动敬业。主动敬业就是员工对企业主动投入热情和智慧程度。教练哲学是乐观主义，相信每个人都是全面完整、资源丰富、富有创造力的天才。教练领导力的本质，通过聆听、提问、反馈等教练技术，来激发下属潜力，让下属愿意主动贡献热情和智慧，更有动力去完成业绩目标。教练"三态"：姿态（教练的举止平等、谦逊）、状态（无我，重在激发下属潜能）、心态（相信被教练对象）。

落实重要岗位轮岗和干部交流及多单位、多岗位锻炼既是落实监管要求防控风险的有效措施，也是组织赋能的重要方法。根据监管机构和总行的轮岗管理相关制度，柜员轮岗期限为3年，会计与合规主管轮岗期限为2年，各支行行长（含中心支行行长）、社区支行负责人等重要岗位员工轮岗期限为3年，轮岗同时进行离任审计或履职评价等。轮岗和多岗位历练可以培养干部换位思考和处理棘手问题的能力。换位思考，换位做事，换位做人，才能具有多元思维，体现格局、智慧和温度。换位思考，能让我们从不同的视角、维度看到更大的世界；换位做事，能寻找到更好的方案解决问题；换位做人，体现同理心和思考的温度，能够体谅和理解别人。

三、团队负责人的胜任能力与绩效提升

1.什么是团队？

团队是指一个有共同的目的、为数不多的成员，技能互补、共同或相似的工作方法，共同承担责任的团体、班组。团队（敏捷组织）的分类，可分为假团队、准团队（工作小组）、真团队、高绩效团队。商业银行的经营机构即支行也是一个团队，支行行长就是这个团队的负责人。支行行长的胜任能力、履行职责情况对支行的发展和绩效情况影响重大。

2.团队负责人的岗位职责

岗位职责是每个职场人耳熟能详的词汇，任何一个组织中的每一个岗位都有对应的岗位职责，在人才招聘、晋升选拔、绩效激励等各项人力资源工作中都能看到岗位职责的"身影"，岗位职责也与日常工作和职业发展紧密关联。岗位职责即岗位的职能和责任，其中职能是指从事该岗位需完成的工作任务与工作内容，通常一名管理者的核心职能包括"计划、组织、指挥、协调、控制"五个大类，形成完整的管理工作闭环；而责任就是与职能相匹配的工作边界划分与责任范围。岗位职责与工作流程、管理制度等模块一起构成

了企业基本的运营管理架构，岗位职责的作用就是确保人人有事干，知道怎么干。

岗位职责从哪来？岗位职责不是无源之水、无本之木，它根植于企业战略和经营目标，由组织机构中的部门职责层层分解而来。企业经营发展战略这个"大脑"发出的指令，经由组织架构"神经"的传导，最终要由岗位职责这个"末梢神经"来落实执行。因此，深刻理解岗位职责，必须站在总、分发展战略的高度视角，领会经营目标与导向，明晰所在机构与团队的职责，这样才能由宏观到微观，由面到点，找到自己的角色与位置。比如某商业银行综合型支行行长的岗位职责，源于围绕"解决管理思维弱化、公私联动不足、团队效能不高、经营业绩不佳、网点资源浪费"核心问题而开展的全行综合型支行改革发展战略，根据总、分经营指导思想和工作部署，构建"支行—业务科室—客户经理"的架构与配套定级、考核分配、内部运营体系，相应梳理明确了各级经营机构的部门职责及岗位设置，将部门职责分解到各个岗位，确定综合型支行各岗位的岗位职责，从而使得总、分行战略最终通过岗位行使其职责来保障落地。

岗位职责用在哪？岗位职责最重要的作用，是在任职者与组织间就岗位的定位与承担的责任达成共识，通过明确的目标方向与工作任务，确保任职者人尽其才，实现个人价值，同时也为个人成长与职业发展提供清晰指引；确保组织在聘任、考核、激励、晋升等管理过程中有的放矢,达成管理目标。具体到分行的人力资源管理工作中,综合型支行行长的岗位职责主要应用在以下几个方面:一是建立完善的责权体系,有效解决业务经营中的分工、协同问题和责任划分,明确职责担当,减少推诿扯皮现象;二是根据岗位职责设定岗位绩效与评价指标,客观、公正地进行业绩评价;三是有效评估和设定岗位价值,为制定岗位薪酬等级标准提供依据;四是有针对性地开展教育培训,提升综合能力,强化专业技能,储备优秀人才;五是为外部人才引进和内部岗位晋升聘任提供参考,确保人岗匹配。

商业银行支行行长是基层经营机构(支行营业网点)负责人、职业经理人,是经当地金融监管局任职资格核准的经营机构高管,工作内容主要是管理支行的整体营运情况,发展业务,拓展市场渠道,建立和发展良好的客户关系,实现金融产品销售目标。管理、培训、发展支行人员,激励、带领支行团队完成上级的考核指标任务,实现支行的可持续发展。监管支行的日常营运和合规经营及案防等工作,达到监管机构的各项标准。

商业银行是典型的人与资本的结合体,在这个智力、创造、风险、资源要求都比较高的行业中,人才居各项要素之首。支行行长是商业银行的支柱。商业银行要持续健康发展,不仅要有专业能力强的员工队伍,更要有懂经营、善管理、带队伍、抓业绩的支行行长。支行行长胜任能力的高低和履行职责情况,直接决定本级经营机构的兴衰。

综合型支行行长核心岗位职责要求。《组织行为学》认为"组织因目标而存在,因人而发展"。据此,综合型支行因经营目标而建立,因员工而发展。支行行长作为一名基层领导,所在支行经营的有效性与其领导的有效性密不可分,支行行长领导的有效性是领导者、被领导者、环境等因素的函数。综合前述对岗位职责定义、来源和作用的分析,我们通过开展专题调研与系统梳理,对标综合型支行改革定位和实施目标,总结提炼了综合型支行行长三个核心岗位职责要求:管理自己、管理他人、管理事务,涵盖了综合型支行日常经营管理的方方面面。

管理自己。支行行长作为一名领导干部,在如何"当好干部"方面应该着重做好四个提升:一是提升思想觉悟。要具备强烈的使命感、持久的驱策力。要有金融为民的家国情怀、"功成必定有我"的历史担当和"功成不必在我"的精神境界,坚持金融的政治性和人民性,提高站位、把准方向、站稳立场,牢记"国之大者,行之要务",不折不扣抓好总、分行战略和经营目标的贯彻落实。深刻领会行内各项决策部署,不讲条件、不做选择、不搞弹性、不玩变通,自觉做到严字当头、实字用力、紧抓不放、狠抓落实;提升干事能力。始终牢记"越努力,越幸运"。在培养发展"干部七种关键能力"方面自觉行动，这七种关键能力是：政治能力、调查研究能力、科学决策能力、改革攻坚能力、应急处突能力、群众工作能力、抓落实能力；提升作风形象，做一名受人尊敬、凝聚人心的好干部。要树立正确认识，积极听取不同声音和意见，闻过则喜，不患得患失；要坚持务实作风，在工作中积极担当作为，为客户服务、为员工服务；要自觉修身养性，磨炼优秀管理者的品性，积极关心下属；提升合规意识。拧紧世界观、人生观、价值观的总开关，不放纵、不逾矩，勇于与不正之风做斗争，坚持底线思维，做到遵章守纪，合规经营。

同时，作为管理者，自我管理不仅要管理自己的语言、行为和情绪，提高觉察力和辩证思维等能力，而且会直接影响部属员工的语言、行为和情绪以及团队氛围的改善和工作效率及效能业绩的提升。要通过知己、知彼、知世界不断觉察和提升自己，从而让自己的知识、经验、创造力和文化道德修养为组织和管理服务。自我管理方面前文已有详细表述，这里再简要强调一下。具体来说需要重点落实以下五个方面：一是做好时间管理。时间管理好了，工作生活的效率就会提高。要学会有效分配和规划时间，合理安排时间表；对要办的工作做好分类排序，突出重点，提高时间使用效率，通过授权和委托他人，拓展自己的时间边界；学会弹性管理，留有余地。二是做好压力管理。积极调整心态，识别工作与生活中的压力，主动进行压力管理；可以通过对压力进行细分归类和问题分析，找到源头，破解压力；可以通过找到适合自己的换框和转移方法，消解压力；同时，应该不断升维和提升自身能力，驾驭压力，实现身体健康与快乐工作的互相正向循环。三是做好情商管理。情商是管理控制自己情绪的能力，是高效人际交往和沟通协调的能力，也是领导力的重要构成部分。一个高情商的管理者应该具备四项关键的性格和情绪特征：自信，乐观，自带光芒，给人以阳光、温暖、希望和愉悦；能够换位思考，为人着想，经常应用同理心倾听、欣赏式反馈；友善，稳定，能够较好地驾驭自己的情绪，友善与他人互动；厚德、包容，对不同的文化价值观有一定的敏感性和包容性，正向影响他人。四是做好逆商管理。逆商是一个管理者走向成熟的重要标志，韧性领导力是每一位管理者的必修课。除了支行行长自身要面对各种困难和逆境，还要带领团队攻坚克难走出逆境。五是做好"悟商"管理。悟性是中华民族由来已久的突出文化品性。儒家的"吾日三省吾身""行有不得，反求诸己"以及王阳明的"知行合一"，都是悟性的精粹。悟性水平的高低，可以用"悟商"来度量。"悟商"是一个人对客观世界一切现象的理解和反省程度。智商代表人对客观物质世界的理解程度，情商代表人对人类情感世界的理解程度，"悟商"是智商、情商等各种"商"的融会和升华。悟商里最为重要的一点就是领悟主动性。一个人的总资产=有形资产+无形资产，悟商越高，个人无形资产越多。因此，我们要不断提高思维主动性和自律性，锻炼自己的领悟力，努力参透事物和内在的本质及规律。

管理他人。"功以才成，业以才广"，支行行长作为一名团队管理者，要有"聚天下英才而用之"的眼界和魄力，充分意识到"千里走单骑"已经无法应对日趋复杂和激烈的市场竞争环境，也不符合综合金融的发展趋势。要摒弃有团队无管理、有组织无纪律的放任自流、自生自灭和一盘散沙的现象。只有更好地集聚、保留和使用优秀人才，激发团队成员的积极性、主动性和创造性，才能形成团队合力，干成一番大事业。

一些商业银行在人才引进、考核激励和培训发展等方面通过政策引导和资源倾斜，为综合型支行可持续经营发展提供了机制不断完善、力度不断加强的支持与服务。支行行长要学通政策、积极思考、用活政策，在团队平台与人才队伍建设中主动作为。一是积极主动引进人才。好的招聘能够实现业务提升的效果，在激烈的市场竞争中有效提升并巩固支行的经营业绩和发展速度。当前商业银行同业都在争夺的关键核心人才是相对稀缺的，根据智联招聘做出的《金融行业流动大数据分析报告》，金融人才跨行业、跨区域流动性也在不断增强。因此，必须主动出击，发挥好优势平台资源，善挖掘、常沟通、多联系、引人才。二是做好团结、引领与服务人才的工作。真诚关心人才、爱护人才、成就人才，在思想上主动引导、在工作中创造条件、在生活上关心照顾，主动与员工打交道、交朋友，多听取意见和建议，营造人性化管理的团队氛围。三是及时、灵活地开展员工激励与反馈。在团队考核评价中坚持公平公开原则，以实际能力和贡献作为衡量标准，让真正有能力、有贡献的人有成就感、收获感，搭建"以奋斗者为本"的创新敬业平台。四是严格纪律执行、强化合规管理。党的纪律和国家法律法规是铁律，行业监管政策标准是铁律，总、分行规章制度也是刚性规则，分支机构的员工要时刻牢记严格遵守。近年来金融监管要求不断强化，支行作为银行经营一线，业务领域广、项目数量多、涉及流程杂，支行行长作为一线指挥员，更应注重对团队成员的日常监督与教育提醒，及时"提提领子、扯扯袖子"，做到防微杜渐，合规经营。

管理事务。不同的商业银行综合型支行行长岗位职责不同，但大同小异。以某商业银行为例，综合型支行行长的职责有以下7个类型共12条，也是管理事务的核心要义。

①统筹规划。负责支行的全面工作，负责规划支行整体业务发展，分析分解各项经营考核指标，统筹安排对公和零售等财务资源，统一组织营销和经营管理；负责监督落实总分行及区域中心支行（二级分行）各项规章制度和工作流程，确保制度执行到位。②资源配置。负责主持管理支行行政管理工作，对任职的支行负主体和全面责任，统一调配支行的人、财、物等各种资源；组织开展支行各条线绩效考核

工作，提交相关预算建议、激励方案及考核报告。③队伍建设。负责支行队伍建设和人才引进，负责所辖员工管理教育，识别并培养人才，落实各项人力资源管理及廉政建设要求；开展员工异常行为排查及日常行为监测。④经营发展。负责牵头开发客户资源及场景渠道建设，组织指导维护客户关系，组织推广和营销各类金融产品，统筹推动支行发展。⑤内控合规。负责牵头组织建立健全支行风险管理体系与控制机制，识别、评估、监控及处置支行所面临的风险；牵头组织开展支行风险监测，定期评价支行风险管理情况并提出改进建议；负责落实内控合规及案件防控管理要求，开展支行案件风险防控，积极处置辖内所涉案件；负责支行涉及诉讼案件处置工作；负责落实各项反洗钱管理要求。⑥综合运营。负责落实各项安全保卫、信息科技、文秘档案印章、信息报送、公共关系管理要求；负责落实各项信息安全及舆情管理要求；负责落实消费者权益保护管理，投诉处置及协助有权机关执行。⑦负责落实其他总、分行和区域中心支行（二级分行）管理要求。

3.什么是胜任能力？

胜任能力（Competency）这一概念是哈佛大学戴维·麦克利兰教授研究提出的，胜任能力是指在特定岗位中，能够创造优异绩效的个人特征，包括知识、行为技能、特质、价值观、动机等。一个人的人口统计学特征或叫传记特征主要指性别、年龄、婚姻状况、教育（培训）背景、工作经历等，也就是我们在简历中通常指的"三龄二历"：年龄、工龄、党龄和学历学位、工作经历，但是一个人的简历只能部分反映出一个人的能力，并不能代表胜任能力。

如何认识胜任能力呢？国外"冰山模型"和"洋葱模型"是最经典的胜任力模型架构，目前各类型企业的岗位胜任能力模型大多是基于这两类模型定制发展而来。

"冰山模型"指出人的能力素质分为两部分，第一部分是外显能力素质，相当于水面以上的部分，主要包括个人掌握的基本知识和技能等易于被了解和测量，同时也相对比较容易借助培训来改变或者增强的素质和能力；第二部分是内在能力素质，相当于水面下面的部分，这部分素质主要包括社会角色、性格、动机和自我形象等不易被了解和测量，相对而言也难以借助培训来改变和增强的素质，这部分素质对行为及绩效表现发挥有着关键性作用。

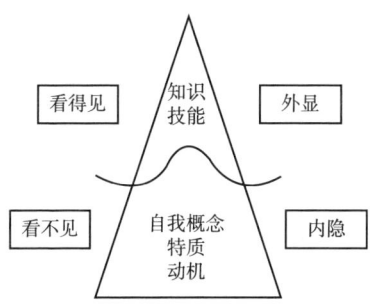

"洋葱模型"则将胜任力素质从外至内分为三层，最外层是知识与技能；中间层是态度、价值观、自我概念和社会角色；最内层是个性特质和动机，越向内的素质越难以量化，且很难通过后天学习改变，而越靠外层的素质则越易于评价并可借助培训等手段增强。

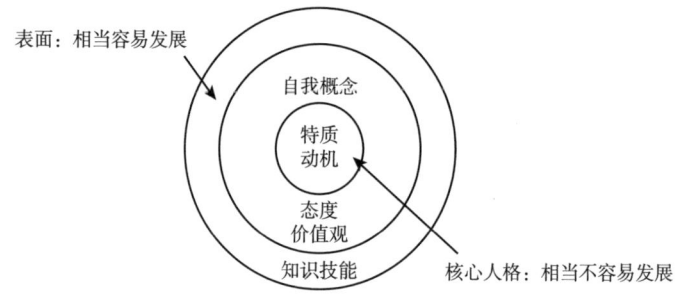

有学者认为，胜任力的三个维度分别为：①职业维度；②行为维度；③战略综合维度。也有学者认为胜任力的维度为：①门槛类维度；②区辨类维度；③转化类维度。同时，麦克利兰和他的研究团队将人的社会动机从做事—做人（分为平等和驾驭）角度划分为三类：①成就动机；②亲和动机；③权力（影响力）动机。时任平安集团人力资源部副总经理陈为写了一本书《心火》，深入分析了这三种社会动机的实证。

支行行长胜任能力模型和主要特征。通过对胜任能力及胜任力模型概念的分析理解，支行行长的胜任能力模型就是支行行长有效履行岗位职责、推动实现综合型支行卓越绩效的个人能力特征集合。因此，制定某分行综合型支行行长岗位胜任能力模型和主要特征，评估支行行长队伍整体胜任能力情况，能够为分行针对性地培训培养以及支行行长持续学习提升明确目标和方向，有效推动综合型支行改革落地，推动综合型支行经营能力提升。

综合型支行行长通用胜任能力模型。研究和实证表明，支行行长的胜任能力与支行的绩效和员工的敬业度成正比。通过对全行综合型支行行长的岗位职责和考核指标进行任务分解，对标分析同业相应岗位的能力模型及关键能力特质，梳理搭建综合型支行行长能力模型框架，其中经营力、风险力、领导力、政治力、数字力为主要能力项目，专业力为专业能力项目，这是在总、分行培训体系下制定的综合支行长通用胜任能力模型。

某商业银行综合型支行行长关键胜任能力模型。在上述胜任能力模型的基础上，某分行通过开展调研和与培训机构合作进行专业测评，进一步细化制定了综合型支行行长应具备8项关键胜任能力，包括统筹规划、业务能力、风险控制、贯彻执行、沟通协调、客户拓展、团队建设和商业头脑，并同时明确了每项胜任能力的定义和行为指标，下表为优秀行为指标的达标要求。

序号	胜任力名称	胜任力定义		行为指标
1	统筹规划	能够在全面、深刻领会上级行战略意图与政策内涵的基础上，结合本支行的实际情况，制订工作计划，合理地分配任务与运用资源，进行信息传导和压力传递。	LEVEL3（优秀）	准确理解组织发展战略对所分管工作提出的要求，敏锐识别机遇和风险，并据此制定前瞻性的发展规划。在临近年底干劲制考核时，能够集中力量巩固优势指标，将各种分散的资源集中起来，使其效用最大化。在季末冲刺任务时，善于将短期目标转化为阶段性计划并确定时间节点，将有限人员投入最重要的工作中。
2	业务能力	注重自身专业知识和技能的积累，能够掌握总分行业务操作实践经验，并具有业务操作实践经验，运用专业能力为客户提供综合化服务方案并解决客户的问题，并能在业务上指导他人。	LEVEL3（优秀）	成为某个专业领域的专家，能够运用专业技能解决实践难题。善于把自己所擅长领域的专业知识、技能进行分享和传播，对他人进行体系化的指导。常常总结业务实践过程中产生的问题和经验，能够对业务实践问题提出合理化的解决方案或意见和建议。
3	贯彻执行	深刻理解分行的各项具体指标，按照时间进度、分配到每个客户经理，每天跟进动作，确保按时完成分行下达的各项指标。	LEVEL3（优秀）	主动运用各种资源保障目标实现，超出上级期望。能采取一些措施关注任务落实的进程，改进方案以提升执行效果。在资源不足时，能够创造条件来推进任务。

续表

序号	胜任力名称	胜任力定义		行为指标
4	风险控制	能够觉察机构日常经营管理中的潜在风险，加强内部合规操作检查与整改，建立风险防范和内控合规机制，提升内控管理水平；能够识别业务中的实质性风险，并平衡好业务发展与风险控制的关系。	LEVEL3（优秀）	能够利用有效信息对可能出现的风险点进行预判，建立应急预案。 关注和收集各类风险案例、事件，总结经验并实际运用。 组织合规培训和风险案例研讨，配合行内风险和内控合规机制建设，提升风险应对水平。
5	团队建设	根据工作目标的需要，打造团队凝聚力，通过指导、培养团队成员，员工关怀等多种管理手段，最大限度地发挥团队的合力。	LEVEL3（优秀）	能营造良好网点工作氛围，针对不同的情况采取灵活的激励手段激发员工的热情，并鼓励员工之间相互帮助、相互合作。 建立平等、竞争、互信的工作氛围，设立奖罚激励措施，对不同的员工有不同的激励和调动机制，有效提升员工的组织认同感。 分析和掌握每个员工的特点，进行合理的工作安排，发挥每个人的特长。
6	客户拓展	善于运用"网点布地战""产品货架""内涵提升与数字化手段""人力资源达标"等策略，能够通过各种渠道和方式与客户建立关系，并通过对目标客户的全方位分析准确把握客户需求，合理解决客户综合化个性化的金融需求，最终达成业务目标。	LEVEL3（优秀）	以网点为中心，对周边数公里以内的同业机构、企事业单位、社区楼宇等资源为主要拓客资源，编制阵地找到影响达成的关键人脉或是潜在客户。 善于挖掘人脉网络找到影响达成的关键人脉或是潜在客户。 利用产品货架，为客户创造价值，结合专业的服务分布，以专业的服务增加客户信赖，赢得客户信赖，以及客户对银行产品的依赖度。 在客户接触时，能够通过提问等多种方式灵活收集客户的信息，挖掘到客户当前及潜在需求，提出解决方案，创造业务机会。

续表

序号	胜任力名称	胜任力定义		行为指标
7	沟通协调	能够清晰有效地表达自己的想法，理解他人的意图，妥善处理所在机构内外部各方面的关系，能够运用灵活丰富的策略，避免产生冲突，促成相互理解，获得相关人员的支持与配合。	LEVEL3（优秀）	有同理心和共情能力。善于倾听，表达具有感染力，能够影响他人使其认同自己的观点。在上报客户签信时，协助客户经理与相关部门领导沟通过程中，善于求同存异，加速项目审批。与客户沟通更深层合作时，能够找到上级行与客户方的关键人物或说服对方的关键点，获得支持与理解，实现高层对接。
8	商业头脑	对市场变化敏感，能够收集并分析市场机会、竞争对手，并发现市场机会和目标客户；在日常管理中，有经营的意识，注重投入产出，能够从整体价值贡献的角度把握业务的开展。	LEVEL3（优秀）	精细运营，平衡投入产出关系，在完成组织绩效目标要求之下，能够持续获得赢利的增长。能够深入洞察区域市场，在市场竞争中提前把握区域市场的潜在业务机会，抢占到业务拓展的先机。通过分析能够精准地把握所在机构的客群资源，据此制定业务发展策略，持续、有效地提升市场份额。

某分行某年度借助某专业培训咨询机构对辖属综合型支行行长测评盘点结果解析。为精准识别、评估综合型支行管理工作中存在的核心痛点、难点，有针对性地开展培养，分行根据关键胜任能力要求，借助专业的胜任能力测评工具，对支行行长队伍的团队胜任能力情况进行盘点。75名支行负责人参与了本次测评。经过对测评数据的比较分析，提炼出支行行长队伍管理技能与管理个性的重点培训提升要素。

管理技能测评情况。管理技能是指从事管理活动的过程中正确处理管理问题、有效履行主要管理职能所具备的专门性技能，本次测评重点针对目标设置、规划安排、团队管理、培养下属、沟通协调、监督反馈和应变调控等八项核心管理技能进行了评估。支行行长团队的整体测评结果规划安排、监督反馈和应变调控等3项低分值人数占比分别为21%、20%和13%，需进行培训提升。

管理个性测评情况。管理个性是指与管理工作相关的个性特征，直接影响着管理人员的活动方式、管理风格，进而影响其管理绩效，本次测评重点针对动机能量（成功愿望、权力动机、亲和动机、活力）、思维决策（创新意识、洞察力、决断力、理性）、情感成熟度（乐观的、抗压性、情绪稳定性、适应性）、人际互动（社交自信、影响的、同理心、支持性）、任务执行（责任感、审慎的、条理性、意志力）等五个方面20项核心管理个性进行了评估。支行行长团队的管理个性整体测评结果条理性、责任感和理性的等3项低分值人数占比分别为43%、40%和39%，需要培训提升。

4.如何在履职尽责中进一步提升胜任能力？

履职尽责是支行行长的岗位客观要求，也是职业成长和创造工作业绩的现实需要。实践反复证明，一个人的责任心与其工作绩效正相关，尤其是领导者的胜任素质与其团队的绩效和员工敬业度成正比。但冰山模型也展现了胜任能力尤其是关键胜任能力的构建与提升不是一朝一夕之功，"路漫漫其修远兮"，这一过程可能是漫长且艰辛的，需要组织长期持续的培养与支持，也需要坚持不懈的个人自我提升与革新，但这一过程意义非凡，前景光明。在这里为团队负责人构建提升胜任能力提出几点建议。

一是做好统筹规划，落实监督反馈，时刻牢记岗位职责，打造超卓团队。很多组织和团队都面临着这样的困境：上级大谈理念和创新，却没有办法形成系统、稳定的规划，下层缺乏有效执行手段以及健康的工作态度，导致整个组织没有高效率的执行力，无法创造优异的业绩。产生困境的核心原因，就在于没有做好目标战略的统筹规划以及日常工作执行的监督反馈，表现为"三失"：组织失能、考核失效、执行失力，在组织的战略和战术上都出了问题。"上层作势，基层做实"是华为公司工作体系的重要理论，华为认为组织中的管理者必须做好蓝图规划和战略制定，明确目标、措施和方向，为员工提供行动的动力和指南，这就是"作势"，同时激发、监督、指导员工执行并完成计划，这就是"做实"。马云说："不要相信你能统一人的思想，那是不可能的。30%的人永远不可能相信你，不要让你的同事为你干活，而让他们为我们的共同目标干活。团结在一个共同的目标下，要比团结在一个人周围容易得多。"

如何带好团队打胜仗？打造超卓团队要做的事情很多，但最关键的是"定好目标、用对人，考核激励、勤赋能，不断提升团队效能"。

定好目标。目标就是梦想、目标就是方向。通过"画饼、造梦"，定目标，明愿景，引导团队成员不断升维；通过价值观引领和组织氛围优化，凝心聚力。人，一旦眼光高了，视野宽了，有了梦想就会更有动力，就会变得积极上进，团队氛围也会积极向上。

用对人。团队是由人组成的，管理的核心是选好人、用对人，就是找正确的人、做正确的事，把事做正确。这包含三层意思：搭建好团队，招聘或选调到志同道合价值观相近且适合岗位的人；选好人、用对人，用德才兼备的人，用人所长并发挥骨干的作用；分工合作，既分工明确，又互相补台。管理者要善于发现团队的优势和成员的优点，要懂得找准团队及成员存在的问题和差距，还要学会复杂问题简单化处理。一个优秀的团队关键在于能够认识到自身存在的问题并加以解决，扬长避短，固强补弱，才能不断进化和成长。

考核激励。制定好岗位职责、薪酬、考核、升降、奖惩等机制。对任务进行分解并抓好监督，及时辅导，及时反馈，及时纠偏。用机制激励人，让制度管好人，打造积极上进，高效执行的团队文化氛围。既要坚持结果导向，以业绩和能力论长短，又要加强过程管理和考核。要分解明确指标任务和考核办法，适时加强过程跟踪管理和督促，打通管理的微循环。要根据序时进度，适时进行引导和督促。必要时要及时帮其排忧解难。有时交任务不当甩手掌柜，必要时亲自出面为部属解决难题和棘手问题是团队负责人的职责所在，也是一个单位不断进步的力量源泉。

勤赋能。赋能，第一是引导理思路，第二是教方法，第三是加强沟通，第四是授权。当团队成员不主动不会干时，往往不是主观故意而是因为没思路没方法，思路方法从哪里来，引导他们从学习熟知国内外宏观形势、国家的监管政策、总分政策规定和业务导向中来，从结合客户的需求和团队的实际中来，从研究任务指标和考核办法中来，从与员工讨论萃取中来，从细节和实操经验总结中来。思路清晰方法得当，就知道如何着手去一件一件落实了。同时鼓励和选派员工积极参加总分行的线下和线上培训及各种会议。此外，放心放权、放手。进行有效授权，有意识安排部署一些工作放心放手让团队成员去做。鼓励他们在实践中探索、创新和改进。鼓励他们在大会上发言，谈营销及工作想法和方案，并进行公开表扬。还要增信任、交任务、给机会。只有实践才能让他们不断得到锻炼和成长。

不断提升组织效能。打造超卓团队要从有效提升团队整体效率入手，不断优化组织学习力，增强团队凝聚力，提升个人行动力。"带兵先带心"，作为团队负责人要注意做好凝心聚气的工作，"人心齐泰山移"。把团队整体效率提升作为目标，通过平时的工作例会、培训和总结不断统一思想、理清思路和明确目标，发挥团队集合的智慧和集体的力量努力实现整体跃升。同时建立本单位或部门（团队）微信群，通过工作安排、学习分享和经验交流、案例剖析及政策解读等线上线下齐发力，有效提升本单位本部门的整体专业水准和工作效率。要用好科学的管理方法。有意识地将自我管理、领导力、情感账户、增信、赋能、培养下属、向上管理和高效沟通等应用到本单位本部门管理实践中，对自己、对员工以及向上沟通加以系统应用，日积月累，让行为改变自然发生。要以问题为导向，固强补弱，补齐单位团队的短板。用SWOT工具分析本部门或团队优势、劣势、机会和威胁是什么。尤其是存在的共性和个性问题，有什么问题解决什么问题，什么问题突出首先解决什么问题。对个别能力弱或积极性不高的员工及时进行帮扶和赋能，对本单位或部门的工作弱项进行强化，促进整体提升。当然，一个团队有点问题甚至有点不和谐的因素也属正常，正像人的身体有点小毛病一样，既要注意和重视，又不要太大惊小怪，学会看主流、抓主要矛盾和矛盾的主要方面。人的身体本身有自我疗伤治愈和康复的能力，团队也一样。管理和带团队是一个不断摸索和实践的过程，没有最好，只有更好。相信用心动脑、日积月累，就能够有效促进团队整体效率和绩效的提升。

营销业绩是超卓团队的目标管理的核心。管理大师德鲁克认为："营销是企业的独特功能。企业之所以有别于其他组织，是因为只有企业才会去推广产品或服务。任何通过推广产品或服务来实现本身目的的组织，都是企业。"营销，其实就是把产品或服务以合理的价格卖给有需要的人或单位。在现实生活中，营销无处不在。银行的金融服务应该以客户为中心，为客户着想，才能迎来客户、留住客户、增加客户的黏性。比如，针对一个住房按揭贷款客户，他（她）还可能有配套的装修贷款和办信用卡的金融服务需求。当一名客户用到一家商业银行三个及以上金融产品，黏性自然产生。无论是一线营销团队负责人还是业务管理部门，营销策划管理和实践是经常性的中心工作。营销的根基是合作共赢。营销的本质是为社会解决问题、满足客户需求，为客户创造价值，为自己赢得业绩，为公司创造价值。营销一般可以分为五步：第一步，分析客户的需求和痛点，不同的企业和企业不同发展阶段的金融需求是不一样的，比如初创阶段的开户、结算、代发工资，成长阶段的贷款融资，上市前的资金归集，上市后的董监高股票质押，走向海外时的国际和贸融业务等等；第二步，搭配营销人员组合并找到客户及其关键人，营销过程中与客户对接力求做到兵对兵（有时需要将对兵），将对将（有时需要帅对将），帅对帅，必要时还要借助上级或外援的力量；第三步，介绍我方产品及其服务方案和价格价值，比如针对新经济成长企业的融资需求，可联合股权投资机构打造投联贷生态圈；第四步，按照客户需求优化产品及服务方案（包括订制化的金融服务方案）并达成生意合作（买卖）；第五步，做好客户后续服务及平时维护工作。关系是营销的基础，而专业才是营销的根本和核心竞争力。

好营销=好理念+好产品+好队伍+好策略。理念上要以客户为中心，为客户着想，从客户需求出发，为客户创造价值。成功的销售离不开产品及服务、客群客户、团队建设、流程管理、资源配置和渠道建设等要素。尤其是营销队伍建设和锤炼至关重要。如何修炼成一名合格的营销人员？一是勤奋学习、勤跑业务；二是多交朋友、交叉销售；三是自我挑战、攻坚克难；四是信心复制、打造品牌；五是倒排工期，强练逼功；六是主动学习、拥抱市场；七是刻苦钻研、创新业务。

营销的本质是研究并想方设法满足单位和个人对商品（产品）和服务的需求。以市场需求为导向是营销成功的逻辑起点。德鲁克指出："企业的目的是创造顾客。顾客是企业的基石，是企业存活的命脉。而为了创造顾客，任何企业都有两个基本功能，并且也只有这两个基本功能：营销和创新。"当销售遇到瓶颈的时候，应该调整营销策略。进一步深入分析和挖掘新客户、新客群，如新经济的独角兽企业以及客户和客群的新需求，优化营销人员组合及产品结构和服务质量，并进行必要的创新，实行混承营销和服务，还要分析客户的子母公司、上下游产业链、交易链及合作伙伴，以客带客、以客拓客，联动营销，不断完善营销服务体系建设。此外，用好数字化转型手段和场景建设以及互联网公司等三方渠道可以快速上量。条件允许的还要通过大数据对客户进行画像和个性化推荐，并实现线上线下齐发力，把产品买给更多的客户、卖给客户更多、卖给更好更优质的客户，实现业绩持续增长。国际注册理财师、企业教练马俊认为："现在销售已经进入4.0时代。第一代：关系型销售（搞关系就能赚钱）；第二代：产品型销售（只要专业，把产品说清楚就能赚钱）；第三代：顾问型销售（挖掘客户需求，推荐产品就能赚钱）；第四代：价值型销售（整合资源，提供价值，体验感拉满。客户不选你还能选谁？）。"

二是加强沟通协调，做一名有情感，有温度，有同理心，有共情力的优秀管理者。原中信银行南京分行行长焦世经："政无大小，以得人为重。欲求业绩增长，必先致力于人的成长。尊重员工、塑造员工、激发员工、成就员工，方得社稷万年长。当好职业经理人，提高职业素养，用知识和能力为银行创造价值。只有认真经营银行，而非经营自己，才是延续职业生涯的根本之道。"团队长（支行行长）作为领头雁把人组织好才能带好团队，成为高绩效的团队。

组织行为学研究表明，管理方式与工作环境对个体人格完善有重要影响。作为管理者，我们常听到"没有规矩不成方圆"，确实，如果管理没有尺度，就无从谈效率，也没法有效发挥团队力量，但规章制度只是基本准则，在这之上，管理更要有情感，有温度，有更多的人文关怀。要懂人性，通过对员工日常工作与生活状况的真诚关怀与必要支持，对员工成长和前途的关心与辅导，让员工在物质激励以外获得"精神"与"情感"激励，获得情绪价值，增强认同感与归属感，起到事半功倍的人才保留与激励引导作用。共情力与同理心相辅相成，共情力让我们能够对他人的处境感同身受，同理心让我们设身处地为对方考虑，将心比心。一个能以同理之心共情他人的人，必然是一个高效率的沟通者，这也是领导力的终极奥秘。一位在多个岗位都干得很出色的资深管理干部："要立成为优秀职业经理人之志，不一定是级别上的，一定是能力上、境界上的。在提升自己的同时，要带好队伍，能够准确发现别人的优势和不足，鼓励和发挥其长处，开导和帮其改变不足。管人管到心，尤其对核心骨干。要指点、指导、沟通、交流，让他们真懂、心通。他们才能成为自觉自动自发的工作发动机。"

兵无常势，水无常形，法无定法。在VUCA和ABCD时代背景下，更加强调个体的自由与主动性，对于领导力也提出了更多的挑战，重视员工、尊重员工、激发员工成为增加组织活力的必然趋势。因此，优秀的领导者之所以能打破低效管理的症结，掌握具有超强牵引力的管理本领，管理好一支团队，是因为他们懂得与员工实现心与心的沟通、情与情的交融，他们能洞察员工的所思所想、所需所求，从而能够有效疏导员工困惑，点燃工作激情，巧妙处理矛盾冲突，提升员工满意度和敬业度，进而提升团队效能和工作绩效。

三是增强危机应变与调控能力，构建核心竞争力。"人生天地间，长路有险夷"，《灰犀牛》是一本畅销书，在这本书里将"可预见、发生概率高、波及范围广"的潜在危机定义为"灰犀牛"，而与之相对应的还有"黑天鹅"，即"难以预见、意外突发、影响极端"的潜藏危机，无论是哪一个理论，都深刻说明了在VUCA和ABCD时代危机的普遍存在性。在当前复杂且快速变化的市场环境中，需要我们发展并具备危机应变与调控的能力，能够在危机到来的时候稳住阵脚、做出策略、有效应对，在业务领域构筑起牢固的"城墙"，确定行业地位，形成独有的核心竞争力。"于安思危，于治忧乱"，正确应对危机，首先要对来自内外部的各种风险和挑战进行全面梳理，不逃避、不拖延，要树立"抵触和否认不过是自我安慰"的意识，既牢牢把握各项工作中的关键风险点，又要看到各种威胁和挑战的联动效应和相互交织，做到心中有全局，形成思维习惯与高度敏感性，有效防范"灰犀牛"，高度警惕"黑天鹅"。其次，针对梳理出的潜在危机与挑战，应该尽可能从最坏处着眼，做好最充分的准备。1945年，毛泽东同志在党的七大上讲"准备吃亏"时一口气列了17条困难，强调在看到光明的同时，更要准备迎接困难，"要在最坏的可能性上建立我们的政策"。邓小平同志也指出："我们要把工作的基点放在出现较大的风险上，准备好对策。这样，即使出现了大的风险，天也不会塌下来。"2018年，习近平总书记在庆祝改革开放40周年大会上指出："我们现在所处的，是一个船到中流浪更急、人到半山路更陡的时候，是一个愈进愈难、愈进愈险而又不进则退、非进不可的时候。"习近平总书记还指出"当前和今后一个时期是我国各类矛盾和风险易发期，各种可以预见和难以预见的风险因素明显增多"，"我们必须坚持统筹发展和安全，增强机遇意识和风险意识，树立底线思维，把困难估计得更充分一些，把风险思考得更深入一些，注重堵漏洞、强弱项,下好先手棋、打好主动仗,有效防范化解各类风险挑战"。充分的对策是解决危机的关键,作为团队的管理者,我们具有天然的应对危机优势——那就是群策群力,要将居安思危的危机意识传导到每名员工,鼓励大家发现困难和危机、发现问题、反映问题,通过组织发动员工一起思考,共同探讨,找到最佳应对方案及备选方案,达成默契与共识。这样,当困难和危机来临时整个团队就能快速、自动地作出反应。对于系统性、关联性的危机挑战,要落实和执行风险研判、防控协同、防范化解的机制,用规章制度的力量来应对困难和危机的冲击。当困难和危机来临时也要努力保持积极向上的心态,做好"逆商"管理,视困难和危机为机遇,不断调整自己与团队的状态,从而从危机中找到先机,于变局中打开新局。

　　四是树立底线思维,在合规守纪中成就自己的光荣与梦想。孙子兵法提出"谋定而后动,知止而有得"。"以约束为前提的自由叫教养,没有约束的自由叫放纵",底线思维是一种积极主动的思维,它不仅要求"思",更要求"行";不仅要求防范风险,而且要求主动出击,以行动化解风险。古人讲"君子安而不忘危,存而不忘亡,治而不忘乱,是以身安而国家可保也。"无论在什么样的工作岗位上,都要明确基本原则、基本方向和基本目标,对法纪制度要时刻怀有敬畏之心,做到不越边界、不踩红线、不碰高压线,这样才能少走弯路、不入歧途。有了"底线思维"这个"安全阀""稳压器",管理者才能守住底线,喜不忘忧,防患于未然。做好底线管理要着重把握以下四个关键点:①学法、懂法、用法,切实提高运用法治思维和法治方式的能力,对工作中可能面临的新矛盾、新挑战,对于可能出现的变数、不确定性,要有充分的评估和深入的分析。法制社会呼唤法制精神。②自觉担当做表率,立场坚定,旗帜鲜明,以日常言行举止影响他人,带领团队。廉洁自律和合规守纪是我们行稳致远的底层逻辑。③树立正确的业绩观念,摒弃为出业绩、树形象而不顾一切后果,摒弃只有前瞻没有后顾的错误思维方式,从守住底线、合规经营开始,步步为营、守正创新、谋求发展。④要强化风险合规管理意识,善于确立风险底线,善于排查各种潜在风险,找出安全与风险、合规与违规、常态与危机的分水岭,守住各种风险合规的底线。

五是坚持自身学习领悟与实战实践并重,在工作中不断磨炼提升。岗位历练成长是时代的要求和职业发展的客观需要,也是构建团队负责人胜任能力的必由之路。上面讲到了支行行长最重要的四件事:明政策,抓业务,控风险,带队伍。任正非说"不确定的时代要找到确定的抓手",因此,支行行长应围绕这四个方面来构建自己的学习地图,努力做到既胜任现岗,又胜任未来。明政策,主要学习三个方面:①党和国家的宏观政策以及同业和所在城市地区经济金融的新动态。②监管机关的监管政策和新要求。③总、分的战略导向和各种会议及文件通知的新精神。抓业务，主要学习四个方面：①制订工作计划，包括每周、月度、季度、年度工作计划和任内三年中长期计划。②推动重点营销工作。明确任务指标，建立客户沙盘，推动交叉营销和公私联动。对于重点营销工作，支行行长要亲力亲为，尤其对于负债要抓重点、抓黏性，对于资产要抓储备、抓论证、抓投放有效性。③管理绩效与考核。明确分行考核的导向和指标，分析支行绩效的优势、劣势、挑战与机会，和团队共同思考研判，不断加以改进，把优势发挥到最优状态，确保经营的有效性。加强团队成员之间的沟通反馈，公平公正对待支行员工的绩效分配，明白"财散人聚，财聚人散"，不与员工争利。④做好运营管理。执行总、分行的制度要求，抓好会计结算、柜面和厅堂服务工作，落实支行各项经常性、基础性工作。控风险，主要学习三个方面：①控业务风险；②抓好合规内控及廉政反腐工作，包括自己本人的廉洁从业和重大事项报告工作，以及员工的异常行为排查和八小时内外管理；③抓安保工作，防操作风险。带队伍，支行行长职责中比较重要的就是明确支行的目标任务、提供信息交流的平台并促进个人付出必要的努力，因此带队伍主要是学习四个方面：①"把人组织好才是好团队"，树立支行的一盘棋意识，加强支行领导班子的团结和员工人心的凝聚，通过开展团建活动和谈心交流等,增强支行的向心力和凝聚力。②抓好支行人才引进工作。③抓好内部提升和帮扶工作。④提升思维层次和领导艺术。古语讲"知行合一,止于至善",意思是理论与实践合而为一,不断精益求精,达到完美。在当今实践仍然是百试百灵的试金石,能够检验真理、推陈出新,更是一块磨刀石,能够磨砺性格、锤炼意志、锻炼能力。"刀在石上磨,人在事上练",华为"以奋斗者为本",阿里强调"以战养兵",支行的日常管理中难免遇到各种各样的问题,只要大家敢于挑战,积极探索,乐于求知,主动思考,善于复盘,就一定能够在实战中练就一身"硬功夫",这是优秀职业经理人成长的一般规律与必由之路。

第九章
目标激励　考核赋能

一、强化考核，优胜劣汰

科学管理和内涵提升是企业持续健康发展的核心竞争力。加强考核和激励是落实战略导向实现经营管理目标的重要工具，是对经营机构、团队、部门和员工个人进行激励和奖罚的依据手段，是各级进行绩效管理和激活组织活力的路径选择，是企业不断创造经济价值和综合效益实现持续健康发展的必由之路。如何落实考核激励？激励人才才能激活组织。学习华为的管理理念，"用好人、分好钱、存天理、顺人性"。要制定好岗位职责、薪酬、考核、升降、奖惩等机制，尽力满足员工收入增长、能力提升、身心健康和事业达成及职业生涯规划等需求。用机制激励人，形成"能者上、优者奖、庸者下、劣者汰"的氛围，人尽其才，才尽其用，打造积极向上、担当有为、高效执行、不断进取的企业文化。形成以奋斗者为本、比学赶超、奋勇争先、实干争效组织正向循环的良好氛围。

1.考核的原则与思路

考核是指挥棒，单位考核什么，经营主体及其员工主要做什么，就会形成什么样的绩效文化。考核主要是考绩效。绩效就是目标达成的程度。当前较多的做法是用关键业绩指标KPI对经营单位和个人进行评价和绩效考评。关键绩效指标KPI是反映经营机构、部门、团队或员工管理业绩贡献的评价指标，具有阶段性、相对性和权重的可变性等特点。商业银行考核关键指标一般包括资产和负债规模、经济增加值（EVA）和客户数（价值客户）存增量等指标。也有一些同业银行把业务增量、核心负债、结算性存款、代发工资、创新业务、公私联动和交易频率作为考核的关键业绩指标。此外，不同的企业、部门和个人因工作性质和内容不同，评价和考核的指标和标准是不一样的。有的采用积分制进行绩效管理。积分制管理方法解决了员工付出的原动力和内部全面计价及跨条线业绩互认等问题。也有单位开始用OKR（目标与关键结果）强化考核。OKR解决了KPI的一些缺陷。它强调最终的关键结果必须服从目标，目标是要让用户喜欢我们的产品和综合化、个性化的服务解决方案。字节跳动的组织管理理念中，常常提及"信息的价值"，底层逻辑是追求信息的高效流动，即降低损耗的一种解决思路。在字节跳动，任何员工都能在内网IM上直接看到CEO的OKR是什么，以及任何员工的OKR。"能看到一个人的工作计划，意味着你知道他（她）这两个月的主要精力会放在哪些事情上，一目了然。"对应的文化价值观中的核心一条是"坦诚清晰、简单高效"。基于这种理念，字节跳动还做了很多，比如每两个月有CEO见面会，员工每月有3次匿名发言的机会，内部倡导不要包装结果，不要向上管理、投领导所好等等。

①战略导向原则。目标决定方向，思路决定出路，眼光决定未来。大到单位的战略定位、转型发展，小至经营机构和个人具体业绩指标提升，都与考核有关。考核体系与激励机制要抓主要矛盾和矛盾的主要方面，要与总、分的战略目标和经营导向紧密衔接。考核管理要严格贯彻落实总、分战略导向，通过目标责任和考核考评管理，推动总、分战略目标和经营导向有效执行。通过对标先进同业，加大探索尝试，力求理念、架构、机制、流程、文化等方面寻求新突破，建立健全更具市场竞争力和价值贡献导向的考核激励机制，进而提升组织和人均效能。比如对营销队伍的考核与激励，积极应对外部市场环境的变化，对标先进同业，按照"业绩计量、良性发展"规则，实现"业绩定级、以级定

薪、级变薪变"的考核管理模式，促进业绩持续提升和组织目标达成。

②业绩量化考核原则。考核要盯住上级各项考评和本级对营销人员的评级管理，以实现综合考评中取得优秀成绩为目标导向。各机构绩效考核指标将在每年年度，由各团队、各业务条线和各区域进行充分讨论沟通，研究决策形成年度、季度考核方案，并由各辖内经营情况，拆分为月度执行计划及序时考核进度表，发挥业绩考核对日常工作的"指挥棒"作用。要将员工的薪酬与工作业绩、考核评价情况、绩效表现进行关联，这样才能起到保证效率和体现公平公正的激励作用。为了促进人员产能指标提升，激励指标作战团队攻坚克难，从而达到年度考核指标，对业务板块前台指标类岗位绩效激励进行改革，通过对标同业和系统内费用标准，根据团队和个人综合指标完成率计发绩效，将绩效激励奖金与个人指标完成率、团队指标综合完成率挂钩，从而使一线员工计价逐步与市场接轨，人员能够简洁明了了解"多劳多得、少劳少得"。通过每月设定《目标责任书》，将目标任务分解至每个团队、每个员工，考核月份结束后，计算各岗位人员目标达成情况。组织开展目标考核管理分析，对业绩排名靠前人员进行通报表扬，树立标杆；对业绩排名靠后人员则对照查找原因，帮扶改进。

③分层分类原则。从考核对象分类有对单位的和对个

人的，从考核内容分类主要有以经营指标为主的业绩考核，有以干部调整晋升为主的干部考核和员工年度考核等。而分层分类主要因考核对象不同而采取不同的方法。对经营机构主要考核分行下达定量指标，定量考核指标应占80%以上。同时赋予风险合规和综合管理一定的权重。对业务条线和业务部门及人员的考核以定量为主、定性为辅并赋予内控合规的权重，比例7：2：1为宜。而对于后台部门的考核定量（主要挂钩上级对该部门相关业务考评结果和评价）和定性（领导和各单位负责人以及员工的测评评价的换算）以及内控合规的比例以6：3：1为宜。后台部门主业主责和工作内容没有可比性且难以客观计量，定量权重太大和计算太细有时反而不准确。在量指标设置上可与上级的考核结果强挂钩。但服务的对象具有一致性，所以360度的定性评价反而更客观、更准确。这好比引用模糊数学的概念，不算那么细反而定性更准确。因此，笔者认为6：3：1是一个比较合理的比例。

④公开、公平、公正原则。考核管理工作除相关负责部门外，还应有相关的监督和复核机制，充分向被考核单位和个人说明考核内容，并定期公布考核排名结果，如有异议可以按照程序向公司申请复议，确保考核公开公平公正透明。要制定科学合理公平公正的考核制度，并进行员工预期管理，最大限度地提高员工的积极性，解放企业的生产力。

员工的努力会促进工作绩效提升，工作绩效提升会得到组织奖励，组织奖励会使员工满意，员工感到满意后会继续努力工作，这样就完成了一个考核激励的正循环，从而进一步促进绩效持续提升。

⑤考核结果应用恰当原则。无论是机构、部门、团队还是个人，树立效率优先、创新发展和共享共赢的理念是干好工作提升绩效的逻辑前提。充分发挥考核的指挥棒和激励的"加油站""充电桩"的作用。考核应与机构负责人以及辖内员工个人考核密切关联，将单位考核成绩与机构负责人绩效以及员工个人营销业绩相结合，强调考核结果在员工绩效薪酬、评优评先、职务调整晋升、专业序列评聘、后备人才选拔和末位淘汰及转岗退出等方面的应用。

2.科学应用目标管理工具和考核评价模型

复合应用多种工具及模型，提升考核绩效计量和评价的直观性、及时性和客观性。

①用好工具，科技赋能。加强考核和绩效管理离不开有效的方法支持，结合企业确定的绩效目标，具有实践性和可操作性的方法主要包括平衡计分卡、经济增加值、价值树分析法、目标管理法和360度反馈等五种。平衡计分卡主要是以考核利润、客户、内部管理流程以及员工的学习与成长四个角度作为绩效管理考核的评价因子来实现企业经营管理

的有效监督；经济增加值（简称EVA）是指税后净营业利润扣除资本成本后的经营利润；价值树分析法是以价值管理为核心的管理工具，通过对关键绩效领域的关键业绩指标进行细化到各个岗位来实现对绩效管理的评价；目标管理法是根据各层人员对工作职责和目标的预想在规定的考评周期内对工作业绩进行对比，查找不足的原因，并形成下一次绩效总目标；360度反馈又称为多评估者评价或多角度反馈系统，用来为组织对干部的选拔、考核、发展、培训以及员工年度考核和组织变革服务。比如商业银行总、分千分制指标考核，对财务指标、企金业务、零售业务、同业业务、风险管理、内控合规、党建纪检和创新业务及其子项赋予不同分值。一些经营机构应用平衡计分卡、经济增加值、价值树分析法、目标管理法和360度反馈、积分式、鱼骨图、经营指标分解图表上墙、智能台账和SWOT分析以及PDCA（P计划、D执行、C检查、A修正）循环等绩效提升模型和工具，不断修正存在的短板，解决员工付出的原动力问题。数字化转型很重要的一点就是科技赋能业务。科技系统赋能的一个重要工具就是如何让经营机构及客户经理队伍的考核变得更加直观高效。这方面待填补空白和提升的空间很大，也很迫切。比如兴业银行北京分行的"兴智汇北京专区项目"和"零售数据决策支持系统"较好解决了使考核数据抓取更加直观高效的问题。

②突出重点、公私联动。要进一步完善考核营销序列的考核体系，激发客户经理交叉营销主动性和积极性，明确客户经理的考核导向、考核指标的设定、考核激励等配套机制的建立与健全。优化客户经理定级考核和职等管理体系，打破条线壁垒，拓宽产品营销空间，激发客户经理交叉营销的主动性和积极性，有效解决低产能客户经理生存发展问题。一些分行对客户经理综合化考核和激励进行探索。比如兴业银行西安分行明确客户经理等级考核是综合采用积分制考核的模式，不再区分企金客户经理考核和零售客户经理考核。客户经理业绩定级是按照客户经理确立营销服务关系的客户所创造的业绩作为等级评定的主要标准，主要考核指标包括"业绩考核积分""存款考核标准"，其中以"业绩考核积分"确定客户经理层级和对应职等，以"存款考核标准"作为辅助调节项。以级定薪是指客户经理根据确定的职等来确定相应的基础薪酬。客户经理等级评定，按照从低到高与行员职等建立映射关系。客户经理等级评定积分标准由存款类、客户类、企金收入类、零售收入类、零售资产类、产品类及风险类指标构成。"业绩考核积分"及"存款考核标准"由分行定期调整、发布，原则上按季考核半年调整一次。还可以设立穿透至员工效益工资，效益工资由分行直接配置到员工个人，由条线提取相关数据并计算。公私联动要贯彻"经营机构综合化，人员归属专业化"的规则，通过规范各

项条线联动业绩分配行为,完善条线联动业绩分配机制,促进条线联动业绩分配工作规范化、流程化、制度化,确保考核结果公平公正,更好支撑保障条线联动营销。条线联动业绩,包含但不限于客户指标、规模指标、财务指标等。客户数可分割,客户在分行开立各种账号所产生的业绩,根据在业绩形成过程中的具体贡献,在条线、经营机构、客户经理之间应按照一定的比例进行分配与调整。条线联动产生的各项业绩均应纳入分配范围,包括不限于各类收入,EVA,条线各类客户、资产、负债、代发、代扣代缴、全网收单指标等。具体指标结合当年分行综合考评、客户经理评级及资源配置政策,由业务条线协商确定。条线联动业绩分配模式包括一次性买断、约定比例/规模分成等,鼓励采取承揽与承做约定比例/规模分成的模式,在后续营销与服务中继续协同联动,共享后续价值贡献增长带来的收益。对客户营销以及后续维护中产生的费用成本,原则上按收入比例进行分摊。条线联动业绩分配方案应根据业务发展情况动态调整。业务营销、经办机构和人员应保留好金融服务合同或协议等证明材料,作为条线联动业绩分配的依据。

③尊重差异,因势利导。经营机构之间,由于专业能力、资源禀赋不同,有的机构擅长做存款,有的擅长做贷款,有的擅长做利润,有的擅长做客户,在考核导向上对二级分行或中心支行和业务总部要求可以全面些,而对支行营

业网点不要面面俱到或要求支行所有项都要达标。允许二级分行或中心支行对下辖经营机构差异性分解下达考核指标。如何加强考核，优胜劣汰是重要的实践课题。有五项关系要加以关注并认真对待处理。正确处理考核与激励的战略导向与实际现状的关系。考核与激励既要与总、分发展战略有机结合，适度超前，又要结合区域分行和当前现状的实际，不搞一刀切、一锅煮。要边实践边修正完善。在继承中创新，在创新中继承。正确处理考核与激励的组织整体与员工个体的关系。如何让营销人员更加清晰明确知道干多少得多少。复杂的问题简单化，简单的问题数字化，数字问题系统化，系统查询平台化。尤其要发挥科技赋能的作用。科技系统赋能的一个重要功能就是让经营机构及员工个人的考核变得更加直观高效。同时，在设定绩效水平时应考虑市场同业薪酬竞争力，如有的单位过去注重个人营销能力和个人业绩考核导向，如何增加团队整体的考核比重。尤其团队负责人不仅要做自己个人的业绩，也要考虑如何协作、助力团队完成整体目标，这在考核机制顶层设计上也需要考虑。防止出现有团队无组织，各自为战和单打独斗的现象。正确处理考核与激励的专业化与综合化的关系。客户经理队伍一般按专业化分工加综合化经营搭建，但考核上不搞一刀切和千篇一律的同质化要求，要提倡一专多能，混承经营，发挥各自特色和优势，锻长板、补短板，并支持跨条线流动和不同机构的差异性。正确处理考核与激励的当期（即期）和中长期的关系。把当期的薪酬和中长期员工职业发展规划及成长预期有机结合，完善价值分配体系和资源分配导向，管理好员工的预期。正确处理考核与激励和其他管理工具相得益彰的关系。考核与激励不是万能的，但没有考核与激励是万万不能的。要打好经营管理的组合拳，营造正向激励导向和内部公平竞争、效率优先的良好机制，让员工个体价值与企业组织平台集合智慧形成互相支撑、有效互动的良性循环。

3.考核结果如何应用

员工管理激励的核心是要研究并尽力满足其收入增长、能力提升、身心健康和事业达成及职业生涯规划等需求。而考核结果的如何应用则是管理激励的核心。坚持考用结合，将考核结果与选拔任用、培养教育、管理监督、薪酬分配、激励约束、问责追责等结合起来，鼓励先进、鞭策落后，推动"六能"（能进能出、能高能低、能上能下），促进担当作为，严厉治庸治懒。对表现突出、考核优秀的员工同等条件下，提拔任职优先考虑。通过考核让薪酬福利改善、职务调整提升、表彰奖励通报和末位淘汰退出更加科学合理、公平公正，营造正向激励导向和内部公平竞争、效率优先的良好机制。

①及时激励、价值分配。兑现奖惩，及时激励。绩效

考核模式各有优势和短板,关键是与企业文化和发展阶段相匹配。中国绩效研究院院长、著名的绩效专家李太林在《绩效核能》一书中写道:绩效管理的核心归纳为三个字:人、效、薪。人,即人才、潜能、团队;效,即绩效、人效、价值;薪,即薪酬、福利、激励。三者是相互融合、互为因果的关系。一家企业如果能将这三字经、九个词运用合理得法,企业内在所有的沟通就一定可以化解和超越。要围绕"服务战略、推动业务、提升业绩"的目的建立科学合理的考核制度、考核指标和实施细则。首先,考核指标既要能够真实反映短期的经营绩效,又要能够反映企业的长期发展状况,能够对经营者的经营业绩进行科学的衡量和内部折算;其次,要明确考核的主体,明确谁来进行考核、考核谁;最后,考核必须做到有奖有罚,以奖为主,赏罚分明。薪酬激励是及时激励、价值分配的主要方式,要坚持五个策略:公平薪酬策略、市场对标策略、激励引导策略、价值判断策略、共赢薪酬策略,以达到效率、公平、合法、及时的目标,提高员工的积极性,实现自我价值。

②绩效面谈、针对性帮扶。加强沟通反馈,注重绩效管理的过程控制。沟通贯穿整个考核和绩效管理的全过程,是实现经营有效性和绩效管理目标的保障,通过沟通可以及时发现考核和绩效行为与目标可能产生的偏离,并找出根源加以改正。单位(部门)领导通过一个考核期后与考核对象

进行绩效面谈，引导被考核单位和员工分析主客观因素，认识到自身存在的不足，管理好员工的预期，帮助员工找到改进工作的方法和措施。科学合理地确定考核和绩效管理周期内绩效目标、改进方向、计划进度及其评价标准，然后将绩效计划层层分解到具体部门和岗位，同时适当简化绩效信息的收集、记录和检查程序，提高绩效沟通的效果。要加强对存在短板和薄弱项和低产能员工的帮扶工作。帮扶和培训要坚持问题导向，在分析业务需求、主客观因素、工作思路及营销方式方法、解决业务难点、痛点，萃取和复制成功案例上下功夫、求实效。成功不一定能复制，但成功的案例可以借鉴和复制应用。一些单位年度考核过程透明度不高，缺乏绩效面谈，导致员工只能看到考核结果，无法了解自身不足和改进方向。对于年度考核重要性认识不足，考核结果差异度小，无法发挥激励和警示作用，考核结果应用缺乏落地措施。比如员工年度考核等次根据得分从高到低，结合各考核等次比例分布确定，确保员工了解考核规则。年度考核结果从高到低分为A、B、C、D、E五个等次。各考核单位年度考核为A等的人数，原则上不得超过本考核单位参加年度考核总人数的20%，员工年度考核为C等及以下等次的总人数，原则上不得少于本考核单位参加年度考核总人数的10%。对业绩表现不佳的员工，应对其组织绩效面谈，给予绩效辅导，要求并帮助其限期改进，从而起到鼓舞和鞭策的效果。

③岗位激励，职业成长。岗位激励、职业成长对员工的心理预期和调动工作积极性至关重要。能够让广大员工共享我行各项经营发展的成果，使员工形成与企业共同成长的责任感和使命感。中长期激励包括员工职务晋升、职业成长和中长期分配等。要贯彻"能上能下、能高能低、能进能出"的"六能"用人机制，构建与业绩紧密挂钩的员工绩效统一的"岗位调整晋升、轮换分流退出"的规则，为想干事能干事的人提供干成事的平台，让员工个体价值与企业组织平台集合智慧，形成互相支撑、有效互动的良性循环。

④优胜劣汰，良性循环。通用电气公司（GE）绩效文化演进，伴随公司发展阶段从末位淘汰制到价值观和业绩双维度（九宫格）。末位淘汰制是前CEO杰克·威尔奇推崇实行的"活力曲线"——"2-7-1"法则，按20%业绩优异员工、70%业绩中等员工、10%业绩较差员工进行强制分布考核，并将这10%业绩较差员工进行末位淘汰。华为公司在管理实践中也学习借鉴了威尔奇"活力曲线"的部分做法。价值观和业绩双维度考核形成的九宫格战略性绩效评估和激励系统模式，被美国哈佛商学院收录。目前，京东、阿里公司在实际中借鉴应用了"九宫格"的部分做法。组织的效能和活力源自良性循环。考核与激励的结果应用有正向的，如荣誉激励、薪酬激励、晋升激励等。同时对躺平、消极和低

产能、低绩效、低效能的员工进行强制转岗或淘汰、退出是企业保持生机活力和持续健康发展的重要手段和客观要求。

二、优配资源，激发活力

资源是社会经济活动中人力、物力和财力的总和，是社会经济发展的基本物质条件。如何对有限的、相对稀缺的资源，包括人力、资本、技术等各种生产要素进行合理配置，以获得最佳效益，是我们经营管理中必须面对的重要课题。优配资源、激发活力实际上是提升资源配置效率问题。资源的配置效率有三层含义：一是企业内部本身的工作效率，即内部的工作流程和操作方法能否高效地为需求部门及时分配资源，这与公司内部的制度环境、管理流程等有关。二是各种资源通过配置部门流向不同效益水平的部门、经营机构和产品，反映公司内部对于稀缺资源配置的专业能力和有效程度。三是配置的资源在经营过程中所形成的结果，这体现出资源被利用和发挥作用的程度。企业要针对资源配置存在的问题和进行优配资源、激发活力。企业资源配置效率问题不仅仅是一个资源控制与管理的问题，它既是一个战略层面的问题，又是一个经营管理实际操作层面的问题，涉及近期和未来的长久发展。应当对资源配置结构要素进行科学配比和整合，将资源投入最合适和最需要的地方。比如我国商业银行的资源配置经历了"三个阶段":第一阶段即简单低层次操作或根据个别业绩指标分配资源阶段;第二阶段是根据机构的营业收入或盈利情况及若干其他指标所构成的考核体系配置资源阶段;第三阶段则是各行都在探索和努力实践的按照产出效率分配资源阶段。目前资源配置在商业银行的内部管理方面还远未达到精细化管理的水平,有的还在一个相对粗放的经营模式中艰难跋涉。资源配置效率的低下其实是导致银行经营效率流失的主要根源之一,具有一定的普遍性。

①资源配置优化意识和思路存在模糊性。近年来一些商业银行分支机构资源配置机制主要表现为通过营业收入或经营指标完成情况及产品销售业绩来主导有形资源(主要是财务资源)的分配。在一定程度上缺乏系统性思维、精细化经营管理和体系化制度机制保障,对人力资源、客户资源、网点资源和科技资源等重视不够。一些基层的经营机构只顾低头拉车,不会抬头看路,对资源配置思考研究不多,方法简单粗放。有的思路和方法存在偏差,脚踩西瓜皮,滑到哪里算到哪里。意识和思路存在模糊性,工作存在随意性,资源整合和利用存在低效性。

②有形资源配置存在盲目性。一是财务资源的投入和分配漫灌多、精准滴灌少。优配资源的标识点是精准配置,是产生最大化的边际效用。分支机构财务资源投入和分配一

般与考核挂钩体现一定的公平性，但如果考核指标设置不科学，不能引领方向甚至出现偏差，那资源投入就可能出现低效配置，甚至错配，不能发挥最佳效果。二是人力资源配置方面统筹规划不够。有的单位条线化改革后事业部各自为战的苗头比较突出，企业对人力资源整体上规划统筹不够。有的商业银行内部自成壁垒缺乏交流和活力；有的人力资源部门过于迁就业务条线、业务部门和经营机构招聘引进和选人用人等需求，特别是对组织架构和"三定"及编制管理刚性不足；有的则过多考虑当期人均产能，注重社会招聘，对校园招聘重视不够，人才自培养不足，经营机构缺兵少将等问题客观存在。三是物理网点资源综合利用效率不高。物理网点租金和开门运营成本高，但综合利用不够，有的还存在浪费的现象。物理网点点均产能整体偏低，而便捷高效性价比高的线上网点发展偏慢。提升的潜力和空间较大。

③客户和政府资源管理存在随意性。分支机构对客户的管理和维护还比较粗放。实际工作中往往是"以产品为中心"，未能真正树立"以客户为中心"的经营理念，意识思路、专业水平、营销组织、产品组合和商务模式难以满足客户综合化、多样化和个性化的金融需求。一些经营机构对客户信息管理和职责划分不清，对客户价值链没有概念，对客户长期维护、深度合作、综合挖掘、多产品绑定和需求管理不够。要么不知道"客户在哪里"，要么不清楚"客户真正

需求是什么",要么拿不出"满足客户合理需求有效的整体金融服务解决方案"。此外,政府资源既是社会经济发展的主导部门,是经营环境的主导因素,对企业来说也是客户资源的一部分,但一些单位重视不够。

④科技资源投入和利用存在缺失性。近年来,金融科技受工作定位、专业能力、人员配备等因素制约,工作内容以科技资产的管理、系统运行与维护、支付与清算等为主,主动推动业务发展和经营管理数字化转型的意识和力量薄弱。科技资源投入和利用存在不足,科技与业务的融合发展及依托科技优势与科技动能助力企业数字化转型和经营管理提升竞争力作用发挥不够充分,科技赋能业务发展和数字化转型成效还不明显,数转智改任重道远。

如何优配资源,激发活力?一个企业的活力取决于资源配置的效果,而资源配置的效果取决于配置方法。在一个完全竞争的市场中,资源应按照边际效率最高的原则在市场之间进行配置。所谓边际效率最高,就是单位资源的产出效益最具扩展空间。因此资源配置效率的重要衡量标准就是看资源是否流向经营效益最好的机构、部门和产品。从理论上看,效益应与资源投入相对应,机构、部门和产品的效益应与其获得的资源份额——对应。产出最好的机构和产品应当获得最多的资源投入,反之获得资源最多的机构和产品效益也应最好,两者都实现最优时,资源配置效率最高。前者反映了资源在机构和产品间的配置效率情况，后者则反映了机构和产品的资源使用效率情况。

①合理配置财务资源。财务资源的投入和分配要变漫灌为精准滴灌。财务资源投入原则"以财生财"，以保持较好盈利状态为目的，满足当期较大盈利需求同时兼顾中长期发展后劲。并通过资源动态调整和持续合理投入达到优化业务结构和始终保持较高的经营效率、投入产出比和又好又快的发展速度。要根据不同产品和服务增值过程边际效应的变化以及具有良好市场前景的新业务品种调整优化财务资源的配置，确保投入产出效率始终保持较高水平。要进一步强化薪酬和费用等财务资源向基层一线倾斜的导向，优化经营机构分层分类和差异化的考核考评机制，按照"绩效优先""多劳多得"的原则合理分配员工绩效和费用投入，提高基层一线岗位对员工的吸引力，调动一线员工工作积极性和主动性。

②优配和挖潜人力资源。人才是第一资源。要充实经营机构营销人员，通过业务量变化、客户资源等要素合理测算支行营业网点人员数量，实现人力资源约束下的配给优化。下沉前置保障支持力量，让保障和风控内嵌前移。优化劳动组合，加大支行营业网点人员通岗力度，如理财经理助理可兼岗大堂经理，提升人员综合营销服务能力，鼓励柜面操作类人员向营销服务岗位转型转岗，从而增加网点营销人

员数量。加强综合型支行班子队伍建设。综合型支行班子队伍是经营一线的关键少数，负责人能力的强弱决定着一个支行营业网点竞争力的强弱。提升支行网均产能和竞争发展能力的关键是打造一支数量充足、结构合理、素质优良、本领过硬的支行班子队伍。要科学衡量支行班子队伍履职表现，将考核结果作为职级晋升、岗位调整和评优评先的重要依据，激发干事创业热情。要加强培养锻炼。对支行班子队伍在经营管理、营销服务、团队建设等方面开展系统性和有针对性的培训，提升履职能力。要根据履职情况和工作业绩动态管理、优进劣退。人力资源说到底是做人的工作。人的多面性决定了人的复杂性。要理解、用好人性的优点和弱点，充分关注不同年龄段员工思想动态，从思想、情感、事业、待遇、晋升等多角度加强对员工的关心关爱，激发广大员工工作积极性和创造性。

③整合网点资源。在实体物理网点选址布局方面，优化顶层设计和科学论证，以大数据为支撑，从经济发展、区域金融存款总量、地区生产总值、城市发展规划、消费习惯、人口分布、客户资源和现有分行网点分布情况等方面进行统筹分析，坚定数字化转型理念实施科学的网点总量优化、布局细化、装修美化。一是要在客户资源薄弱、服务对象重叠的区域加快撤并和搬迁小而散的社区网点和低效、低产能网点支行。二是要及时精准介入城市新区、经济开发

区、新兴产业区、园区和大型成熟社区，如北京的"三城一区"（中关村科学城、怀柔科学城、未来科学城和经济技术开发区），提升实体网点覆盖和触达范围，并通过注重装修视觉效果，凸显银行的科技能力、品牌形象、经营实力，影响和吸引更多客户资源。三是要根据客户金融需求和金融行为变化，在实体网点建设上优化人、财、物等资源要素配置，在营业网点功能区布局上多动脑筋，加强线上银行布局和手机App建设，增加线上网点的功能，实现客户不到物理网点也能随时随地远程办理业务。

④管理客户资源。客户经理只有与客户先建立良好的关系，才能获得客户信任，进而挖掘客户需求，提供优质服务，为客户创造价值，提升客户忠诚度。要转变营销理念。不同的客户具有不同的金融需求，风险偏好也存在差异，对金融产品和服务的选择具有多元化特征。各级要加快从"以产品为导向"向"以客户为导向"转变，根据客户实际金融需求为其匹配推荐合适的金融产品。分行和各机构要积极利用大数据等新技术及时收集整理客户信息，建立客户资源定期分析、调研机制，有效识别及锁定目标客户，并对重点、优质客户金融资产、负债额度、价格情况、综合收益和结构的变动趋势定期归纳汇总，研究其金融需求和行为变化背景和原因，查找客户获取、服务工作中存在的不足和薄弱环节，及时采取有针对性的改进措施，形成挖掘客户、争揽客

户、稳定客户的系统服务机制和公私联动机制，不断做大做强客户群体和资源池。全面开展普惠业务，服务实体经济。同时要做好个人中高端等各类客户梳理工作，增强对目标客户群体的有效识别、主动营销和深度挖掘能力，提供全方位的金融服务，吸引和稳定中高端客户。落实对公客户拓展和维护分层分类分包和招投标机制，逐步完善对公客户的机制性拓展维护管理体系，对大客户展开分行专业团队直营式营销维护。做好客户旅程管理，对"长尾"客户实行分层分类分包营销维护，对普惠小微客户开展"网点+远程""线下+线上"营销维护，以此推动客户基础持续夯实，确保优质客户"户户有人管，人人有责任"，把对公业务做大做强，加强公私联动互促。加强代发等潜力客户提质工作。通过线下线上联动推介各类支付结算服务和金融产品，提高客户对金融产品、服务的关注度和多产品绑定，提升客户关联度和活跃度，并将其转化为客户满意度和贡献度，最终增强客户黏性，形成做实"单客经济"的闭环。要不断提升服务能力。通过强化业务学习、规范服务礼仪、提高业务效率、掌握消费者体验关键时刻等方式提升服务能力，力争通过规范、高效、贴心的服务，赢得客户的信任，避免客户流失，形成品牌传播效应。企业和经营管理者还要把政府资源作为最大的客户资源来管理。总分支机构对国家和地方政府各委办局、各区县阶段性工作重点、重点工程和各乡镇、街道和重点村建立层层对口联系和走访服务，及时了解政策变化，主动靠前服务，深耕区域市场，提升关键资源的支持和使用效率。此外，要用好科技资源，赋能数字化转型和业务发展。这方面后续相关的章节将进行详细阐述。总之，要通过优化资源配置，突破边际效应，提升工作效率和质量，做到增量、增收、增值、增效，推动事物不断发展，组织不断进化。

三、理顺环境，比学赶超

企业经营管理是在一定的客观环境中进行。企业经营管理环境，是指对经营管理和经营效益起直接或潜在影响的外部因素和内部条件的总和。理顺环境，营造比学赶超的良好氛围对企业实现又好又快发展至关重要。

1.适应大环境，敢拼会赢

当前中国经济发展到了新阶段，新技术、新模式、新业态和新的生活方式层出不穷，企业转型发展势在必行。

新常态，向上而生。中国经济新常态就是经济结构对称态，在经济结构对称态基础上的经济可持续发展，高质量发展。"船到中流浪更急，人到半山路更陡"。逆全球化和国际贸易保护主义抬头，国内经济改革进入深水区，宏观经济进一步探底，传统的地产基建潜力见顶，金融脱媒、利率市场化改革稳步推进。经济决定金融,金融为经济服务。随着经济进入高质量发展的新常态,利率市场化和金融脱媒进程加快,同业竞争、互联网等跨界打劫更加激烈,商业银行等金融企业也进入低速增长、精细管理的发展阶段。经济发展阶段和逻辑的变化,已经从根本上引起金融的适应性调整,形成新环境下的发展形态。比如商业银行面临着"发展速度下降、结构需要优化升级和发展动力主要依靠创新驱动"的新发展阶段。"内涵式"发展能力不足是当前商业银行最大的痛点。客户不断升级的金融和非金融需求与商业银行落后金融服务、专业能力和组织能力的矛盾日益凸显。因此,要认识新常态、适应新常态,走内涵式发展道路。秉承"海纳百川,敢拼会赢"精神,坚定信心,迎难而上,向上而生,努力打造适应新常态、新环境的核心竞争力。未来是真正的能力时代、效能时代,做好自己的时代。要有战略耐性,学会慢下来,做难而正确的事,挣正确的、难做的、需要耐性、需要时间积累、需要长板及能量聚合优势的钱。要认真学习贯彻党的二十届三中全会精神,改变旧思维,进行认知与思维革命,既要发挥优势锻长板,又要逐步摆脱过去成功的路径依赖,用新思维理解新时代,捕捉新机会、谋求新发展。当然新和旧、变与不变都是相对的。社会发展进步、中国式现代化的大趋势没有变,金融机构的职能和货币根本属性没有变,政府和监管机关防控金融风险的努力及对金融机构的准入及呵护没有变，社会和企业及个人对优质金融产品和优异金融服务的旺盛需求没有变。总之，我们既要看清变化，居安思危，求变图强；又要看穿变化，抓住机遇，让传统优势业务和创新业务齐头并进，通过"转型升级、内涵提升"，攻坚克难，穿越"牛熊"，跑赢大势。

新变革，转型发展。当今世界正经历前所未有的变局。这是一个创新和变革的时代。技术变革和科技创新牵引新旧动能转换和经济社会加速变化。知识更新、技术迭代，企业面临前所未有的创新和变革。数字化转型和绿色金融、投资银行和财富银行及客户基础建设代表转型发展的方向。从商业银行个体看，经营分化的大幕已经拉开。那些及早放弃规模情结、客户基础较为扎实、转型战略务实有效的商业银行，如招商银行已经先于同业实现了指标好转。未来若干年是一个旧模式逐渐失灵、新秩序逐步建立的特殊时期。能否找准大势，打造出适应环境变化的核心竞争力，冲出同质化"重围"，走差异化发展之路，从而进化为"新银行""新优势"，成为商业银行面对的最为紧迫的任务。未来商业银行的核心竞争力就是科技创新能力和综合金融服务的能力。目前商业银行经营管理和数字化转型进入攻坚期，商业银行若想进一步提高服务效率、压缩经营成本、培育新的动能、覆盖长尾客户、升级风控手段，均需借助科技创新的力量。科技创新对于商业银行而言，是助力转型的第一利器，是数字化转型的核心要务，是高质量发展的应有之义。比如兴业银行《关于推进科技人才万人计划的实施意见》和《关于推进绿色金融人才万人计划的实施意见》对各分行和子公司金融科技、绿色金融等专业人才的引进和内部培养转化认证提出了明确的要求。各分行在金融科技、绿色金融等专业人才的引进和内部培养转化认证方面必须摆上重要的工作日程。同时我们也要清醒地认识到，在与金融科技共舞的过程中，不要搞"大跃进"和无的放矢的冒进，而是要注意跃升思维、调整步调、找准节奏、循序渐进。

新监管，内涵提升。2024年11月11日，中国人民银行行长潘功胜受国务院委托向全国人大常委会报告工作时说："全面加强金融监管，切实提高监管有效性。严格实施金融机构市场准入和非现场监管。抓好发行上市、再融资审核全链条监管，压实中介机构'看门人'责任。加强中央和地方金融监管协作，严厉打击违法违规金融活动，依法实施机构和人员'双罚'。强化金融消费者和投资者权益保护。做好金融法起草工作，配合全国人大常委会推进金融稳定法、反洗钱法后续审议工作。推动加快制定修订中国人民银行法、商业银行法、证券投资基金法、国有金融资本管理条例等法律法规。"监管政策趋严和各项规范要求给商业银行带来了新挑战，要求我们必须告别过去粗放经营的旧模式，走内涵提升和精细化管理的高质量发展动能。《商业银行法》和新的巴塞尔协定对商业银行资本经营管理提出更高的标准和要求，注重盈利能力提升，优化资本使用效率，追求更为轻资本的内涵发展模式。严控风险、合规经营是适应监管的要求，也是商业银行内涵提升的应有之义。要坚持从严治党、从严办行，加强精细化管理，合规经营，严控风险，确保行稳致远。

2.理顺小环境，比学赶超

把人组织好才是好组织。建立一个机制灵活、运行高效的组织结构、制度体系和运行机制是商业银行经营管理必不可少的内部环境和条件。因此，理顺内部小环境，才能形成比学赶超的好氛围。职场上有句开玩笑的顺口溜："卷不赢，躺不平，仰卧起坐腰不行。"要建立赛马机制。躺平没有出路，奋斗才能成功。要建立赛马机制，量化综合考评指标，强化争先创优的激励与约束，引导各级干部和广大员工坚决摒弃"躺平"心态，激发干部"躺不下"的使命感、"躺不惯"的责任感、"躺不稳"的紧迫感，勇于面对挑战，敢于攻坚克难。通过开展"开门红""新飞跃""几比几看"等劳动竞赛和"揭榜挂帅""竞聘举牌"等活动，明目标、比干劲、抓冲刺。用"赛马"机制营造公平竞争、同台竞技、比学赶超，奋勇争先，力争赛出一批优秀团队、赛出一批劳动成果、赛出一批优秀人才。落实奖优罚劣。制定好岗位职责、薪酬、考核、升降、奖惩等级制。用机制激励人，用制度管好人，打造积极向上、高效执行的企业文化。既要坚持过程管理和考核，更要坚持结果导向，及时兑现奖惩，落实奖优罚劣，知人善用，能者上任，功者受禄。对本职工作岗位业绩突出、作风优良的员工大胆使用，及时进行表彰奖励。奖勤罚懒，奖优罚劣，让优秀人才脱颖而出，价值得到体现，让"摸鱼"混日子和"滥竽充数"的南郭先生无处遁形，自然淘汰。要建立健全崇尚实干、带动担当、加油鼓劲的正向激励体系，形成能者上、优者奖、庸者下、劣者汰的良好局面，有效调动各级干部和广大员工干事创业积极性。近日，湖北省罗田县县委书记郝爱芳一段关于向10种做派宣战的发言火了。她说："坚决向坐而论道、评头论足、动口不动手的'君子'做派，只要奖金不少、不贪也不干的'躺平'做派，绕来绕去、抽象肯定具体否定的'内卷'做派，人很忙事没动、水面打滚、一问三不知的'点卯'做派，谁能干谁干、不会干就不干、我弱我有理的'巨婴'做派，花拳绣腿、重痕不重绩的'演员'做派，对领导唯唯诺诺、对群众颐指气使的'官僚'做派，只想当官不想干事、只比待遇不比责任、只比资历不比贡献的'怨妇'做派，看透不说透、栽花不栽刺、不敢得罪人的'老好人'做派，当面不说背后乱说的'两面人'做派宣战。"

3.优化软环境,简单和谐

市场的竞争,某种程度就是人才的竞争。如何吸引人、培养人、留住人,为想干事、能干事的人创造好的平台环境,是一个企业发展的永恒主题。员工需要一个事业成长和心灵愉悦的良好生态环境。在良好的生态环境中,员工既有身为组织一分子的自豪感,又有与企业相伴成长、共赢未来的归属感,还有"国之大者""企之要务"的使命感,踔厉奋发,勇毅前行,为企业贡献自己的智慧和力量。作为组织要不断思考如何对员工进行愿景、价值观引领,如何对员工进行培养赋能,如何做到严管厚爱,如何提升员工归属感、认同感,从而提升敬业度和业绩水平,让员工个人的成长和希望与企业发展目标相向而行。组织为员工创造拴心育人的良好环境,给员工成长和发展的机会,从而激励员工多承担责任,发挥潜能,贡献智慧,创造价值。

第十章
对抗熵增 管理赋能

诺贝尔奖得主薛定谔有句经典名言:"人活着就是在对抗熵增定律,生命以负熵为生。"对于组织来说,如若没有优秀的文化引导和科学合理的制度规范,就会朝混乱无序方向发展,大企业病就会发生。各部门开始各自为战、争夺利益,项目推进效率低下,业务创新越来越难,组织行为的复杂性加剧了企业整体环境的复杂性,熵不断增加,企业到最后终将走向倒闭消亡。管理学大师彼得·德鲁克说:"管理要做的只有一件事,就是对抗熵增。"物理学上的熵增定律,是指一个孤立系统中,在没有外力做功的情况下,事物总是自发、不可逆地朝着熵(混乱程度)增加方向进行。熵增定律对企业管理实践的警示性不言而喻。只有不断进化、不断进步,不断对抗熵增,组织和团队才能充满活力,防止滑向无序和混乱,不断进化迈向新成长。2012年,任正非有个非常重要的《2012实验室讲话》,数次提到反熵增思维,他清醒地意识到，华为和所有企业一样，都存在一个巨大的威胁：熵增。并强调："封闭系统必然要能量耗尽，要死亡的。"于是华为不断引进国际管理经验，推动管理变革；产业链和生态系统将竞争对手视为共同进化的伙伴，而不是零和博弈的对手；开放的人才系统，容纳世界级人才；分配机制上员工100%持股又按贡献大小体现差异化，让员工成为组织对抗熵增的核心要素。

企业无论大小，都存在容易熵增的场景。战略转型、组织优化、机制创新和自我迭代正在重新定义企业的商业模式和管理范式以及从业人员的认知、态度、知识和技能。创建学习型、开放型、创新型的组织非常重要。要适时变革和优化组织形态。企业的成功离不开战略，而战略的落地和推动，需要过硬的组织能力。随着外部环境的变化，组织变革和体制机制优化势在必行。企业如何保持开放系统特征和广揽引进人才及干部交流轮岗的机制，保持组织活力；如何建立完善适应数字化转型的组织架构和体制机制，创新发展；如何进行流程再造和优化，做到中后台保障下沉前探，形成各子单元联动、上下同欲，从而形成经营合力，及时响应服务市场和客户需求，激发经营机构活力，提高运营效率。经营管理干部和广大员工要居安思危，打破舒适区，挑战自我，攻坚克难。坚持改革创新，坚持长期主义，做难而正确的事，用制度管人，用流程管事，一把尺子量长短，营造公平公正、规范有序、风清气正、比学赶超的企业内部机制环境，推动组织健康持续协调发展。

一、组织变革与优化

当今世界风云变幻，我们正在百年未有之大变局之中。这是一个新的时代，这是一个巨变的时代。随着互联网发展和人工智能等新技术革命来临，我们所处的环境正在发生巨变。同样人类个体认知和价值崛起也在迅速发生。

北大教授陈春花在谈及组织活力时提到："无论是现实还是对未来的判断，'一切照旧'的商业模式无法带来可持续发展，我们不得不承受转型带来的痛苦，不得不面对新技术创新带来的生活方式的改变。这一切，都迫使我们不得不重新审视：作为管理者该如何引领企业走上可持续发展之路。"

福耀玻璃集团创始人曹德旺认为："贤者预变而变，智者看到变跟着变，而愚者见变不愿变。"

创维创始人黄宏生在视频号上讲课认为："中国经济正在完成一场大升级，一场真正的大变革正在到来。我们的经济模式也会出现巨大的调整，面临三个代表性趋势和三个方向。三个趋势，大环境的趋势、行业周期的趋势和人口结构的趋势。第一，大环境的趋势有两个关键词，一个是零售行业的效率战，线上竞争看性价比，线下竞争看谁离客户近，并提供线上店提供不了的服务。另一个是服务行业的流量战，一定要学会用好线上工具来宣传。第二，行业周期趋势。商业的本质是满足需求。商机的本质是发现未被满足需求的新方式，由技术更新和人文环境的变化而带来的人的生活方式的变化。比如在移动互联时代，我们线下的一切销售行为和信息传播行为接下来都会在线上重新来一遍。这个过程就是满足老需求的新方式。第三，人口结构的趋势。这个世界上所有的商业需求，本质上来讲都是且仅是人的需求。人口结构的变化才是一切商业需求背后真正的大趋势。少子化、单身化、老龄化这三个关键词是非常重要的结构性趋势。我国单身人群已经超过2个亿了，60岁以上的老年人已超3个亿。整个社会的供给都要为这个结构变化而发生巨大的改变。老话讲得好，一步快步步快。所以要从以上三个趋势来寻找三个方向。第一，2024年开始，很多东西都会发生重大改变，这次引发巨大改变的元素就是人工智能。不管是创业者还是打工人，从现在起应该全面去了解和拥抱AI。第二，如果你从事的行业已经身处一片红海找不到出路的话，你要赶紧将原来的整体经营思路调整为细分市场思维。2024年开始，人们对个性需求会达到一个很高的峰值。你可以考虑强调某个长板只需满足一个特定的人群需求就好。少则得多则惑，就是这个时代最有效的打法。第三，我们所有人都必须看到一个趋势。互联网越发达，财富就越会往大企业里集中，头部效应就越明显。而科技越发达，贫富差距就会越大，高新科技会越促进社会的流通性，让财富加剧流向更有钱的人和地方。因为互联网的缘故，大量同质化的商品价格会越来越透明。相同的商品和服务，只要有利润就一定会有人卖得比你更便宜。这个时候怎么办？设置隐形路径。从商业模式上想办法将利润后延。不要怕，这是现代商业发展的必然。先改变的先吃肉，后来的喝汤，后知后觉的最终就会被淘汰。你可以设计一款流量产品，可以亏点钱，把客户先引进来，当客户进来形成消费数据后，再靠其他的方法产生利润。"

随着生产方式和商业模式的改变，一些组织的变革和进化正在悄然发生。弗雷德里克·莱卢在《重塑组织》一书中把组织模式分为五种：一是冲动——红色组织。首领持续运用武力以保持队伍秩序。目前实例：黑帮、街党和部落武装，主导隐喻：狼群。二是服从——琥珀色组织。在等级制的金字塔中的高度正式的角色。目前案例：军队、大多数政府机构、公立学校系统。主导隐喻：军队。三是成就——橙色组织。目标是打败竞争者，取得盈利和增长。创新是处于领先的关键，实行目标管理（命令和控制做什么，将如何做的自由留给员工）。目前案例：跨国公司、私立学校。主导隐喻：机器。四是多元——绿色组织。在经典的金字塔结构中，聚焦于文化与授权，以达成非凡的员工激励。目前案例：文化驱动型组织。主导隐喻：家庭。五是进化——青色组织。弗雷德里克·莱卢把未来进化型组织定义为青色组织。青色组织的三大突破：自主管理、完整性和进化宗旨。目前实例：荷兰居家照护组织博组客。主导隐喻：组织是个生命系统。弗雷德里克·莱卢在书中也提到，这些分类和定义是相对的，比如有的公司既有服从——琥珀色组织性质，又有成就——橙色组织的特征。特别是同一庞大的组织体系可能在不同的领域表现出不同的组织形式，这属于混合型组织。商业银行和许多企业目前的组织形式表现为成就——橙色组织。有的表现为服从——琥珀色组织、成就——橙色组织和多元——绿色组织的混合型组织嵌套模式。

随着移动互联时代的来临，传统的管控式科层组织正朝着市场化网络组织和小团队加大平台的组织形态发展。日本企业家稻盛和夫的"阿米巴经营"、海尔的"倒三角"组织结构和华为的"铁三角"及"项目型组织"等等都是适应市场的新的组织形态。CEO、LM（直线经理人）和HR共同致力于打造价值创造、超越对手、根植于组织的可持续发展能力。

组织变革的底层逻辑主要有以下四个方面：

第一，应客而变。客户的需求改变商业模式，商业模式改变组织方式。企业最终服务的对象是客户，客户的需求和消费的方式和渠道变了，企业的组织架构和职能就得跟着变。在同质化严重和竞争激烈的市场，企业跟不上客户需求的变化，市场份额就会萎缩，任何形式主义和本位主义经不起市场的检验。以客户为中心的业务模式和组织架构往往是像华为的"前端'铁三角'、中端重装旅、后端大平台"的架构，采用多专业整合的"一站式综合解决方案"业务模式，为客户提供一站式、多专业融合的综合解决方案。

第二，因监管政策的要求而变。比如，监管政策要求金融为民为实体服务，强调金融的政治性和人民性，各商业银行普遍设立了普惠金融部和消费者权益保护办公室。

第三，因公司战略调整而变。现在很多企业实施数字化转型，组织架构必然进行相应调整，有的还设立了数字化转型办公室或线上销售部、电子商务部门等。

第四，因业务项目而变。重要项目必然有相应的组织机构相配套，也可以是临时的敏捷组织和团队。目前，一些商业企业积极探索与商业模式相匹配的组织形态，通过变阵或增设新业务运营部门和成立重点项目组合团队这一敏捷型组织等方式，及时响应服务市场和客户需求，激发了经营活力，提高了运营效率。

此外，比起普通人和中小企业无法把控的大趋势，真正能给所有人带来机会，从细微处引发大变化的，恰恰是我们身边的各种"小趋势"。罗振宇曾给小趋势下过一个相对准确的定义：小趋势是影响趋势的趋势，带来改变的改变。

北京仟亿达集团正是因为成功把握了"大环境"和"小趋势"把碳中和服务商事业做得风生水起。在全球积极应对气候变化、大力推进碳中和目标的时代浪潮下，仟亿达集团以其卓越的创新能力和坚定的环保信念，在碳中和等环保领域深耕细作，取得了令人瞩目的成就。仟亿达集团成立于2004年，注册资本2.1亿元，是全球碳中和综合解决方案服务商。自成立以来，始终秉持"诚信、创新、共享、敬业"的企业价值观，致力于为客户提供高效、节能、环保的综合解决方案。集团以碳中和为核心目标，涵盖余热余压发电及综合利用、蒸汽利用与优化、工业系统节能、煤层气与地热发电及供暖、风光储充多能互补及碳资产咨询等碳中和业务，助力企业实现绿色转型，为推动全球可持续发展贡献力量。

仟亿达集团董事长郑两斌深刻认识到碳中和对于全球未来发展的重要性，早早地将集团的发展重心聚焦于节能环保领域。他准确把握市场趋势，提前布局碳中和相关产业，为仟亿达集团在激烈的市场竞争中赢得了先机。在他的领导下，集团不断加大对技术研发的投入，引进国内外先进的节能技术和管理经验，提升自身的核心竞争力。在环保领域，技术创新是企业发展的关键。公司高度重视技术创新，鼓励员工勇于创新、敢于突破，积极引进高端人才，组建了一支由博士、硕士等高学历人才组成的研发团队，不断开展技术攻关和创新实践，自公司成立以来自主创新和联合创新260多项知识产权。仟亿达集团在碳资产管理领域处于行业领先地位。率先推出了一系列创新的碳资产管理服务模式，如为企业提供碳盘查、碳配额托管、碳减排项目开发等，帮助企业实现碳资产的保值增值。这些创新服务模式不仅为企业提供了更加便捷、高效的碳资产管理解决方案，也为推动我国碳市场的发展做出了积极贡献。此外，集团还在工业节能领域取得了多项技术创新成果，为客户带来了显著的经济效益和环境效益。

作为一名企业家，郑两斌始终牢记自己的社会责任。他认为，企业不仅要追求经济效益，更要关注社会效益和环境效益。在他的倡导下，仟亿达集团积极参与公益事业，开展环保宣传、节能减排培训等活动，提高公众的节能环保意识。

集团还积极响应国家号召，积极承担社会责任，参与扶贫、救灾等志愿活动。通过开展产业扶贫、教育扶贫等项目，帮助贫困地区的群众脱贫致富，为实现全面小康社会贡献力量。集团凭借企业文化领域的突出表现和社会责任履行实效，2022年跻身"北京民企社会责任百强榜"，位居第27。20年来，仟亿达集团服务了数百家钢铁、化工、有色金属、电力等行业的高耗能、高污染企业，签订了数百个EMC/EPC节能总包合同，累计EMC合同额达60多亿元，EPC合同额数亿元。集团希望通过新建或节能改造为客户实现超预期的节能效果，已累计为客户节省电力100多亿度，相当于累计节约300万吨以上标准煤，减排272万吨粉尘，减排30万吨二氧化硫（SO_2），减排15万吨氮氧化物（NO_X），减排781万吨以上二氧化碳（CO_2），相当于中国超52万公顷的森林植被的每年吸收量。

在工业节能领域，仟亿达集团通过为企业提供节能诊断、节能改造、能源管理等服务，帮助企业降低能源消耗，提高能源利用效率。2022年3月22日，集团与云南玉溪玉昆钢铁集团有限公司签署《云南玉溪玉昆钢铁集团有限公司产能置换升级改造项目发电工程合同能源管理》商务合同。集团在云南玉昆投资近8个亿建设2×100MW超高温亚临界煤气发电机组、1×15MW炼钢余热发电机组、1×28MW烧结余热发电机组。此前1×15MW炼钢饱和蒸汽发电机组、1×28MW烧结余热发电机组均已成功并网发电成功，在多个团队经过数个日夜的精心筹备与不懈努力后，1号100MW超高温亚临界煤气发电机组于2024年7月25日正式成功并网发电。玉昆发电项目作为仟亿达集团积极响应国家"碳达峰、碳中和"战略目标的重要实践，能显著降低炼钢生产成本。煤气发电项目1号机组100MW超高温亚临界正式投产后，实现了余热资源合理利用。三个机组累计年发电量

10.04亿千瓦时，累计节约标准煤约11.145万吨，累计折合二氧化碳（CO_2）减排量约90.873万吨。

由此我联想到，作为企业的管理者一方面要坚守，面对各种变化和所谓的大趋势和风口保持定力，不赶时髦，不人云亦云，做自己擅长的；另一方面，要对身边的各种"小趋势"保持一定敏感度，因时机的变化而变、因客户需求变化而变、因管理对象变化而变。管理实践没有好不好，只有合不合适。此外，还要把自己带领的团队的小环境、小趋势搞好。要用心思考看问题的不同维度和视角，适时运用解决问题不同的方法和思路，在坚守与改变的对立统一中完成自我的蜕变与升华。比如，好高骛远的浮躁心态要改变，从0到1的创新与努力要坚守；商业模式和管理范式要改变，创造价值和为客户服务的初心和理念要坚守；故步自封的思维定式和坐井观天的视野要改变，勇于担当和以勤为径的理念要坚守。在改变中坚守，在坚守中改变。

二、制度完善与优化

制度是带有根本性、源头性的规则，完善制度体系是理顺环境、促进比学赶超和对抗熵增及管理赋能的系统性设计和管理规范化的客观要求。完善制度一般在三个方面发力。一是对于公司需要但未建立的制度必须尽快建立健全，及时填补空白。二是对于已有的企业内部制度每年要定期进行梳理诊断和修订完善。凡与国家和行业新政策、新标准不一致的或已不适合公司发展新要求的都要及时进行修订。三是抓制度的刚性执行。用制度管人，用规则管事。一把尺子量长短，营造公平公正、规范有序、风清气正、比学赶超的内部机制环境。1998年，华为成立十年时出台了《基本法》。《基本法》不仅是华为的管理基石，也是华为使命、愿景、价值观和企业战略及企业文化的宣传书，为华为的持续、健康发展奠定了坚实的基础。

俗话说，"没有规矩不成方圆"。规矩是规章制度，是规则，是底线。哲学家穆勒曾经说过："约束是自由之母，个人自由，须以不侵犯他人的自由为自由。"油门和刹车都正常才能保证汽车正常行驶。要教育引导员工遵守党纪国法、行业政策和总分行规章制度，做到合规经营，行稳致远。战国时期爱兵如子的名将吴起有一句名言："兵以治为胜"，讲的是军队靠管理、靠制度来打胜仗。激励和约束都是管理的有效手段。日常工作中，我们更多地使用正面的表扬和激励，但适当的批评和约束乃至惩罚也是不可少的。严是爱，松是害。很多情况下，我们既要保护员工的合法权益，也要严格按章办事，保护单位的利益和声誉不受损失。尤其是在把握劳动法规和人力资源制度规定方面。只有坚持奖惩并举，赏罚分明，才能聚好人心，带好队伍，形成争先创优的良好氛围。

管理的核心是人。把人管理好才是好管理。队伍忠诚干净担当，对组织健康度和好氛围至关重要。管理赋能在一定程度上就是营造良好的内部环境和组织氛围。员工全生命周期管理是企业内部管理和风险防范的重要内容。一个企业员工违规违纪如果抓不好，贪腐和违法不能根治，企业的健康度和可持续发展必然受到影响。好事是人干的，坏事也是人干的。人是最复杂的动物，善与恶一身，爱与恨一心。一些企业发生的触目惊心的案件，都与个别人有关，是个别员工违规、违纪甚至违法犯罪，给单位和组织造成严重伤害和损失。违规，主要是指员工违反企业内部的规章制度。违纪，主要是中共党员违反政治纪律、组织纪律、廉洁纪律、群众纪律、工作纪律、生活纪律这6大纪律。职务违法，指的是行使公权力的公职人员违反职务法律法规规定，虽不构成犯罪，但依法应当承担法律责任的行为。职务犯罪，是指公职人员利用职权或影响实施的依照《刑法》应予以刑事处罚的行为。企业管理人员和关键岗位的员工等比照处理和追责、量刑。近年来金融系统的反腐力度明显加大，2018年以来，中央纪委国家监委网站通报的接受纪律审查的金融干部有200多人。2023年1月，二十届中央纪委第二次全体会议公报再次强调，突出重点领域，持续加大金融、国有企业、粮食购销等权力集中、资金密集、资源富集领域腐败问题惩治力度，把党的十八大以来不收敛不收手、胆大妄为者作为重中之重，严肃查处领导干部身边人利用影响力谋私贪腐问题。加大对"影子股东""影子公司""政商旋转门""提前筑巢""逃逸式辞职"等新型腐败和隐性腐败的查处力度，坚决斩断权力与资本的勾连纽带。因此企业员工全生命周期管理和内控内审及纪检监察必不可少，遵规守纪和反腐倡廉也是职场的基本准则和底线要求。

经营管理干部和员工学法明纪、廉洁从业应注意把握以下几点：

①牢记"一岗双责"。"一岗双责"是指各级领导干部在履行本职岗位管理职责的同时，还要对所在单位和分管工作领域的党风廉政建设负责。通俗地说，就是"一个岗位、两种责任"，管理干部既要干事，还不能出事。要求各级领导要一手抓发展、一手抓廉政，"两手抓、两手都要硬"，努力形成一级抓一级、层层抓落实的工作局面。

②立好"二个基点"：廉洁从业，合规经营。

③坚持"三个区分开来"。"三个区分开来"指：一是要把干部在推进改革中因缺乏经验、先行先试出现的失误和错误，同明知故犯的违纪违法行为区分开来；二是把上级尚无明确限制的探索性试验中的失误和错误，同上级明令禁止后依然我行我素的违纪违法行为区分开来；三是把为推动发

展的无意过失,同为牟取私利的违纪违法行为区分开来。

④坚持"四自",反对"四风"。"四自":无论是在现实生活中,还是在实际工作中,只有自警、自省、自励、自律的人才能获得最终的成功。自警、自省、自励、自律的人,深刻认识到只有不断完善自己,改正自己,才能真正提高自己,成就自己。自警,就是不管在任何时候,都要对自己的思想和言行保持高度的警觉,将自己可能犯的错误降到最低,不断警醒自己。"四风":反对形式主义,重在解决作风漂浮、工作不实、文山会海、表面文章、贪图虚名、弄虚作假等问题,就是要求真务实、一心为民。反对官僚主义,重在解决脱离实际、脱离群众、消极应付、推诿扯皮、作风霸道、迷恋特权等问题,就是要谦虚谨慎、以人为本。反对享乐主义,重在解决追名逐利、贪图享受、讲究排场、玩物丧志等问题,就是要着重克服及时行乐思想与特权现象。反对奢靡之风,重在解决铺张浪费、挥霍无度、骄奢淫逸、腐化堕落等问题,就是要厉行节约。

⑤过好"五关":守住政治关、权力关、交往关、生活关、亲情关。守住"五关"是做合格党员干部、守住守牢拒腐防变防线、确保不腐化变质的必然要求。

⑥守好"六项纪律"。党的"六项纪律":《中国共产党章程》明确规定了党的纪律,主要包括政治纪律、组织纪律、廉洁纪律、群众纪律、工作纪律、生活纪律六项纪律。

《中国共产党纪律处分条例》全面贯彻习近平新时代中国特色社会主义思想，以党章为根本遵循，将党的纪律建设的理论、实践和制度创新成果，以党规党纪形式固定下来，着力提高纪律建设的政治性、时代性、针对性。

⑦算好"七笔账"。人生"七笔账"即政治账、经济账、名誉账、家庭账、亲情账、自由账和健康账。账，人人都会算。正所谓"人人心里有本账。"在日常学习、工作和生活中，经常要进行算账，算法不同，结果也就大不一样。有的人算"廉洁账"，为守好"廉关"，平常遵纪守法，一生平安幸福。有的人算"贪腐账"，虽绞尽脑汁，却打错了算盘，为了满足膨胀的私欲而大肆贪污受贿，最终难逃法网，真是聪明反被聪明误。

员工全生命周期管理涵盖员工从入职前、入职时、在职期间、离职（退休）等各个时期各个环节的管理。比如社会招聘重点要关注并做到人岗匹配和防踏坑、踩雷。人岗匹配主要指学历、年龄、专业、工作经历和业务资源与所招岗位相匹配，做到人事相宜。防踏坑、踩雷，主要通过背景调查、灰名单查询和入职时必须提交无犯罪证明来解决。背景调查内容：①基本信息调查。身份信息核实、学历信息验证、职场信用风险、职业资格查询等。②工作履历调查。任职单位和职位是否真实、任职时间是否一致、离职原因、劳动关系是否解除、是否有劳动争议、是否签订培训协议、是否签订竞业限制协议。③工作表现调查。被调查人曾任单位的上级、同级或下级的评价、主要工作职责及完成情况、工作能力的强项与弱项、工作积极性、职业操守或道德品质，以及是否存在从业不良信息等。④离职原因是否真实。员工在上家单位是否因能力未能通过考核，或涉及违规等原因被辞退的情况。

招聘单位在进行背景调查要注意四个方面：一是背景调查不能省。现在一些比较大型、正规的公司都会要求招聘模块里包含这一部分，会对一部分新进员工做背景调查。二是招聘单位要与应聘人签订应聘人委托招聘单位对其个人进行背景调查和核实的书面材料。即取得被调查人授权，背景调查要让被调查人知情。三是背景调查应当征求员工意见，为员工着想，注意把握时间窗口，不能做得太早，给员工在原单位造成影响和压力。四是给予认为有问题的被调查人申辩的权利，并对被调查人信息保密。背景调查内容包括：候选人以往的经历（包括工作时间、岗位名称、工作职责、教育经历、薪资水平）、他人的评价等。通用的规律是：向合适的人问合适的问题，多问数字少问感觉，多问事例少问评价，做判断时以封闭式提问去求证。记录要引用证明人原话而非自己的总结。

对新员工的背景调查一般都是在办理入职前，主要做好三件事：一是通过银保监监管系统查看是否曾受违规处分、处罚；二是通过法律与合规部门的内控系统及工商系统查看是否有在外兼职情况；三是征求对方同意或与应聘者签订背景调查协议（即取得被调查人授权）后通过问询原单位或调阅人事档案等方式进行背景调查。通过以上措施，把好人员准入关。

员工在职期间的管理如考勤异常情况管理。①"亲见当事人"政策：对超过3个工作日未到岗的员工，严格执行"亲见当事人"政策，单位主要负责人应通过电话、探视、家访、异常行为排查、重大事项报告等形式，与员工本人取得联系并核查了解实际情况。②异常缺勤情况管理：如遇员工考勤、休假情况存在异常情形，所在单位应第一时间与员工取得联系、了解具体情况，并及时上报人力资源部，不受月度考勤报送时限限制；同时应在报送月度考勤表时针对员工异常缺勤情况另行提供书面说明。③考勤异常情况常态化排查机制。以经营机构和企业的部门为单位，按季度组织对辖内员工考勤异常等情况进行摸底排查，每季度报送排查情况至人力资源部，具体排查内容包括：长期休假不在岗（连续休病、事假超过7天）；配合外部单位调查不在岗（如司法机关征询）；旷工；迟到、早退、不打卡；未经正式调动手续私自调整岗位等。总之，管理的核心是人，关键是要做好员工全生命周期管理，用制度管人，用规则管事，合规制胜，行稳致远。

三、流程再造与优化

工作流程、制度环境和经营管理效率密切相关。在以下四种情况下企业流程再造和流程优化势在必行。一是客户的需求和市场发生了巨大的变化。坚持以业务流程为中心，以顾客满意度为最终评价标准，而企业内部职能部门的设置及管理运营方式要随之改变和优化。二是公司发展进入了新的发展阶段。初创公司、成长阶段和成熟公司的管理方式和制度规范是不一样的。三是企业实施数字化转型。内部的组织架构和制度规则和运营流程随之进行调整。四是企业运营效率在同行业的平均值（中位数）以下，熵增明显，风险苗头显现，大企业病的弊端凸现。组织架构和制度流程都要进行梳理诊断和调整优化。

企业的管理应该是流程驱动的管理。一贯实施流程管理，而且管理得比较得当的企业，确实可以在日常的管理过程中，适时对流程进行修正、调适，所以，这种企业的流程往往适应性比较强，流程的设置和运行也要科学得多，但这并不意味着，它们就不需要对流程进行再造和优化。随着ABCD科技时代发展和企业智改数转的实施，企业的商务模式和客户价值链维系正在发生根本性的变革，流程就必须要再造和优化。流程再造和优化的目的也是要通过对企业和产业流程的梳理、精简，来实现流程化管理和效能的提升。当前一些企业尤其是大企业制度和流程优化存在滞后性，一些工作流程烦琐，降低了管理运营效率，核心竞争力也随之下降。公司人浮于事、各子单元内耗严重，二级机构管理能力偏弱。少数单位甚至有机构无管理、有团队无组织，基层单位多股力量各自为战，未能有效融合形成合力。组织架构、内部考核激励机制及制度流程都要进行再造和优化。要按照"以事定岗，以岗定人"的原则，对公司内部重新进行定岗、定编、定责工作，积极推进内设部门整合和优化。风险合规派驻工作也要下沉前置，有效提升运营服务效率。公文运转、内部审批等也要持续进行流程优化和效率提升。全面落实岗位责任制，成立由前后台和相关子单元参与的敏捷小组，对内部审批等的岗位、职责、流程全面排查，逐一梳理，明确各环节的减负要求。要加强效能建设，全面推行限时办结制，根据不同的业务，对审批和用印等环节进行过程控制，按照"限定时限"的原则限时办结，提升效率效能。公司本部和各经营机构各项工作流程的优化、作风的改进和效率提升，为提升经营管理的有效性增添了新活力。用好定岗、定编、定责的"三定"政策，提高人员配置效率，提升经营管理的有效性和高效能。公司经营效率高低取决于人员配置的效率。人员配置应紧紧围绕总分战略目标和本单位工作任务、经营指标，在对所需员工数量、类型、岗位、职责等进行科学合理分析的基础上,确定适合发展需要的人员数量编制、岗位设置、干部配比和职责界限,确保精干集约、人事相宜、人岗匹配、高效运转。企业对员工减负赋能,员工将为企业创造无限可能。

要大力倡导简单高效文化。简单就是上下级和内部关系和谐简单,摈弃烦琐礼节,改进作风,提高效率;高效就是专注做事本身,关系和谐、注重实效,内部沟通成本低,集中资源一致对外。要提倡以人为本、团结互助、关心员工的身心健康和成长,增强员工的归属感和获得感。比如兴业银行大力倡导"做兴业人办兴业事"简单高效文化,内部流程便捷高效,沟通成本低。积极倡导员工与企业共同成长,银行与客户同兴业,企业与社会同进步,展现以客户为中心、以员工为伙伴,坚持"真诚服务、相伴成长"的经营理念,服务国家战略、实体经济、百姓民生、员工成长的形象以及不负时代使命、执守金融本源,向"好银行,助生活更美好"持续迈进的情怀与梦想。

第十一章
创新升级　科技赋能

一、强化创新升级理念

当今世界风云变幻，我们正处在百年未有之大变局之中，新技术革命来临，深刻地改变着世界。世界每天都在发生变化，唯一不变的就是变。在易变、不确定、复杂和模糊的VUCA和ABCD智能科技时代，需要我们个人和组织强化创新升级观念，适时而变，因客而变，应需而变，不断更新、不断超越。要紧跟中央和国家政策、国际国内宏观形势谋篇布局，紧跟监管政策导向摆棋用兵，紧跟市场变化和客户需求用心用力，理清思路，树立创新、协调、绿色、开放、共享的新发展理念，下好先手棋，打好主动仗。要把"知、觉、悟、行"贯穿思考全过程，学会体验感知、意识觉察、思考领悟、执行落实，提升工作的质量、效率和效益,不断满足用户价值导向、创新迭代和敏捷及个性化需求。华为集团任正非说:"不确定的时代要有确定的抓手。"当前和今后一个时期是以中国式现代化全面推进强国建设、民族复兴伟业的关键时期。面对纷繁复杂的国际国内形势,面对新一轮科技革命和产业变革,面对人民群众的新期待,2023年7月召开的党的二十届三中全会定下了进一步全面深化改革的总基调,到2029年中华人民共和国成立八十周年时,完成全会决定提出的改革任务。作为企业经营管理者应认清当前经济增速放缓、利率市场化、金融脱媒和互联网冲击以及国际形势风起云涌等多期叠加的形势,明确其在自身环境中或市场中的地位,通过战略或工作策略使其与外部环境相匹配和融合,积极寻找结构性业务机会,发挥差异化专业化综合化个性化的比较优势,力争快人一步,先人一手。要时刻关注和思考经营管理的有效性,以高质量发展为目标,以组织优化、考核激励、队伍建设和数转智改为抓手,激活组织活力,提升运营和工作效率,防止管理失效、考核失灵、队伍失管、执行失力。强化创新升级观念,树立管理闭环思维,以问题和结果为导向,以当下和未来为方向,狠抓过程管理,与时代同频和改革共振,推动企业持续健康发展。

2024年,新质生产力成为全国"两会"的热词。生产力的三要素(劳动者、生产资料、劳动对象)的内涵有了新的定义。比如劳动者就包含企业家精神，生产资料不仅仅是劳动力、土地、资本，还有科学技术和数据及制度创新等。劳动对象也有新的产业链条等。要从提高思想认识、规划设计、人才储备、资源支持、制度建设等方面积极布局数字化转型，渐进式推进数字化转型。用数字化转型应对市场变化和技术变革的新要求，用数字化转型促进员工能力转型新提升，用数字化转型提升中后台的服务效率，用数字化转型寻找新的业务机会、新的商务模式和新的业务增长点。比如，如何加快人力资源数字化转型，更好获取、培养、使用人才，助力经营管理降本增效，如何基于人力云产品建设人力资源管理系统，推动与内部人力资源管理系统互联互通，积极探索智能机器人、RPA、数字员工等创新应用，用科技手段赋能人才队伍建设，提升人力资源使用效能，成为我们必须思考和实践的重要课题。兴业银行党委书记、董事长吕家进指出："人人是创新之源，时时是创新之机，处处是创新之地。"要正思反省，向善向上。事前正思，事后反省。要从正反两个方面考虑问题。正思和反省都是思考学习的一种方式，是思考筹划、复盘思维、探寻根源，守正创新，不断迭代的过程。守正才能不迷失方向，不犯颠覆性错误，创新才能紧跟时代，把握主动，赢得胜利。

企业变革、流程再造和数字化转型都是变革的过程，一般要经历"三个阶段、四种反应、五个重点、七步变革、八种经历感受"。三个阶段：结束——告别过去，摈弃旧观念和思维定式，放弃旧事物；渡过中立区——即过渡阶段，先立后破，边立边破；新的开始——明确的目标，设计蓝图，定好计划，让每个人参与其中。四种反应：否定，抵制，接纳，投入。五个重点：氛围，阻力，信任，推动者，坚持。七步变革：领导，共同需求，愿景，参与，修改，监控，持续。八种经历感受：不了解，接受信息，灌输，个人变化，组织变化，笨拙地适应，整合，创新。经营管理干部和广大员工在组织变革和数字化转型中的理念转变和工作路径：①思维，始终关注使命和目标，要认识到每个变革都与人有关，并需要从组织整个业务过程去考虑，创新思维；②灵活，能按照公司业务环境变化的需要制定相应的方法，每一项活动，都在具体方面帮助公司更好地服务于客户；③语言，用内部"客户"（员工）的语言思考和交流，必要时反复沟通和培训引导；④理解，变革的努力能给业务成果增加什么样的价值，价值驱动，前瞻进取；⑤定位，必须永远同时身处两地——组织现在的位置和未来的位置，站在未来看现在，做好现在赢未来，立足当下，放眼未来，砥砺前行。

二、抓好科技赋能实操

用科技赋能数字化转型，逐步实现业务数字化和管理的数字化。统筹各种系统的应用和维护，统筹各种业务小系统开发，加强网点服务设备设施管理，持续推动网点客户、员工、产品、流程、设备等各类经营要素的全方位数字化改造，把网点建设成为"数字化+移动网点+云网点"三位一体的数字化"作战单元"。以"获客、活客、黏客"为营销主线，深化人工智能在网点营销中的应用，根据客户线上线下留存的金融数据和行为偏好信息，成立分行专项工作敏捷组织，挖掘客户使用习惯，为客户精准画像，找出营销过程中的痛点、难点和堵点，支持网点开展精准获客、实时营销、分层服务，进一步提升网点作为一线作战单元的综合营销服务水平。

科技赋能网点智能化。要持续推动智能网点建设工作，注重设备间的衔接互补，通过统筹规划引入智能终端、远程柜员机、自助发卡机、智能打印机、自助填单机等设备，将智能终端打造成业务办理的枢纽，形成"客户自助+协同服务"模式。要积极采用新科技，网点智能服务融入数字媒体、人机交互、人脸识别、远程审核、即时通信等新技术，强化厅堂智慧化、一体化管理，大力推行"智能设备+综合顾问人员"的实体网点服务模式，为客户带来智能、便捷、互动、贴心的全新服务体验，提升网点服务效率和质量。

科技赋能网点生态化。随着互联网金融的发展，场景建设将成为支行营业网点批量获客的主阵地，应加快网点资源共享与跨界合作，建立以客户为中心的生态圈和线上银行。一方面，要从技术层面搭建平台，实现对客户支付、结算、资金管理、融资服务等一揽子全生命流程的设计，实现某一领域的批量获客；另一方面，要将现有产品和服务进行合理组合排列，通过将现有产品场景化，吸引客户进入场景、获取服务，从而达到获客的目的。重点场景领域的突破是场景建设的关键，要持续在客户聚集、应用高频的政务类、出行类、生活缴费类场景发力，增加与客户的触点和交互频次，让客户时时刻刻享受到无处不在的金融服务。严谨的风险控制体系是金融机构经营管理的前提和基础，要积极运用金融科技为风险管理赋能，提升风险管理系统能力、风险管理决策智能化水平。主动依托大数据分析，建立智能模型，加强内外沟通，全面分析客户交易数据信息，及时发现业务风险点，提升防欺诈、防风险能力，防范和化解风险，构建一个智能化、穿透式、全流程的动态风控体系，切实保障金融数据、信贷资产和业务流程安全，提升全方位全链条风险管理水平。

三、探索企业数字化转型实践

数字化转型是指用先进技术手段（数字技术和电子手段）打造智能化数据化的行业洞察平台和客户使用平台（如

App）以及优良的客户经理支持工具平台，建立优化、高效、便捷内部运营管理流程机制，重塑经营体系，大大提升企业工作质量、效率和效益，满足客户良好体验，为客户和社会创造价值。

华为轮值董事长孟晚舟认为："一个企业数字化转型就是沿着'四化'方向去前进。这个'四化'是：①作业数字化；②数字平台化；③平台智能化；④智能实战化。"

当前，世界正从第三次工业革命向第四次工业革命即工业4.0加速演进。工业4.0是基于工业发展阶段作出的划分。按照共识，工业1.0是蒸汽机时代，工业2.0是电气化时代，工业3.0是信息化时代，工业4.0则是利用信息化技术促进产业变革的时代，也就是智能时代。随着互联网发展和人工智能等新技术革命来临，各行各业都面临着数字化转型问题。长江商学院院长李海涛认为："数字化转型是必选项。未来的最大趋势之一，即在生产端实现高度智能化和自动化。工业4.0和工业互联网，正是为了推动制造业的数字化转型和提升生产效率而提出的概念。通过物联网、数字化管理系统等工业数字化转型，企业实现了供应链高效管理和智能化库存管理，提高了生产效率和产品质量。这种数字化生产方式有助于在国际竞争中保持竞争力，促进实体经济可持续发展。当前机器人和人工智能已在制造业崭露头角。随着机器人的智能化和自动化水平的提高，未来生产将越来越不依靠人力,这也是大国竞争中的核心竞争力。"

2024年9月12日,国家数据局在城市全域数字化转型重庆推进会上强调,国家数据局支持城市全域数字化转型的规划咨询、建设实施、运营运维等三大类经营主体。注重开放协作,优化发展生态,加强正向引导、诚信建设和行业自律。

商业银行数字化转型经历信息化、移动化、开放化和智能化四个阶段。中、农、工、建、交和邮储银行等国有商业银行,招商、兴业、中信、浦发、平安银行等全国股份制商业银行以及北京银行、上海银行、浙商银行、南京银行等城市商业银行因时而变、积极作为,金融科技和数字化转型成效明显。

招商银行因客而变,积极实践数字化转型。紧扣数字化、移动化、线上化,以客户经营能力为核心,搭建业务和运营体系,打造创新驱动、零售领先、特色鲜明的中国最佳商业银行。招商银行数字化转型从以下三个方面发力。一是人员与组织。清晰"轻型银行"的战略定位,推动"质量、效益、规模"动态均衡发展。优化组织架构,打造服务战略、结构优化、梯队合理、能力突出的人才队伍,推动战略落地,努力实现金融科技银行的质变突破。二是资源与技术。实现科技"双模IT"转型,坚持科技领先、顺应数字化、信息化、网络化潮流,提升数字化创新能力。坚持"一体两翼",零售"一体"以月活跃用户(MAU)为北极星,拥抱"客户+科技",构建移动互联时代的竞争新优势,打造零售金融3.0数字化新模式。批发"两翼"以特色为方向,着力构建批发业务体系化能力,加快推进数字化转型,实现批发金融高质量发展。构建MAU和多样化为核心的考核指标和多维共当的考核体系,不断推进"一体两翼"的深度融合,打造有机循环、互相促进的整体,形成高度融合的价值循环链。三是机制与文化。机制上以一线为先,强化宣导,重视实操,构建智慧运营体系,有效平衡客户体验、运营效率和运营成本、运营风险之间的关系。在文化上倡导开放、平等、透明,丰富和发展文化品牌,持续扩大品牌差异化优势和影响力。

近年来,兴业银行实施数字化转型战略,努力建设具有综合金融创新能力和服务特色的一流银行集团。探索出以"企业级、标准化"推进数字化转型的方法论,实施科技体制改革,加大科技资源投入,实施科技万人计划,推进新型数字化人才认证,营造学科技、懂科技、用科技文化氛围。2024年第一季度,兴业银行发布2023年度报告。报告显示,2023年,兴业银行信息科技投入83.98亿元,同比增长1.78%,科技人员7828人,较上年末增长16.85%;手机银行月活跃用户数(MAU)增长44.11%至2252.62万户,兴业生活、钱大掌柜月均MAU近两年分别增长43.54%、220.09%。兴业银行董事长吕家进指出,"坚持科技兴行,经历了'砸锅卖铁也要办科技'到'数字化转型是生死存亡之战'的理念嬗变。"兴业银行行长陈信健也表示,"过去,科技是我行的短板,经过这两三年,数字化转型的'四梁八柱'已基本搭建。"数据显示,兴业银行科技投入占营收比重较2020年度提升1.59个百分点至3.98%,仅在2023年度就投入超过80亿元,科技人才占比较2020年年末提升9.09个百分点至13.91%,科技人才队伍已近8000人。科技、人力的投入让兴业银行的金融科技能力有了极大提升。"五大企架工程""五个标准化"、企业级数据字典等一批数字化基础工作深入实施推进,该行数字化转型的"四梁八柱"基本建成。在持续增加科技投入,完成大量基础性、先导性、战略性工作的基础上,兴业银行的数字化赋能有了显著效果,"数字兴业"的发展得到提速。兴业银行也已初步构建起涵盖"1(手机银行)+5(兴业普惠、兴业管家、兴业生活、钱大掌柜、银银平台)+N(各类场景生态)"的"数字兴业"体系。手机银行、钱大掌柜、兴业生活三大App的互融互通得到了强化,还通过"人工+AI",提升服务客户的便捷性;打通兴业管家与各类财富产品系统链路,实现企金财富线上化、全品类业务支持。数字化赋能加快了兴业银行普惠产品的供给能力,普惠金融数字化运营能力得到加强,金融服务普惠小微企业的专业性得到不断提升。面向未来,吕家进提出,兴业银行要在继续推进"企业级、标准化"工作的同时,加强金融科技基础研究和商业应用，用更多AI编程序、管数据、打标签，释放更多资源来做好自身的数字化运营和服务客户的数字化转型，加快开展场景生态建设，挺进企业服务赛道，开拓长尾客群市场，让数字兴业从厚积成势迈向开花结果新阶段。

招商银行、兴业银行等金融企业的数字化转型实践给我们带来了一些启示：一是数字化转型的战略目标明确清晰、可落地。坚持轻资产、轻资本、高效率，努力建设具有综合金融创新能力和服务特色的一流银行。构建连接一切的能力，打造最佳生态赋能银行。二是高度重视客户体验。以客户为中心，以极致的客户体验为目标。三是持续整合核心能力。以强大金融科技为动力引擎，持续优化架构，赋能业务。四是提升员工专业化水平。用科技赋能员工，提升员工的专业能力和数字化水平。提升工作质量和效率。五是金融生态化经营。以客户的需求和痛点为业务起点，重视客户旅程和生态场景建设。六是持续大量的资源投入。重视数字化转型财务资源和人力资源投入和效用。七是打造开放、包容的企业文化。在数字化转型理念、组织协同、管理协同和保障机制等方面全面发力，驱动变革。八是实现路径清晰可复制。锻铸长板，巩固优势业务；激发潜能，释放客户价值；变革方法，唤醒组织活力。牢固根基，支撑长远发展。

商业银行也是企业，面临市场变化、技术变革等各种机遇和挑战，数字化转型的实践与探索对其他企业同样有借鉴意义。中国未来十年，经济发展的出路在哪？知名计算机科学家吴军博士认为："中国三个未来发展方向：一是专业化；二是信息化（智能化）；三是国际化。"现在一些传统行业和中小企业出现"集体焦虑"，觉得业务不好做了，有的正面临生存的巨大压力，不转等死，转型又怕转死。如何摆脱困境，突出重围？

1.紧跟时代发展的步伐

紧盯新的创富和国际化发展机会。连界资本董事长、贵州茅台集团创新战略顾问王钥提到："科技产业金融的创富机会与下一个技术的关键'连'相关。人的连接、机器的连接、数据的连接、场景的连接、空间的连接，甚至生命和生命的连接。万物万事万人互连，所有技术跟商业模式设计，跟这个'连'字相关，你就能抓住新的机会和风口。"比如，国家提出的"一带一路"倡议也跟"连"字相关，这其中有许多出海创富和国际化发展的机会。在国内很多行业已经很卷了，但到"一带一路"国家，很多商业机会就出现了。润米咨询创始人刘润认为："中国大航海时代，才刚刚开始。不要仰视任何国家，不要俯视任何人，平视世界，看到不同。"中国创业者周涛创办的非洲诺联科技公司在"一带一路"国家和非洲热土落地生根，蓬勃发展，引领非洲居民数字革命,点燃无限可能。在短短四年间,诺联科技Konnect Internet 已发展成为非洲最大的单一 WiFi 网络,连接了肯尼亚内罗毕 18 个人口密集社区的超过 110 万用户。公司和肯尼亚当地居民共同见证非洲数字化新时代的到来,携手开创一个充满希望和机遇的未来。诺联科技怀揣着宏伟愿景:通过提供经济实惠的宽带接入和变革性的基础设施服务,为十亿非洲人民赋能。诺联科技的故事,就是用市场化可持续的手段帮助非洲居民提升生活品质,迎接数字化新时代的传奇。华餐会世界餐饮企业家俱乐部(CEC)作为"中餐出海"战略的提出者和践行先锋,华餐会始终不遗余力地推动国内外美食文化的深度交流与合作,旨在助力中国餐饮企业扬帆出海。自 2023 年起,华餐会已成功组织超过 100 位餐饮企业家深入欧美、日本等海外地区,足迹遍布 20 多个国家和地区,深度探索并实践中餐国际化的广阔路径。华餐会在海内外已成功举办六届世界餐饮产业大会,这些盛会不仅促进了国际食材贸易的广泛交流,更成为中餐品牌在海外发展新路径深入探讨的重要平台,推动中餐文化在全球范围内的深度传播与广泛认可。通过举办与各国的餐饮产业交流会,华餐会帮助国内企业家深入了解海外的法律法规、文化习俗和管理制度。同时,帮助国内餐饮企业顺畅对接海外食品供应链企业,以及投资人与合作伙伴,使品牌中餐企业在海外连锁化发展成为可能。此外,华餐会为国内食品加工型企业在海外建立工厂提供全方位的服务，包括市场数据分析、投资人和合作伙伴对接、销售渠道搭建等支持。此外，华餐会为海外餐饮业华人华侨提供了国内学习考察、技术培训的机会，学习国内餐饮先进的管理理念、提高烹饪技艺，并帮助他们与国内品牌对接，成为国内品牌在海外的代理商或合作伙伴。华餐会会长杨海巍介绍，多年来华餐会"中餐出海"活动得到了海内外广大餐饮产业华人华侨的广泛认同，华餐会将持续深化与全球食产业的交流合作，为中国餐饮企业走出海外提供更多元的服务与支持。2024年10月腾讯云正式发布了《企业出海数据合规指导书》，帮助更多出海企业应对数据安全与合规挑战。指导书聚焦24个国家和地区相关重点法律法规，提供腾讯云六大数据合规安全工具箱，为八大行业提供针对性建议，助力企业应对数据安全与合规难题。

从大的方面讲，人民币及大金融国际化、信息科技产业国际化（包括新能源、新材料、高铁、高端制造和航空航天及军工产业等）和消费零售互联网国际化等发展趋势将更加凸显。此外，中国有"十大国粹"：①书法；②武术；③中医；④京剧；⑤汉服；⑥茶道；⑦瓷器；⑧围棋；⑨剪纸；⑩刺绣。以中医为例，出海的前景和市场未来可期，尤其在"一带一路"国家。中国是茶的发源地，出海的前景和市场也十分广阔。中国茶叶门类齐全，品种繁多。中国茶有六大类：①乌龙茶（青茶），代表茶有武夷岩茶（肉桂、水仙、大红袍）、安溪铁观音、凤凰单丛、冻顶乌龙等；②红茶，代表茶有金骏眉、正山小种、祁门红茶、滇红红茶、坦洋功夫等；③绿茶，代表茶有西湖龙井、碧螺春、太平猴魁、黄山毛峰、信阳毛尖、恩施玉露、蒙顶甘露、金坛雀舌、六安瓜片、安吉白茶、竹叶青、庐山云雾、都匀毛尖、日照绿茶等；④白茶，代表茶有白毫银针、白牡丹、贡眉、寿眉等；⑤黄茶，代表茶有君山银针、温州黄汤、蒙顶黄牙、远安黄茶等；⑥黑茶，代表茶有普洱熟茶、安化黑茶、广西六堡、云南沱茶等。把中国原叶茶的终端进行标准化运营，把喝茶休闲的环境空间做足，把中国茶的出海做好，市场的前景十分广阔。

2.紧跟国家和当地政府发展的导向

关注国家重点支持的行业和领域，包括新型工业化、数字经济、人工智能、生物制造、商业航天、低空经济、量子、生命科学、数智技术、绿色技术、西部开发及重要工业备份等领域。尤其是国家提出的新质生产力和突破国外"卡脖子"技术以及战略性新兴产业（新一代信息技术、新能源、新材料、高端装备、新能源汽车、绿色环保、民用航空、船舶与海洋工程装备）和未来产业（元宇宙、脑机接口、量子信息、人形机械人、生成式人工智能、生物制造、未来显示、未来网络、新型储能）的导向就是一些企业的发展方向和机会。尤其在芯片、航空发动机短舱、触觉传感器、手机射频器件、激光雷达、高端电容电阻、铣刀、高压柱塞泵、掘进机主轴承、水下连接器、高端焊接电源、医学影像设备元器件；ITO靶材、航空钢材、高端轴承钢、光刻胶、微球、燃料电池关键材料、锂电池隔膜、超精密抛光工艺、环氧树脂、高强度不锈钢等关键基础材料；光刻机、真空蒸镀机、核心工业软件、航空设计软件等先进基础工艺；操作系统、iCLIP技术、重型燃气轮机、适航标准、核心算法、高压共轨系统、透射式电镜、数据库管理系统、扫描电镜等产业技术基础。这些技术被认为是国家第一、第二和第三产业与海外有较大差距的核心技术，且存在被海外"卡脖子"的风险，是未来自主可控政策加持的领域。2024年7月，工业和信息产业部、中央网信办、国家发展改革委和国家标准委等四部门联合印发《国家人工智能产业综合标准化体系建设指南（2024版）》，引领人工智能产业高质量发展的标准体系加快形成，明确标准化体系的重点方向，更好推进人工智能赋能新型工业化。人工智能和信息化的浪潮席卷而来，我们要积极应对挑战，把握机会，积极投身万物互联，大力推进数转智改，努力创造更加美好的未来。

3.积极探索适合自己的发展道路，创建特色品牌

要看大势、做小众、重深耕，创品牌，走特色化、精品化、数字化之路。做小众，深耕细分领域。适合的才是最好的，能落地的才是靠谱的。郭春林哲学课分享："品牌是诚信的沉淀，品牌是真情实意的结晶，品牌是喜怒哀乐在时光中的酿造，品牌是把'我'变成'我们'的力量。"坚决克服"假、大、空、低"。假，就是虚无缥缈；大，就是自己的能力不具备，跳一跳也够不着；空，就是落不了地；低，就是低效率低质量低层次徘徊。当前和今后一个时期是线上高效便捷服务和线下沉浸式极致良好体验实体店并驾齐驱的时代，竞争激烈但商机无限。要紧跟社会发展趋势，创造、满足市场需求，建立良好的品牌认知度和美誉度，培养和服务好目标客群，让客户认同我们、喜欢我们、选择我们。无论是创业还是老公司开拓新业务，口子要小，打井要深，以精求细，以细求实，以实求优，以优取胜，以品牌求发展。比如针对少子化、单身化、老龄化等人口结构的变化这个非常重要的结构性趋势，整个社会的供给都要为这个结构变化而迎来巨大的改变。以北京市为例，截至2023年年底，北京常住老年人口494.8万，占常住人口的22.6%，已经迈入中度老龄化社会。由此，可以聚焦我国60岁以上的老年人这一群体领域，不一定都去做开养老院这样重资产的项目，而是抓住大多数居家养老的实际，比如成立网格化或社区化的老年人照护团队等，分析响应老人"吃得好、睡得香、玩得嗨、活得久"的核心需求，通过App或穿戴设备把老年人的健康管理和紧急情况下的生活照料以及老年大学（修身养性、兴趣爱好等为主）、老年人婚恋、老年主题旅游和临终关怀等业务做起来，相信市场还是比较广阔的。

4. 在现有条件的基础上进行转型升级

首先，公司的战略定位要重新梳理审视和调整，从上到下、自下而上开展SWOT分析和头脑风暴，让全员参与讨论和提合理化建议，有条件的还可结合外部咨询机构进行"号脉诊断"。要做到"三看"：一看是否符合当下和未来的正确定位和方向；二看是否能给人的生活改善、环境改善或社会进步提供合理的解决方案及具有核心竞争力；三看是否有可持续发展的组织能力和员工队伍及配套机制保障。通过号脉诊断和优化升级让老公司焕发新活力。

其次，进行数字化转型改造升级。移动互联时代，用户的消费习惯和商业模式发生了改变，线下的许多消费行为和信息传播行为改为了线上，线上购物、线上消费、线上信息交互，因此企业必须因客而变，这个过程就是满足新需求和老需求的新方式，数字化、智能化的方式。人工智能是依托数据（含文本）、算法、算力的人工智能大模型，与人脑非常接近，通过语言、文字处理信息，可以替代很多的脑力劳动和白领的工作，已经在简单、重复的工作甚至复杂的信息处理上崭露头角。腾讯科技有限公司创始人、董事会主席、首席执行官马化腾："站在现在看未来，数字经济必将成为中国领先全球，率先打开第四次工业革命之门的钥匙，这是事关民族复兴的产业，事关深化改革的大业，这也是我的中国梦。"安于现状、不思进取，不学习和使用新技术的人和企业会逐步被时代淘汰和抛弃。

最后，内部考核激励机制及制度流程要进行再造。在当今移动互联和智能化时代，制度管人、流程管事的内涵和要求也不一样了。因此，适应数字化、智能化的企业内部考核激励机制及制度流程再造势在必行。通过流程再造和优化提升效率效能，为提升经营管理的有效性增添了新活力。

从现在开始到2035年，未来十年是世界大变局加速演进的十年，是中国国运大爆发的十年，是祖国实现统一不断迈向伟大复兴的十年，是中国综合国力全面提升的十年，是中国科技自主公司如雨后春笋般的十年，是中国自主品牌走向世界的十年，是中华文化圈不断扩大的十年。作为中国这个大组织的一员，我们将有幸亲身经历和见证中华民族伟大复兴的历史进程，也应当为这个大组织的繁荣昌盛踔厉奋发、添砖加瓦。

案例4

华为的《基本法》

近年来,华为在受外部封锁打压的情况下,自主创新、自强不息,王者归来,在5G、云计算、人工智能、物联网等前沿技术领域取得了显著成果,成为中国企业、中国精神的标杆和典范。2024年华为实现了业绩的稳健增长,净利润率显著提升,技术创新和市场拓展均取得显著成果。华为通过优化产业组合和战略调整,增强了发展韧性。华为坚持全流程"高质量"发展战略,提升产品竞争力和客户信任。华为坚持创新驱动的发展战略,推动新技术和新产品的不断涌现。华为深化全球市场布局,构建开放、共赢的产业生态链。华为关注客户需求,提供智能、高效、便捷的解决方案,助力全球客户实现数字化转型和智能化升级。从组织发展的视角,华为的《基本法》不仅是华为的管理基石,也是华为使命、愿景、价值观和企业战略及企业文化的宣传书,为华为的持续、健康发展奠定了坚实的基础。

1.《华为基本法》起草的起点、背景与起草过程

1995年,华为开始引入管理咨询,进行市场人员的绩

效考核制度等改革。1996年1月，华为邀请中国人民大学的教授团队进行管理咨询，开始了二者的合作。

1996年年初，起草工作开始，经历了多次讨论和修改，共计改了8稿。起草过程中，任正非与专家组进行了多次长谈，提供了很多指导和意见。任正非强调，起草《基本法》的目的是将企业家的直觉转化为政策，调整内部关系，并指导制度建设。1998年3月23日，在南山明华会议中心召开了《华为公司基本法》审定会，宣告起草完成。审定会上，任正非指出，《基本法》通过之时，也就是《基本法》作废之时，因为其精神内核已经内化于华为人的头脑之中。

2.《华为基本法》核心内容

《华为基本法》是华为公司的基本管理大纲，具有以下几个核心内容：

核心价值观：

华为的追求是在电子信息领域实现顾客的梦想，成为世界级领先企业。

认真负责和管理有效的员工是华为最大的财富，尊重知识和个性，集体奋斗。

广泛吸收世界电子信息领域的最新研究成果，发展领先的核心技术体系。

爱祖国、爱人民、爱事业和爱生活是华为的凝聚力源泉，责任意识、创新精神、敬业精神与团结合作精神是企业文化的精髓。

华为主张在顾客、员工与合作者之间结成利益共同体，奉献者定当得到合理的回报。

基本目标：

以优异的产品、可靠的质量、优越的终生效能费用比和有效的服务满足顾客需求。

强调人力资本不断增值，发展拥有自主知识产权的电子和信息技术支撑体系。

设立每个时期的合理的利润率和利润目标，不单纯追求利润的最大化。

公司的成长：

进入新的成长领域应有利于提升公司的核心技术水平，发挥公司资源的综合优势，带动公司的整体扩张。

机会、人才、技术和产品是公司成长的主要牵引力，它们之间存在着相互作用。

价值的分配：

劳动、知识、企业家和资本创造了公司的全部价值。

华为可分配的价值主要为组织权力和经济利益，实行按劳分配与按资分配相结合的分配方式。

3.《华为基本法》的意义

企业文化与价值观：

《基本法》明确了华为的核心价值观，如"劳动、知识、企业家和资本创造了公司的全部价值"，这些理念至今仍对华为的管理和发展产生深远影响。

管理实践：

《基本法》提炼了华为的管理哲学和经营原则，如聚焦核心、压强投入的战略原则，以及"以奋斗者为本"不让雷锋吃亏的核心价值观，为华为的长远发展奠定了基础。

行业影响：

《基本法》的发布使华为在业界获得了更高的认可，很多企业和政府机构开始关注华为，推动了华为的快速发展。

法律效应：

《基本法》被视为华为公司的"宪法"，具有法律效力，对公司内部的各项政策和行为具有指导意义。

持续发展：

《基本法》中提到的每十年进行一次修订的原则，确保了华为能够随着时代发展和市场环境的变化进行必要的调整和优化。

《华为基本法》的起草过程标志着华为从传统的管理方式向现代化管理的转变，其深远的意义不仅在于为华为的后来发展提供了指导。《华为基本法》不仅是华为公司管理的基石，也是其文化和价值观的集中体现，对华为的长期发展和战略制定具有深远的影响，也为中国高技术企业的实践和管理创新提供了宝贵的经验。

（摘自《华为基本法》等公开的信息）

案例5

科技驱动、价值创造
——工银科技积极推动人力资源数字化持续提升组织管理效能

工银科技有限公司是中国工商银行股份有限公司控股的全资子公司,亦是银行业在雄安新区设立的首家科技公司。近年来人力资源数字化加速发展。受数字经济、疫情防控常态化、新生代成为职场主力军等因素影响,近年来人力资源数字化加速发展。党的二十大报告提出:"必须坚持科技是第一生产力、人才是第一资源、创新是第一动力。"工商银行全行工作会议要求:"全行要坚持科技自立自强、数字赋能发展、人才引领驱动。"工银科技认真落实党中央决策部署和总行工作要求,充分发挥科技公司技术优势,积极推动人力资源数字化转型,更好获取、培养、使用人才,助力经营管理降本增效。

1.自研招聘平台,提高内外部人才引进效率

为满足公司初创阶段快速发展需要,实现短期内人

员队伍的迅速扩充，工银科技采用前后端分离架构，前端VUE、后端SpringBoot、RPA、Elastic Search等技术，自主研发了一体化人才招聘系统，实现驾驶舱看板、招聘需求、职位管理、简历管理、笔试管理、通知管理、线上评价、背景调查、offer发放、数据统计、内推管理、渠道管理、面试官管理等全流程管控。一是简历管理方面，采用RPA技术获取简历、ES管理淘汰人才库、人才画像信息并通过关键字标签快速搜索等。二是笔试管理方面，使用智能题库管理、生成考卷及安排笔试，线上化作答、交卷、判卷、归档，配备考场监控、分配判卷方案等。三是面试管理方面，可进行面试通知、在线视频面试、投屏共享、实时沟通、在线编程、多人面试评价、背景调查、发放录用通知等功能。四是渠道管理方面，整合多方外网渠道资源，结合内部推荐方式，降低人才招募成本，并以漏斗方式跟进各类渠道人才获取效果。人才招聘系统帮助招聘专员筛选简历数万份、组织近千人次面试，有效提升了人才引进效率，大幅缩短招聘时间周期。

2.开通掌上阅读，营造全员阅读新风尚

为积极打造学习型组织，满足员工个性化、碎片化学习需求，营造"好读书、读好书"的文化氛围，工银科技依托手机端OA开辟线上阅读渠道。一是提供数字阅读平台。

开展"品读新时代 追梦工行人"全员阅读活动，在线下为员工选购3000余本纸质书籍的同时，与掌阅科技股份有限公司合作建设数字阅读平台。掌阅精选平台已上线电子书近500本，内容覆盖社会科学、经济管理、科技互联网、文学历史等21个领域，员工阅读或听书200余本，累计阅读时长数百小时。二是推出读书分享平台。开展"以书会友，一起加油"为主题的"书友汇"活动，研发"书友汇"读书分享平台，开辟图书资源共享、阅读交流互动平台。员工可创建读书活动，对书籍评论点赞，与其他读者进行交流互动。目前收到100余篇读书心得，点赞和评论超3000条。

3.推广工时填报，挖潜人力资源使用效能

针对科技人才队伍工作特点，工银科技在前台技术部门推广工时填报系统。员工需在系统记录投入各类研发项目、会议活动等日常工作的具体时长，并由直线管理者审核，颗粒度细化至小时级，实现对员工工作饱和度和各类项目成本的精细化管理。基于工时填报机制，人力资源部门建立内部人力资源池，促进人力资源的动态调配与合理流动。对于产品经理、项目经理、架构师、研发测试、运维支持等岗位，上月业务报工率低于50%触发提醒预警，连续2个月业务报工率低于50%，自动进入内部人力资源池。其他部门如有人员缺口，优先在人力资源池中进行选用。跨部门共享

使用人员的年度考核由所在部门和用人部门共同评分，用人部门后续可根据业绩表现、项目需求和个人意愿选择调入或退回。人力资源部门动态调整部门编制分配，财务会计部门根据工时填报情况将用工成本在部门间分摊。

4. 完善办公平台，提升员工日常服务温度

工银科技通过对PC端和手机端办公系统的分期建设，持续完善面向各层级管理人员和全体员工的线上服务，提高日常工作效率和响应速度，将人力资源部门和各部门综合管理员从事务性工作中解脱出来。办公系统主要人力资源管理功能包括考勤管理、考核管理、健康打卡、因私出境管理、员工异常行为管理、各类承诺书线上签署等。同时，将自主研发的天问智能系统嵌入办公系统，用于自动问答员工各类常见问题，目前已嵌入词条近500项，解答提问1万余次，问题解决率达96%。

5. 探索智慧党建，提升基层党的建设质量

工银科技通过信息技术创新党组织活动内容方式，打破党建工作传统时空限制，实现标准化、信息化、智能化管理，增强党内政治生活的时代性。一是依托PC端OA建立"智慧党建工作台"。将党建工作管理制度、标准、规范内嵌到系统，帮助党务工作者高效处理日常工作，协助党委职

能部门全面了解党建工作开展情况。二是依托手机端OA上线"党建学堂"。运用Hybrid开发技术融合H5应用打造移动互联网党员教育窗口，集成时政要闻、理论知识、专题学习、支部动态等功能，更好满足公司党员多样化学习需求，方便党员随时随地获取信息资讯。三是开通数字人民币交纳党费方式。公司与工银数字货币公司筹备组以"数字赋能智慧党建"为主题开展联学共建活动，以数字技术引领党建创新，为公司党费专户开通数字人民币交纳功能，丰富党费收缴渠道，推广数字人民币支付方式。

工银科技坚持"科技驱动、价值创造"工作思路，加快人力资源数字化转型，基于公司人力云产品建设人力资源管理系统，推动与行内人力资源管理系统互联互通，探索智能机器人、RPA、数字员工等创新应用，用科技手段赋能人才队伍建设，加速人力资源数字化转型，提升人力资源使用效能。

（根据工银科技发表在《现代商业银行》杂志的文章整理）

附录：北京市落户政策要点及几种办理渠道汇总

2024年10月8日，国家发改委副主任在新闻发布会上说，将针对大城市落户难问题，重点加快推动城区常住人口300万以上城市放宽落户条件。2023年以来，经济强盛的浙江、江苏就曾宣布全面取消落户限制政策，其中，浙江除杭州市区外，全面取消落户限制。江苏明确除南京、苏州市区外，全面取消落户限制政策，确保外地与本地农业转移人口进城落户标准统一。天津、长沙也出台了新的落户政策。其他如重庆、武汉、东莞等城市均出台相关政策，支持居民购房落户。西安、郑州、济南、合肥、沈阳等城市陆续出台了买房即可落户的支持政策；在常住人口不超过300万的城市，落户政策几乎已经全面放开。据中国城市建设统计年鉴，中国有25个城区常住人口超过300万的城市，其中城区常住人口超1000万的超大城市有6个。这些城市的落户政策因城市不同而有差异。常住人口超一千万的北京、上海、广州、深圳等超大城市落户的政策相对严些。近年来，北上广深也做了大量的工作和努力，落户政策更加优化。以北京为例，北京市和各区都做了很多的工作和努力，无论非京生源的引进落户、留学回国人员的就业落户以及人才引进和积分落户，北京市人才工作局、各区人力资源和社会保障局以及教育部留学服务中心都做了大量的工作。现将北京市落户政策要点及几种办理渠道汇总如下，供参考。

一、北京市各区人力资源和社会保障局非京生源引进落户（国内应届毕业生落户）

北京市人力资源和社会保障局于2021年7月16日公布了《北京市引进毕业生管理办法》（以下简称《办法》），该政策旨在建立一个由市人力资源和社会保障局、主管单位以及用人单位构成的三级管理体系。在这个体系下，毕业生的引进工作将更加精准并实行分级管理。根据政策，全国范围内的硕士和博士毕业生，以及北京地区高校和京外"双一流"建设高校的本科毕业生，都可以由用人单位提出申请进行引进。具体要求如下：（1）企业资质：①在本市行政区域内登记注册；②运行状况良好，依法纳税；③具备人事档案管理权限或委托本市人力资源服务机构管理档案并办理落户手续；④主管单位规定的本地区（系统）用人单位准入条件。（2）毕业生办理条件：①年龄：本科生不超过26岁；研究生不超过30岁；博士生不超过35岁。②专业：学生所学专业与企业主营业务相符。③具备下列条件之一：a.硕士及博士毕业生。b.北京地区高校、京外地区"双一流"建设高校的本科毕业生。c.文化行业的编剧、导演、演员、舞台技术等岗位，可引进教育部批准能够独立设置本科的艺术院校本科毕业生。d.体育行业的运动员、教练员、赛事运营等岗位，可引进全国性专业体育院校本科毕业生。e.郊区中小学、幼儿园教师岗位，可引进省级师范类高校或其他高校师范类专业本科毕业生。f.郊区医疗卫生系统医、药、护、技岗位，可引进省级医学类普通高校本科毕业生；全市医疗卫生系统医、药、技岗位，可引进经住院医师规范化培训（含参照住院医师规范化培训制度执行的其他专业）合格的本科毕业生。除此以外，《办法》中第十一条提到的"以下引进项目实行'计划单列'"，是《办法》中的核心政策导向，也是目前北京市应届毕业生核心落户资源，具体要求如下：（1）企业资质（需满足下属其一）：市委市政府重点支持的集成电路、人工智能、医药健康等高精尖产业，"两区"建设重点落地项目，本市市级"服务包"企业、重点税源、重点引进、重点培育企业以及独角兽企业。（2）毕业生条件：①年龄：本科生不超过26岁；研究生不超过30岁；博士生不超过35岁。②学校要求：a.C7院校（世界排名前200的国内高校：清华大学、北京大学、复旦大学、上海交通大学、浙江大学、中国科学技术大学、南京大学）的本科及以上学历毕业生。b.国内高校（147所）"双一流"建设学科

（例：北京邮电大学信息与通信工程专业）硕士及以上毕业生。c.博士毕业生、选调生（含优培计划）、退役大学生士兵除年龄外不设限制。③专业：学生所学专业与企业主营业务相符。

二、教育部留学服务中心留学回国人员就业落户（留学生落户）

教育部留学服务中心（以下简称留服中心）留学回国人员就业落户是北京市留学毕业生落户的核心渠道，但根据留服中心于2024年3月11日发布的《关于征询2024年度在京用人单位接收留学人员需求计划的通知》精神，从2024年起留服中心仅受理中央在京企事业单位的留学落户需求。也就是说留学生只有在中央在京企事业单位就职，才可以通过留服中心办理落户。

三、北京市委组织部北京人才工作局人才引进落户（外埠人才引进、留学生人才引进）

北京市人才引进落户要求条件较高，是针对满足优化北京市人才队伍结构、为涵盖科技、金融、医疗、教育、文化、体育等各领域的顶尖人才提供的落户渠道。金融机构可适用以下几条政策：（1）外埠人才引进办理条件：拟引进的人才应无刑事犯罪记录，提出引进时一般应在聘用单位工作满2年。引进时年龄原则上不超过45周岁,"三城一区"(北京中关村科学城、怀柔科学城、未来科学城和北京经济技术开发区)引进的可放宽至50周岁,个人能力、业绩和贡献特别突出的可进一步放宽年龄限制。引进人才的配偶和未成年(18周岁以内)子女可随调随迁。①连续三年在京缴纳社保且应税收入连续三年超过社会平均工资20倍以上。政策依据:《北京市引进人才管理办法(试行)》(京人社调发〔2018〕38号)第五条 加大科技创新人才及科技创新服务人才引进力度第(三)款:在本市行政区域内的知识产权服务机构、金融机构、人力资源服务机构、律师事务所、会计师事务所、审计师事务所等科技创新服务主体中承担重要工作,近3年每年应税收入超过上一年度全市职工平均工资一定倍数的(机构注册在城六区和北京经济技术开发区的为20倍,注册在本市其他区域的为15倍)。②在国内外取得硕士及以上学位或具有高级专业技术职称的政策依据:《北京市引进人才管理办法(试行)》(京人社调发〔2018〕38号)第十三条 拓展紧缺急需人才遴选引进范围。在本市行政区域内符合首都城市功能定位和产业发展方向的各类用人主体中稳定工作、贡献突出。第(一)款:在国内外取得硕士及以上学位或具有高级专业技术职称的。③在京设立的金融控股集团、持牌金融机构、金融基础设施平台、金融组织聘用的贡献突出的高级管理人员和核心业务骨干。政策依据:

《北京市引进人才管理办法（试行）》（京人社调发〔2018〕38号）第九条加大金融人才引进力度。第（三）款：在京设立的金融控股集团、持牌金融机构、金融基础设施平台、金融组织聘用的贡献突出的高级管理人员和核心业务骨干。（2）留学生人才引进办理条件：①我国公派或自费出国留学一年以上并已于近期回国，并具备以下条件之一者可申请办理留学人员人才引进：a.在国外取得硕士及以上学位；b.出国前具有高级职称，出国后进行博士后研究或进行深造。②北京市公安局出入境管理局打印的出入境记录在国外时间超过365天。③在京缴纳三个月以上社保。

四、积分落户

自2018年施行以来，每年申请人数约10万至13万人，落户人数约6000人。（1）资格条件：①持有北京市居住证。由北京市公安局核发的《北京市居住证》，在积分落户申报工作启动的上一年度12月31日前申领。②不超过法定退休年龄。截至积分落户申报工作启动的上一年度12月31日，一般应为男60周岁（不含）以下，女工人50周岁（不含）以下，女干部（管理岗人员）55周岁（不含）以下，且用人单位正常连续为其缴纳社会保险费。如遇国家退休政策调整，按新政策执行。③在京连续缴纳社会保险7年及以上。截至积分落户申报工作启动的上一年度12月31日，申请人应在京连续缴纳社会保险满7年（补缴记录累计不超过5个月），养老、医疗、失业、工伤、生育各项险种的缴费应符合北京市社会保险相关规定。实际缴费记录应在积分落户申报工作启动的上一年度12月31日前形成，且缴费状态正常。在此期间，申请人可能存在社会保险补缴记录，如果补缴记录累计不超过5个月且没有断缴记录，将被视为连续缴纳，符合积分落户资格条件。④无刑事犯罪记录。刑事犯罪记录以人民法院生效的法律文书或户籍地公安机关出具的证明为核实依据。需要注意的是：此项资格条件贯穿积分落户全程，申请人在落户手续办理前曾因犯罪被追究过刑事责任的，终止其积分落户办理程序，已取得的积分落户资格应予取消，已落户的予以注销。申请人和用人单位对上述情况应及时向市人力资源社会保障局书面报告。（2）办理流程：①用人单位需在北京市行政区域内登记注册并进行税务登记，并登录北京市人力资源和社会保障局网站"北京市积分落户在线申报系统"获取单位注册码。②申请人需登录"北京市积分落户在线申报系统"输入单位注册码申请与单位关联。③用人单位收到申请人的关联申请后需审核通过，申请人方可成功关联单位。④关联完成后申请人需在申报期内自行在系统内填报本人各项信息。需要注意的是：关联操作一经完成，本年度将无法更改。请申请人务必确认在所关联单位社保账户名下缴纳社保，否则将影响积分落户业务办理。申请人完成关联后更换工作单位的,需由现单位及时向业务办理区积分落户服务窗口提交书面说明。本年度内,可继续通过已关联的原单位完成申报,并由原单位与现单位共同履行监督职责。(3)积分规则:①合法稳定就业指标:申请人应与在京用人单位签订正式劳动合同并连续工作满1年及以上,或在京投资办企业并连续经营满1年及以上,或在京注册登记为个体工商户并连续经营满1年及以上;以连续缴纳社会保险年限作为合法稳定就业年限的计分标准,每连续缴纳社会保险满1年积3分。②合法稳定住所指标:申请人拥有取得本市房屋所有权证或不动产权证的自有住所;或签订正式房屋租赁合同,合法租赁符合登记备案、依法纳税等有关规定的住所;或居住在用人单位提供的具有合法产权的宿舍。申请人需连续居住满1年及以上。在自有产权住所每连续居住满1年积1分,在合法租赁住所和单位宿舍每连续居住满1年积0.5分。当连续居住年限多于缴纳社会保险年限,以连续缴纳社会保险年限作为连续居住年限。③教育背景指标:申请人取得国民教育系列及教育部认可的学历(学位)的,可获得相应的积分。具体积分标准为:大学专科(含高职)10.5分,大学本科学历并取得学士学位15分,研究生学历并取得硕士学位26分,研究生学历并取得博士学位37分,以上学历(学位)积分不累计。只取得学历或学位的,可按照《北京市积分落户操作管理细则》有关标准获得积分。取得学历（学位）期间连续缴纳社会保险年限及连续居住年限的积分与学历（学位）积分不累计。④职住区域指标：自2018年1月1日起，申请人在本市城六区之外其他行政区自有住所居住的，且取得落户资格后应当在该自有住所落户，每满1年加2分；满足上述条件且在本市城六区之外其他行政区工作的，每满1年加3分。以上情况，最高加12分。⑤创新创业指标：申请人在科技、文化领域以及创新创业大赛获得国家级、本市市级奖项的，或国家有关部门认定的世界级奖项的，可获得相应积分。其中，获国家级或国家有关部门认定的世界级奖项的最高加12分，获本市市级奖项的最高加6分。申请人在国家高新技术企业或科技型中小企业工作并持股比例不低于10%，且企业近三年获得股权类现金融资达到《北京市积分落户操作管理细则》有关标准的可加分，最高加6分。上述创新创业指标各项加分不累计，同时符合多项积分条件的，只计最高分。⑥纳税指标：申请人近3年连续纳税，综合所得（包括工资薪金所得、劳务报酬所得、稿酬所得、特许权使用费所得）以及经营所得的个人所得税纳税额每1年在10万元及以上的，加2分，最高加6分。申请人近5年有涉税违法行为记录的，每条记录减12分。⑦年龄指标：申请人年龄不超过45周岁的，加20分；年龄在45周岁以上的，每增加一岁（含不满一岁）少加4分。⑧荣誉表彰指标：申请人获得以下荣誉表彰之一的，加20

分：被评选为省部级以上劳动模范；全国道德模范或首都道德模范；全国见义勇为英雄模范或首都见义勇为好市民。以上情况积分不累计。⑨守法记录指标：申请人近5年在本市因违反有关法律法规被公安机关处以行政拘留处罚的，每条行政拘留记录减30分。需要注意的是：申报阶段结束后，如未完成提交，将无法获得积分，不能计算年度总积分，也不能在审核结果查询阶段提出审核结果异议申诉。

（根据北京市相关政府网站和有关工作整理汇总）